SOLIDÃO E COMPANHIA

SILVANA PATERNOSTRO

SOLIDÃO E COMPANHIA

A VIDA DE **GABRIEL GARCÍA MÁRQUEZ** CONTADA POR AMIGOS, FAMILIARES E PERSONAGENS DE *CEM ANOS DE SOLIDÃO*

Tradução
Carla Fortino

CRÍTICA

Copyright © Silvana Paternostro, 2014
Copyright © Editora Planeta do Brasil, 2021
Copyright © Carla Fortino
Título original: *Solitude & company: The life of Gabriel García Márquez Told with Help from His Friends, Family, Fans, Arguers, Fellow Pranksters, Drunks, and a Few Respectable Souls*
Todos os direitos reservados.

Preparação: Erika Nakahata
Revisão: Renata Mello
Diagramação: Vivian Oliveira
Capa: Departamento de criação da Editora Planeta do Brasil
Imagem de capa: Rodrigo Moya

DADOS INTERNACIONAIS DE CATALOGAÇÃO NA PUBLICAÇÃO (CIP)
ANGÉLICA ILACQUA CRB-8/7057

Paternostro, Silvana
  Solidão e companhia: a vida de Gabriel García Márquez contada por amigos, familiares e personagens de *Cem anos de solidão* / Silvana Paternostro; tradução de Carla Fortino. – São Paulo: Planeta, 2021.
  288 p: il.

ISBN 978-65-5535-274-0
Título original: *Solitude & company: The life of Gabriel García Márquez Told with Help from His Friends, Family, Fans, Arguers, Fellow Pranksters, Drunks, and a Few Respectable Souls*

1. García Márquez, Gabriel, 1927-2014 2. García Márquez, Gabriel, 1927-2014 – Amigos e companheiros I. Título II. Fortino, Carla

21-0048   CDD 863

Índices para catálogo sistemático:
  1. Autores colombianos

2021
Todos os direitos desta edição reservados à
EDITORA PLANETA DO BRASIL LTDA.
Rua Bela Cintra 986 – 4º andar – Consolação
São Paulo – SP – CEP 01415-002
www.planetadelivros.com.br
faleconosco@editoraplaneta.com.br

Para Gabriel García Márquez e
George Plimpton, professores,
in memoriam

No entanto, me consola saber que às vezes a história oral poderia ser melhor do que a escrita, e que talvez sem saber estejamos inventando um novo gênero que anda fazendo falta à literatura: a ficção da ficção.

Gabriel García Márquez, *Viver para contar*

SUMÁRIO

PRÓLOGO   13

CEM ANOS DE SOLIDÃO   19
O TERREMOTO DE 1967   21

A.C. ANTES DE *CIEN AÑOS DE SOLEDAD*   23
1. O FILHO DE LUISA SANTIAGA E GABRIEL ELIGIO   25
2. CRIADO PELOS AVÓS   33
3. A COSTA ESTÁ PRONTA PARA FALAR   43
4. OS PRIMEIROS E ÚLTIMOS AMIGOS   51
5. A MENÇÃO A *CEM ANOS DE SOLIDÃO*   61
6. SER GALISTA OU SER ESCRITOR   71
7. OUTRO UÍSQUE   75
8. LA CUEVA   81
9. "O CARA TEM A PERSISTÊNCIA DESSE NEGÓCIO"   87
10. CITADINOS E MATUTOS   91
11. O PESCOÇO DO CISNE   97
12. A SAAG: SOCIEDADE DE AMIGOS PARA AJUDAR GABITO   105
13. ESTADO CIVIL: CASADO   115
14. "AQUELE JORNAL COMUNISTA"   121
15. "ME CONTE MAIS"   127
16. SOLIDÃO E COMPANHIA   137
17. "HOUVE UM DESLUMBRAMENTO"   143
18. LIÇÃO DE GEOGRAFIA   149
19. *BOOM!*   155
20. GABO É ADJETIVO, SUBSTANTIVO, VERBO   163

D.C. DEPOIS DE *CIEN AÑOS DE SOLEDAD*   169
21. RICO E FAMOSO   173
22. A MORTE DOS CINCO REIS   181
23. "DESCULPE, QUAL O SEU NOME?"   185
24. *PERSONA NON GRATA*   193
25. ALGO NOVO   199
26. "MERDA, ELE MORREU"   203

27. "NÃO QUERO ESTAR SOZINHO EM ESTOCOLMO"   **207**
28. *EX CATHEDRA*   **215**
29. MERCADORIA DANIFICADA   **223**
30. SONHOS DE PODER   **229**
31. NOCAUTE   **243**
32. ÓLEO DE FÍGADO DE BACALHAU   **249**
33. O INÍCIO   **267**

EPÍLOGO
O DIA EM QUE TODOS NÓS ACORDAMOS VELHOS   **271**

NOTAS SOBRE AS VOZES MAIS IMPORTANTES   **277**

CRÉDITOS DAS IMAGENS   **285**

Gabriel García Márquez no Mexico D.F. 1966, escrevendo *Cem anos de solidão*.

PRÓLOGO

No início de 2001, a revista *Talk*, então recentemente fundada por Tina Brown, contratou-me para preparar uma história oral de Gabriel García Márquez. Queriam duas mil palavras; por alto, e com a inclusão de fotografias, isso corresponderia a três ou quatro páginas. Ou seja, algo curto. Não seria, definitivamente, uma biografia dele.

Fui contratada porque, embora morasse em Nova York desde 1986, nasci em Barranquilla e, portanto, era vizinha do mundo imaginário de Macondo. Além disso, na edição de inverno de 1996 da *Paris Review*, publiquei "Three Days with Gabo" [Três dias com Gabo], uma crônica detalhada a respeito de uma oficina de jornalismo que García Márquez ministrou em Cartagena e da qual fui aluna.

Propus que, em vez de entrevistar chefes de Estado, astros de cinema e os homens riquíssimos com quem ele se relacionava diariamente, eu viajaria para a Colômbia com o intuito de conversar com aqueles que o conheceram antes de se tornar o lendário escritor latino-americano. Quando eu disse que falaria até com os personagens que aparecem em *Cem anos de solidão*, referindo-me ao grupo de amigos que ele imortalizou como "os galistas de La Cueva" e os "primeiros e últimos amigos que teve na vida", eles imediatamente me enviaram uma passagem de avião que achei engraçada, pois na pasta em que veio havia a imagem do Mickey Mouse impressa. A *Talk* era financiada pela Disney Corporation.

"Depois da Colômbia, tenho que ir para o México", arrisquei dizer ao editor. "Foi lá que ele escreveu o romance."

"Faça o que precisar", foi a resposta.

O texto nunca foi publicado. A revista *Talk* fechou porque a fórmula de mesclar *show business* com jornalismo e literatura não foi bem-sucedida. "Que outra revista coloca Hugh Grant sem camisa na capa e dedica seis páginas a uma seção séria sobre livros?", disse o editor com quem eu conversara não muito tempo depois. "Só Tina teria pedido uma história oral de Gabriel García Márquez."

Graças à ousadia de Tina, porém, consegui gravar 24 fitas, de noventa minutos cada lado, com pessoas falando sobre Gabriel García Márquez. Publiquei alguns textos com base nessas conversas. Em 2002, quando *Viver para contar*, sua autobiografia, foi lançada em espanhol, a revista *El Malpensante* publicou uma versão mais colombiana e extensa do que aquela que eu havia preparado para a *Talk*. Chamei-a de "Soledad y compañía" [Solidão e companhia], o nome que García Márquez daria a uma produtora de filmes que desejava montar com alguns sócios colombianos. Com o mesmo título vertido para o inglês, publiquei outra versão na edição comemorativa de cinquenta anos da *Paris Review*, e o texto, por sua vez, foi traduzido e publicado no México pela revista *Nexos* na edição de primavera de 2003. Quase uma década se passou antes que eu decidisse, em março de 2010, que era hora de ouvir as fitas novamente e transformá-las neste livro.

Quando terminei de ouvi-las, percebi que não tinha material suficiente para um livro. Precisava preencher algumas lacunas. Foi por isso que comecei uma segunda rodada de entrevistas com aqueles que poderiam fornecer contexto e cronologia às primeiras vozes.

Solidão e companhia é dividido em duas partes. Na primeira, "A.C. — Antes de *Cien años de soledad*", falam seus irmãos, assim como os amigos de García Márquez antes de ele se tornar o ícone latino-americano amado internacionalmente. Aqueles que o conheciam quando ele ainda não tinha um bom alfaiate ou um biógrafo inglês — duas coisas que o ouvi dizer serem as marcas de um escritor de sucesso — nem se relacionava com presidentes e multimilionários (como na noite em que o vi cortando a fita inaugural azul-bebê do Museu Soumaya, o presente de Carlos Slim para a Cidade do México, o que me lembrou das entrevistas que eu havia preparado para a *Talk*). Essa primeira parte reúne as vozes daqueles momentos irreverentes e esperançosos nos quais um menino provinciano decidiu se tornar escritor. É a história de como ele fez isso. Aqui testemunhamos a formação do criador venerado em todo o mundo. Na segunda parte, "D.C. — Depois de *Cien años de soledad*", surge um García Márquez premiado, um homem célebre.

Muito tem sido escrito sobre García Márquez, mas não importa quanto já esteja registrado: a prosa do autor, a censura de suas memórias e a análise do biógrafo pesam muito. A história oral, o nome formal desse gênero, permite que aqueles que estavam próximos a ele descrevam para nós o homem que se tornou o escritor mais importante da América Latina, o amante do poder e o obstinado defensor de Fidel Castro. Permite que nos digam como o acolheram, ajudaram e o viram criar a si mesmo; permite que nos façam sentir quanto o amavam ou quanto ele os irritava; apenas eles, sem outros narradores ou descrições como intermediários.

Este livro, então, é um convite para uma celebração na qual todos falam, todos gritam, todos têm uma opinião e até mesmo mentem. Essa é a essência da história oral, nos moldes de *Edie: American Girl* [Edie: uma garota americana], de Jean Stein e George Plimpton, e de *Truman Capote: In Which Various Friends, Enemies, Acquaintances and Detractors Recall His Turbulent Career* [Truman Capote: em que diversos amigos, inimigos, conhecidos e detratores recordam sua carreira turbulenta], de Plimpton. Esse formato, que caiu dos céus com o telefonema imperativo de Tina Brown, é formidável porque é divertido e irreverente, leve e profundamente verdadeiro.

Mas você deve ter em mente que cada trecho de diálogo é a versão da pessoa que está falando. Ler é tão divertido quanto ir a uma festa e parar para ouvir os convidados falarem sobre García Márquez — e, assim como nas melhores festas, alguns falam mais que os outros. Aqui estão os falastrões, os minuciosos, os brincalhões, os cantores, os grosseirões e até os que bebem demais. Nesta festa estamos na companhia daqueles que propiciaram a solidão de que García Márquez precisava para escrever *Cem anos de solidão*.

Para escrever este livro, não falei com García Márquez. Isso é exatamente o que a história oral exige. Ou seja, tudo foi escrito com a voz dos outros. A história oral envolve conversar com alguém sobre uma pessoa sem que ela esteja presente e também, o que é ainda mais importante, gravar essas conversas. Para iniciar o trabalho, organizei as fitas na ordem em que as entrevistas foram realizadas. Então, comecei a ouvir as entrevistas que conduzi e gravei mais de uma década antes. Pelos fones de ouvido, ouvi meu próprio riso, e novas perguntas surgiram. Por exemplo, ri ao ouvir as pessoas de Barranquilla, mas também percebi que, fora da Colômbia, ninguém entende o que significa "mamar um galo". Então entendi que tinha que resolver não só como explicar as expressões e as gírias típicas de Barranquilla, mas também o fato de estar conversando com pessoas de idade avançada. A memória delas falhava, e elas balbuciavam quando não se lembravam de algo. E, uma vez que eu não lhes devolveria suas memórias, preservei na voz delas a ternura dos anos em declínio.

A música, especialmente o *vallenato*, um *country blues* tocado com acordeão, desempenhou um papel importante nessas primeiras conversas, e mais de uma vez os entrevistados começaram a cantar, então os deixei cantar aqui também. Incluí, da mesma forma, a lógica machista do juiz que García Márquez consultou para lhe contar o que acontecera naquele domingo fatídico em que, quando jovem, o magistrado testemunhara o que o mundo conhece hoje como "a crônica de uma morte anunciada". Também inseri muitas explicações sobre Barranquilla, porque a cidade não apenas é um terreno fértil para o chamado realismo mágico, mas foi onde García Márquez conheceu o sábio catalão ao lado de Alfonso, Álvaro, Germán e alguns outros "debatedores" que aparecem no último capítulo de *Cem anos de solidão*. Quando cheguei a Barranquilla com meu gravador, esses amigos fiéis tinham morrido, mas tive a sorte de encontrar dois sobreviventes para me contar como eram quando cuidaram de García Márquez. Este livro é uma homenagem à amizade, um reconhecimento de seus amigos, porque ele certamente teve os melhores.

Em busca de mais relatos de amizade, quis me comunicar com María Luisa Elío e Jomí García Ascot. *Cem anos de solidão* é dedicado a eles. Todos os "especialistas em Gabo" na Colômbia sabiam de cor as obras e os milagres dos "debatedores" que aparecem no livro, mas ninguém me dizia nada sobre essas duas pessoas, importantes, obviamente, na vida do autor. Além disso, ambas moravam na Cidade do México.

Cheguei à capital do país com outra passagem da Disney, registrei-me na Casa Durango e comecei minha busca. Carlos Monsiváis me disse que eles eram um casal espanhol; me disse que Jomí, o marido, havia morrido e me deu o telefone da *señora*. No dia seguinte, uma senhora bonita e elegante com um terninho cinza-azulado, que combinava com a cor de seus olhos e da echarpe que usava, recebeu-me na biblioteca de uma casa no sul da cidade. Ela foi tão generosa com suas histórias quanto fora com Gabriel García Márquez, nada mais que o amigo de um amigo, quando, durante um jantar, ela o ouviu por horas contar a história do livro que planejava escrever. Aquela ideia se transformou em *Cem anos de solidão*, e a primeira edição é dedicada a ela. Tenho certeza de que ela contou a respeito daquele jantar em muitos outros jantares. Naquela tarde, María Luisa Elío me disse, no momento que liguei o gravador, que era a primeira entrevista formal e gravada dessa lembrança.

Há indivíduos não tão próximos de García Márquez e outros que não o conheceram pessoalmente. No entanto, os comentários sobre as ocasiões que marcaram a vida do escritor, como o assassinato de Jorge Eliécer Gaitán, em 9 de abril de 1948, e o período na história da Colômbia conhecido como *La Violencia*, desencadeado por tal acontecimento, são essenciais para compreender a história de García Márquez e de seus livros. Nereo López, o fotógrafo oficial da delegação colombiana enviada a Estocolmo quando García Márquez recebeu o prêmio Nobel, mudou-se para Nova York em 1997, aos 80 anos, "para abrir seus horizontes", e aproveitei sua admirável ousadia para conversar sobre os dias em que García Márquez era apenas um colega e a Colômbia sangrava até a morte.

Aqui García Márquez surge sem a autocensura de *Viver para contar* e sem o peso das mais de setecentas páginas das excelentes biografias de Dasso Saldívar e Gerald Martin. É um rico e raro documento histórico que recupera a memória coletiva de sua vida e reflete sobre o trabalho de ser escritor; sobre como ele alcança o necessário pacto rilkiano com a solidão. É um livro que demonstra como a amizade e as circunstâncias, mas sobretudo a disciplina e a dedicação, são indispensáveis para triunfar.

Tomás Eloy Martínez confessou-me que, para ser amigo de Gabo, você tinha de seguir a *omertà*, como na máfia. "Nunca se deve escrever sobre ele", disse-me certa tarde em seu quintal, em Nova Jersey. García Márquez conta que em Paris, quando era jovem e pobre, vira Ernest Hemingway em um parque. Em vez de se aproximar e puxar conversa, decidiu gritar o nome dele do outro lado da pequena praça, levantar a mão e sinalizar com um gesto quanto o respeitava. Entendi o medo que sentia, pois é muito difícil se deixar ser tentado pela proximidade.

Escrevi este livro a distância e com o mesmo espírito. É um retrato humano de alguém que se transformou em uma lenda. Acredito firmemente que somos maiores, mais importantes, mais eternos e até mais santos que os mitos. García Márquez é ótimo sem que tenhamos de aceitar os relatos cômodos de que ele não cometia erros e não tinha defeitos, derrotas, descuidos, amores ou inimizades. Se fizermos isso, contribuiremos apenas para uma tolice vazia.

Para apreciar este livro, é preciso deixar de lado a noção de que tudo na vida tem uma única verdade. A história oral ressalta a verdade de cada pessoa. Isso faz parte do seu encanto. Venha para esta festa com essa mentalidade e segurando um copo de uísque com gelo ou uma taça de champanhe — o que Gabo preferia, segundo me disseram. Se desejar ter a experiência completa, caminhe até a estante e pegue seu exemplar de *Cem anos de solidão* ou vá até a livraria mais próxima e compre o livro. Leia-o de novo, ou pela primeira vez, agora que ouviu os fatos divertidos e as indiscrições, os bastidores do que é descrito como "provavelmente a melhor e mais famosa obra — um clássico da literatura mundial de todos os tempos". Os últimos dois capítulos vão enchê-lo de alegria quando você compreender os sinais que ele fez a seus amigos. Espero que ria em voz alta ao ler, por exemplo, que "Álvaro assustou os crocodilos com seu riso barulhento e Alfonso inventou histórias estranhas sobre pavões-papa-moscas que bicaram os olhos de quatro clientes que se comportaram mal na semana anterior, e Gabriel estava no quarto da mulata pensativa que não pedia dinheiro, mas cartas para o namorado contrabandista que estava na prisão, do outro lado do Orinoco, porque os guardas da fronteira o pegaram e o fizeram sentar-se em um penico, que ficou cheio de uma mistura de merda e diamantes". Você vai entender por que ele sempre contestou os que diziam que ele tinha uma grande imaginação com uma simples frase: tudo em sua ficção é baseado em fatos.

cem anos
de solidão

O TERREMOTO DE 1967

GREGORY RABASSA: Aconteceu da maneira como os terremotos acontecem. Não podemos prever terremotos, ainda que saibamos que vão acontecer.

EMMANUEL CARBALLO: Um caso surpreendente na história da literatura de língua espanhola. É algo genético. Existem genes que predestinam alguém a ser um grande escritor, mas ele trabalhou muito para isso. Ele não se dedicava gratuitamente à literatura, mas trabalhava duro. Era muito, muito disciplinado. Deixou todos os seus empregos, pediu dinheiro emprestado, vendeu coisas e se trancou em casa por oito meses para escrever. Sua família inteira, sua esposa, seus filhos, seus amigos, todos nós lhe demos espaço porque ele estava freneticamente dedicado a uma coisa. Viviam de maneira modesta em um pequeno apartamento, não havia luxos ali, gastavam apenas o necessário.

Todos concordaram que ele deveria ter paz, tempo e afeição. E, graças a isso — sobretudo à sua família e a seus amigos —, o romance foi escrito. Eu era a pessoa que lia o romance desde que ele começou a escrevê-lo até terminá-lo, e, porque eu estava lendo e comentando capítulo a capítulo toda semana, quando ele trazia o capítulo seguinte eu não tinha nada para corrigir, nada para substituir, porque todas as minhas sugestões já estavam no romance.

MARÍA LUISA ELÍO: Ele me dava trechos para ler. O que Gabo havia escrito à noite, ele lia para nós no dia seguinte... E desde aquele primeiro momento percebemos que era uma maravilha. E ele sabia disso.

GUILLERMO ANGULO: Não, ele não sabia. Na verdade, tinha dúvidas se seria um bom romance. Quando foi publicado, ele me enviou um exemplar. Eu li. E gostei muito. Ele me enviou outro exemplar. Não o tenho mais porque tive de passá-lo a Germán Vargas, e Germán Vargas teve de passá-lo a Plinio. E devo dizer algo que não acredito que alguém já tenha lhe dito ou que alguém lhe dirá: Plinio o repreendeu porque o livro era anticomunista. "O quê? O país está cheio de problemas e você escreve um conto de fadas?"

MARÍA LUISA ELÍO: Ninguém é tolo, e posso ser bem mordaz quando se trata de literatura. Quero dizer, o livro pode ser de um escritor bem famoso, mas, se eu não gostar, não gostei, e pronto. Li o livro e soube que esse Señor García Márquez era ótimo. Não duvidei disso nem por um segundo...
   Achei o livro muito bom. Mas vou ser franca com você: *nesse nível,* não.

SANTIAGO MUTIS: Eles perderam o controle da situação. No exterior e também na Colômbia. Porque Gabo se tornou um evento, um fenômeno. Todos se ajoelharam diante dele. Não sei se Gabo conta isso ou Tomás Eloy Martínez. Uma semana depois de publicar o romance lá, Gabo viaja a Buenos Aires não por causa de *Cem anos de solidão*, mas para ser jurado de um prêmio literário. Uma noite eles vão ao teatro, e, quando Gabo entra, a peça é interrompida e eles o aplaudem. Foi onde começou. E isso não parou! Não parou. Nunca. Ou seja, nunca o deixaram sozinho.

RODRIGO MOYA: Em 29 de novembro de 1966, Gabriel García Márquez me visita em minha casa no Edifício Condesa, acompanhado de sua esposa, Mercedes, para que uma de minhas fotografias ilustrasse a primeira edição. Tirei as fotos em minha casa, que tinha bastante luz natural. Ele chegou usando uma jaqueta xadrez. Ele amava esses xadrezes. Parecia impassível, mas certamente estava consciente da câmera. Ele estava consciente de que criara uma obra-prima. Já havia escrito bastante, já tinha alcançado o sucesso e, durante todo o trabalho, era possível sentir a segurança que só os gênios têm. Tive essa impressão. Claro, não a dimensão toda ainda. Gabo tinha apenas 39 anos. Mas era um prenúncio do que estava por vir.

A.C. antes de *cien años de soledad*

Foto do casamento de Gabriel Eligio e Luisa Santiaga.

1
O FILHO DE
LUISA SANTIAGA
E GABRIEL ELIGIO

Como o filho do telegrafista de Aracataca começa a colecionar histórias desde cedo

RAFAEL ULLOA: Gabo não nasceu em 1928, mas em 1927. Ele diz que nasceu em 1928 para coincidir com o massacre nas plantações de banana,* mas foi o irmão dele que nasceu naquele ano.

LUIS ENRIQUE GARCÍA MÁRQUEZ: Até 1955, pensei que eu tinha vindo ao mundo em 8 de setembro de 1928, após os nove meses de gestação da minha mãe. Mas, no ano de 1955, Gabito publicou *O relato de um náufrago* no jornal *El Espectador* e teve dificuldades com o governo do general Rojas Pinilla. Precisou, então, deixar o país, e para isso necessitou de determinado documento. E esse documento, não sei por quê, dizia que

---

* Em 5 e 6 de dezembro de 1928, na cidade de Ciénaga, perto de Santa Marta (também próximo a Aracataca, onde nasceu García Márquez), o Exército colombiano metralhou um grupo de trabalhadores da norte-americana United Fruit Company que protestavam contra as más condições de trabalho. O fato ficou conhecido como o Massacre das Bananeiras, um marco tão importante na história de García Márquez que ele até mudou o ano de seu nascimento para coincidir com o ano do evento. Escreve sobre o massacre em *Cem anos de solidão*, alegando que o Exército matou três mil trabalhadores. Em uma reviravolta que parece apropriada para o "realismo mágico", esse relato entrou para os anais da história colombiana.

Gabito nascera em 6 de março de 1928 — ou seja, no mesmo ano que eu, e isso me deixou em uma situação difícil: eu era o único bebê prematuro nascido de seis meses que, de acordo com o registro, pesava mais de 4,5 quilos ou, então, era quase seu irmão gêmeo. Ele nunca corrigiu a data, mas quem nasceu em 1928, em Aracataca, Magdalena, fui eu. Gabito nasceu em 6 de março de 1927.

RAMÓN ILLÁN BACCA: Luisa, a mãe de Gabo, era uma pessoa bem-vista. Era daquelas que chamamos de bem-vistas. E o que eram pessoas bem-vistas naquela época? Eram as valorizadas pelos membros da alta classe provinciana, uma vez que estamos falando das pessoas de classe alta de Santa Marta. Como diriam os bogotanos: "Vocês são gente decente da terra quente". Luisa estudou no Colegio de la Presentación, em Santa Marta, a escola secundária da classe alta. Eles não passavam, porém, de bem-vistos. Ou seja, eram convidados para algumas festas, mas não para outras. Dependia da festa. O Señor García, o pai dele, acho que nem mesmo era bem-visto.

RAFAEL ULLOA: Gabriel Eligio García é o pai. E minha mãe é prima em primeiro grau do pai de García Márquez. Então minha mãe me contou um pouco sobre os problemas familiares. Sou um grande fã de García Márquez. Li todos os seus livros. Sou de Sincé, claro. É a cidade natal do pai desse cavalheiro. Sincé, com *c*. A cidade chamava-se San Luis de Sincé, mas para seus habitantes é apenas Sincé.

CARMELO MARTÍNEZ: Luisa Santiaga, mãe de Gabito, era uma senhora branca, baixinha, com uma verruga bem aqui. Branca. Ela e minha mãe tinham a mesma idade. Minha mãe nasceu em 1904 e Luisa também. Ela tem uns 96 anos. Não sabe mais nada.

RAFAEL ULLOA: Carlos H. Pareja é de Sincé e é parente do pai de Gabito. E, bem, Carlos tinha boas conexões. Ele ajudou o pai de Gabo, que começou a estudar medicina, mas ficou sem dinheiro, e então, como estava em uma situação difícil, eles lhe disseram: "Deixe de brincadeira, faça alguma coisa. Arranje um emprego". E assim foi nomeado telegrafista em Aracataca. Quando se mudou para lá, apaixonou-se por Luisa Santiaga Márquez, filha do coronel Márquez. A mãe de Gabo era uma mulher muito tranquila, Luisa Santiaga Márquez. Era muito amiga da minha mãe.

JAIME GARCÍA MÁRQUEZ: Dizem que Gabriel Eligio García, meu pai, chegou a Aracataca como telegrafista. Um dia viu Luisa, minha mãe, e gostou dela de imediato. Certa vez se aproximou e disse: "Depois de analisar cuidadosamente as mulheres que conheci em Aracataca, cheguei à conclusão de que a que mais me convém" — foi o que ele disse, me convém — "é você. Quero me casar com você, pense no assunto; mas, se decidir não se casar, me diga e não se preocupe, porque não estou morrendo de amores por você". Acho que o que aconteceu foi que ele estava morrendo de medo de que ela recusasse o pedido e, para se proteger, fez aquela declaração ridícula. Penso isso porque somos todos iguais: muito carinhosos com nossas mulheres.

RAMÓN ILLÁN BACCA: Nem mesmo o coronel, pai de Luisa, queria Gabriel Eligio. Naquela época, ele pertencia a um estrato inferior dentro daquelas sociedades provincianas, e as pessoas davam muita importância a esses estratos sociais, porque eles estavam mais próximos uns dos outros que as classes.

LUIS ENRIQUE GARCÍA MÁRQUEZ: Desde o princípio, foi um casamento nômade. Eles se casaram em Santa Marta, foram a Riohacha para a lua de mel e lá se estabeleceram; voltaram para Aracataca quando Gabito estava para nascer, e, quando eu tinha 4 meses, fomos para Barranquilla; tudo isso em apenas dois anos e meio, entre junho de 1926, quando se casaram, e janeiro de 1929, quando nos mudamos para Barranquilla. Como você sabe, Gabito ficou em Aracataca com nossos avós.

CARMELO MARTÍNEZ: Ele foi criado pelos avós maternos, que não o chamavam de Gabrielito, mas de Gabito, e por isso ficou conhecido como Gabito. Eu o chamo de Gabito. Não de Gabo.

RAFAEL ULLOA: Além disso, o coronel Márquez era liberal e havia lutado na Guerra dos Mil Dias.* E esse cara [Gabriel Eligio], que era de

---

* Guerra dos Mil Dias é o nome dado a um conflito armado civil que durou cerca de mil dias, de 1899 a 1902. A Colômbia tinha dois partidos políticos: o Partido Conservador, ligado aos meios feudais dos tradicionais latifundiários e do clero, e o Partido Liberal, da emergente classe mercantilista, que acreditava nas ideias liberais e na separação do Estado e da Igreja. O conflito começou quando os liberais acusaram o Partido Conservador de eleições fraudulentas. Até muito recentemente, a divisão entre liberais e conservadores era tal que as pessoas não se casavam fora dos limites partidários. Todos sabiam se uma família era liberal ou conservadora. García Márquez cresceu em uma casa liberal. Seu avô Nicolás

Sincé, era um Godo [um conservador]. "Que não se meta comigo, não quero nada com aquele Godo filho da mãe. Mande a menina para outra cidade." Então, como Gabriel Eligio era telegrafista, começou a enviar mensagens para Luisa pelos fios do telégrafo e, no final, eles se casaram, pois não tinham mais como se esconder.

PATRICIA CASTAÑO: Em 1926, quando esse Señor García chega a Aracataca como telegrafista e eles [os familiares de Luisa Santiaga] começam a se opor a ele, decidem fazer essa viagem para que o cavalheiro a esqueça e eles possam apresentá-la à família que permaneceu em Barrancas e a seus amigos. Saem de Aracataca e descem em direção a Valledupar, circulando a Sierra. E passam por Valledupar e Patillal até chegarem a Barrancas. É a primeira vez que Tranquilina [a avó de Gabo] retorna à sua terra. Era muito longe. Parecia que era na esquina, mas era muito longe, e eles passaram dois ou três meses lá. Não havia sequer uma rodovia. Estamos falando de 1926 ou 1927. Viajaram de mula percorrendo caminhos de cavalo pela beira da Sierra e ficaram lá. Mantiveram contato por intermédio dos telegrafistas. Ouvi dizer que ela guardava os telegramas debaixo das fornalhas do fogão. Quem pensaria em procurá-los lá? Imagine que sob cada fornalha havia algo como uma placa de metal. E colocava as cartas debaixo delas. Luisa sabia que as mensagens iam de posto telegráfico a posto telegráfico, naquela época chamados de "marconi". Sabia que no posto estava a mensagem dele, que chegava em papel amarelo.

Fomos para Barrancas com Gerald Martin, o biógrafo inglês, e vários irmãos de García Márquez. Eles nos levaram aos lugares onde havia piscinas naturais, para onde eram organizados passeios, e nas cartas dela há referência a uma excursão ao rio. Então, sim, aquela viagem foi maravilhosa, e a coisa mais impressionante é que ainda existem fornalhas. Há fornalhas em um canto nos fundos de algumas casas. Ainda se encontram pessoas que cozinham nessas fornalhas ou que as mantêm no chão.

AIDA GARCÍA MÁRQUEZ: A chegada de Gabito uniu a família, pois, quando meu pai veio de Riohacha para Aracataca, Gabito nasceu, e por

---

García lutou na guerra. García Márquez disse que todos os personagens liberais, incluindo Aureliano Buendía, o fundador de Macondo, foram inspirados em seu amado avô.

Em *Ninguém escreve ao coronel*, o coronel é um veterano aposentado que aguarda a pensão do governo e presencia a assinatura do Tratado de Neerlândia, o tratado de paz que pôs fim à guerra.

esse motivo foi recebido calorosamente; e assim tudo se acertou, e, como meus avós foram seus padrinhos de batismo, eles também se tornaram compadres. Meu avô Nicolás começou a chamar meu pai de "meu compadre Gabriel Eligio". E então o neto ficou morando na casa dos meus avós. Em seguida, Luis Enrique nasceu, e meus pais foram morar em Barranquilla, onde nasceu Margot, que estava sempre doente porque comia terra (assim como Rebeca em *Cem anos de solidão*). Minha avó foi a Barranquilla para uma visita e achou que Margot estava desnutrida, então pediu à minha mãe que a deixasse levá-la, que lhe daria ferro e cuidaria dela, e então Margot também foi morar com meus avós. Em Barranquilla, meu pai tinha uma farmácia bem-sucedida; minha mãe vivia num constante vaivém entre Aracataca e Barranquilla para visitar meus avós e ver Gabito e Margot.

CARMELO MARTÍNEZ: Gabriel García Martínez era moreno, moreno como um indígena, não como um negro. Um homem muito imaginativo. A imaginação de Gabito veio dele. Era um homem muito interessante. Imaginativo.

RAFAEL ULLOA: O pai dele também era meio médico. Na família sempre havia não apenas farmacêuticos, mas herboristas e algumas bruxas. Havia um homem em nossa família, do lado Paternina, que, segundo dizem, preparava certas pomadas e então… "Que pomada poderosa, funciona contra qualquer veneno." Ele espalhava a pomada na mão e deixava uma cobra mordê-la. O animal, claro, não era venenoso, mas ele fazia sua pantomima na praça lotada. Morava perto de Sincé. Gabito utiliza isso em suas histórias.

CARMELO MARTÍNEZ: Além do mais, o pai dele era um conservador, como eu.

RAFAEL ULLOA: Pouquíssimas pessoas sabem que o pai dele não era bem um García, mas um Martínez. Eles deveriam ser Martínez, não García. O nome dele deveria ser Gabriel Martínez Márquez, e não Gabriel García Márquez. Você sabe que no passado, nas pequenas cidades, havia um problema. Muitas crianças nasciam fora do casamento, e o pai de Gabo nasceu fora do casamento, então assumiu o sobrenome da mãe, García. Argemira García era filha de um Señor García que chegara a Sincé com Lozana Paternina. E essa Lozana Paternina era irmã do meu avô materno. Então conheci Gabito. Quando lhe deram o prêmio Nobel, a história veio à tona. Mas eles a abafaram porque... com isso não se brinca, ele é um grande escritor. Como agora se vai dizer por aí que ele é filho ilegítimo?

JAIME GARCÍA MÁRQUEZ: Além de ser telegrafista, uma profissão tão efêmera que às vezes me parece que nem foi real, que foi uma invenção de Gabito, meu pai era um homem versátil que recitava versos e tocava violino.

MARGARITA DE LA VEGA: Quando conheci o pai dele, ele era um daqueles homens que se sentavam — eles fazem isso bem menos agora, em Cartagena, com todo aquele turismo — na Plaza de Bolívar, ou seja, a praça que fica em frente ao Palácio da Inquisição e à prefeitura. Aquela onde agora todas as tardes há apresentações de danças folclóricas. Os locais sentavam-se ali e conversavam, especialmente no final da tarde, e coisas do tipo. Meu pai nunca ficava lá porque não tinha tempo, conversava em outro horário, porque era médico, mas seu consultório era próximo. E um tio meu, por exemplo, que era o inútil da família e não fazia nada, passava o tempo sentado ali.

Luis Carlos López, o Caolho, o grande poeta, sentava-se ali para contar histórias. Naquela época, esse era um hábito boêmio, as pessoas ficavam sentadas ali e às vezes bebiam rum. García, o pai de Márquez, adorava contar histórias e se sentava ali também.

Ele morou em vários lugares e fracassou diversas vezes. Teve muitas profissões. Foi telegrafista. Em outras palavras, ele é o personagem de *Amor nos tempos do cólera*. Aquele que chega à cidade e é o telegrafista e se apaixona pela mãe de Gabo, que naquele momento é filha do homem com a melhor reputação na cidade. Estamos falando agora de Aracataca, não de Cartagena. E de alguém que tenha sobrenomes distintos. Coronel Márquez. A Márquez Iguarán é uma família com certa tradição na cidade. O Iguarán vem da região de Guajira. O Márquez vem de Santa Marta e Fundación, e então ela é a garota mais bonita da cidade. E era mesmo muito bonita. Eu a conheci quando já era uma mulher idosa, mas ainda era possível ver como fora bonita. Ele era rústico. Mesmo sendo velho, podia-se ver que era rústico. Fez alguns cursos a distância em farmácia e atuou como farmacêutico. Então se tornou homeopata.

CARMELO MARTÍNEZ: Morreu aqui em Cartagena, comprando salários. Nunca pagam os professores em dia. Então outras pessoas compram os salários deles com desconto. E é assim que vivem.

JOSÉ ANTONIO PATERNOSTRO: Se a pessoa fosse ganhar cem, ele dizia: "Tudo bem, vou lhe dar oitenta. Aqui está, e diga à empresa para me pagar os cem, pois ficarei com a diferença". Esse é o trato. É chamado de compra de salários. O comprador antecipa o salário da pessoa.

Era assim que faziam. No parque. Na praça da cidade. Os homens precisavam de dinheiro, então encontravam alguém que lhes dissesse: "Vou lhe dar, mas vamos para lá". Em Cartagena, o local era a Plaza de Bolívar, em frente à prefeitura e ao Palácio da Inquisição. Então compravam o salário, iam ao escritório do governo e diziam: "Não pague para eles. Ele assinou isto, então pague para mim". E era uma prática perfeitamente legal. Vou lhe dar um exemplo: Marco Fidel Suárez, então presidente da Colômbia. Suárez era um homem pobre, filho de uma lavadeira e, dizem, do general Obando. Foi eleito presidente e sua mãe ficou gravemente enferma. Não tinham lhe pagado o salário de presidente, e ele negociou seus vencimentos por dois ou três meses com um agiota que estava em Bogotá naquela época e lhe emprestou o dinheiro. E instruiu o então tesoureiro da Presidência da República a não pagar a ele próprio, mas fazê-lo de tal e tal maneira.

Suárez foi expulso da Presidência porque os políticos da época consideraram indigno o presidente vender seu salário.

CARMELO MARTÍNEZ: Isso existe desde que o mundo é mundo. Sem dúvida existe, querida.

RAMÓN ILLÁN BACCA: Atrevo-me a dizer que tudo a respeito de Bruxelas e García Márquez se baseia em oitivas, porque a família dele não era daquelas que iam a Bruxelas. Não tinha dinheiro nem terras. Em *Cem anos de solidão*, uma das Buendía vai para Bruxelas no final, certo? Era moda estudar em Bruxelas. Mas essa era a informação que ele ouvia, não vinha da família dele. As minhas tias moraram dez anos em Bruxelas e, antes daquela cidade, foram para Antuérpia.

Tranquilina às vezes pernoitava na casa das minhas tias, uma daquelas casas ancestrais onde havia comida para todos os que aparecessem. Mesas enormes. Preparadas para quando um compadre de Aracataca ou Guacamaya chegasse porque tinha uma fazenda ou um parente capataz, ou algo do tipo. Uma vez que as pessoas chegavam no trem da manhã para passar a tarde trabalhando e só pegariam o trem no dia seguinte para retornar a Aracataca, não podiam voltar no mesmo dia. Então tinham de passar a noite em Santa Marta. E essa era a conexão deles com a casa das minhas tias. Quando García Márquez publicou *Cem anos de solidão*, minhas tias disseram: "*Ay*, quem diria que o neto da Tranquilina seria tão inteligente?". Esse foi o comentário delas.

2
CRIADO PELOS AVÓS

Em que são explicados os primeiros oito anos na casa dos avós e o que acontece com ele depois que o avô coronel morre

MARGOT GARCÍA MÁRQUEZ: Em Aracataca, vivíamos com meu avô, minha avó e nossa tia Mama, cujo nome era Francisca Mejía, prima em primeiro grau do nosso avô Nicolás Ricardo Márquez Mejía. Ela nunca se casou e era uma pessoa de personalidade forte. Por exemplo, era ela quem guardava as chaves da igreja e as do cemitério. Um dia, vieram pedir as chaves do cemitério porque tinham de enterrar um morto. Tia Mama foi procurar as chaves, mas começou a fazer outra coisa e esqueceu-se delas. Cerca de duas horas depois ela se lembrou, e o morto teve de esperar até que ela aparecesse com as benditas chaves. Ninguém se atreveu a lhe dizer nada. Tia Mama era também quem assava as hóstias para a igreja, o que ela fazia na casa do meu avô. Lembro que Gabito e eu adorávamos comer as aparas das hóstias.

EDUARDO MÁRCELES DACONTE: Até os 8 anos, García Márquez morou em Aracataca. Bem, devo lhe dizer que a relação entre García Márquez e minha família é de longa data. O avô de García Márquez era um bom amigo do meu avô, Antonio Daconte. O coronel ia até a loja do meu avô, que ficava no que chamavam de As Quatro Esquinas, a parte importante de Aracataca. Eles se sentavam em uma pequena sala que meu avô tinha ao lado da loja. Ele não realizava as vendas na loja. Esse avô dele era o coronel que esperava pela pensão que nunca chegou. Foi o coronel que participou da Guerra dos Mil Dias. Isso ocorreu no começo do século, e ele foi promovido a coronel. Ele visitava meu avô com frequência, e os dois tomavam café preto, trocavam ideias e conversavam sobre as coisas que estavam acontecendo no mundo, no país. Meu avô recebia pessoas regularmente. Três ou quatro garrafas térmicas, cheias de café preto, alguns copos, açúcar e tudo mais, e as pessoas chegavam para visitá-lo e sentavam-se nas cadeiras que ele tinha lá. E uma dessas pessoas era o avô de García Márquez. Às vezes, o avô de García Márquez trazia o neto para ver meu avô.

MARGOT GARCÍA MÁRQUEZ: Ah! Nosso avô era feliz com a gente. Dizem que ele riu muito com esta história sobre Gabito, que me contaram depois. Quando ele era bem pequeno, ficava sentado na porta da casa para ver passar os soldados que seguiam para as plantações de banana. Uma vez ele veio correndo, muito animado, e disse ao nosso avô: "Papa Lelo! Papa Lelo! Os 'boaios' passaram" (ele quis dizer "soldados", mas ainda não falava muito bem). "Ora, ora, meu filho, e o que disseram a você?", meu avô perguntou. "Olá, pequeno Gabi." Um mentiroso desde que nasceu.

IMPERIA DACONTE: Ele era adorável. Pequeno e bonito. Tínhamos mais ou menos a mesma idade. Era o único menino que vivia com o coronel. Nosso pátio era muito grande. Como a casa é enorme, a parte do pátio na outra rua era o pátio do García Márquez. Íamos à casa dele com frequência para pegar goiabas; ele tinha um pomar imenso. A avó dele, a velha Tranquilina, nos dava muitas frutas, goiabas e tudo mais.

MARGOT GARCÍA MÁRQUEZ: Até o nascimento de Gabito, meu avô Nicolás era um homem bastante sério e reservado, e minha mãe o tratava com muito respeito e até com certa distância. Mas quando o neto nasceu ele se derreteu, ele mudou. Sua seriedade foi para o espaço. Tornou-se amoroso e carinhoso, brincava conosco, ajoelhava-se no chão, agachava-se para que montássemos nele, como se fosse um burrinho. Seus amigos protestavam: "Como você pode fazer algo assim, Nicolás Márquez, olha como terminou!". Nosso avô amava tanto Gabito que ele comemorava seu aniversário todos os meses. Uma festa todo mês para celebrá-lo. Convidava os amigos para brindar ao "mês de nascimento" de Gabito.

Ele nos trazia animais de presente; tínhamos papagaios, araras, trupiais, e havia até mesmo uma preguiça no pátio, o qual abrigava um pomar de árvores frutíferas. A preguiça vivia pendurada na jaqueira, que era tão alta quanto uma palmeira, e o animal subia até o topo e começava a derrubar as frutas, que eram como pinhas. Nossa avó as cozinhava e todos vinham comer. Tinham gosto de batata.

EDUARDO MÁRCELES DACONTE: Não esqueça que os pais dele tiveram doze filhos.

MARGOT GARCÍA MÁRQUEZ: Todos os dias nosso avô nos levava para visitar minha mãe. Eis o que fazíamos: à tarde, tia Mama trocava nossas roupas, nossos sapatos e nos arrumava. Lembro que nossa avó dizia: "Agora, Nicolasito, leve-os para que a mãe deles possa vê-los". E nosso avô levava Gabito e eu, cada um de nós segurando uma de suas mãos, para dar uma voltinha (como nosso avô dizia), e, quando passávamos pela casa da minha mãe, ele parava por um momento, fazia um carinho em Luis Enrique e Aida, pegava Ligia e Gustavo no colo (a família continuava crescendo), conversava alguma coisa com meu pai e depois continuava a voltinha.

Lembro que Gabito e eu sempre chegávamos limpos e bonitos, recém-penteados (sempre usávamos sapatos e meias, eles nunca permitiram que andássemos descalços, para que não pisássemos em minhocas, fôssemos picados por bichos ou tivéssemos algo grudado nos pés), e achávamos nossos irmãos loucos, em especial Luis Enrique e Aida, além de travessos, desobedientes e briguentos, vagando pelas ruas o dia todo.

IMPERIA DACONTE: O coronel ia todas as noites visitar meu pai. Como ele tinha uma loja, havia uma grande movimentação naquele local. Eles colocavam uma bandeja com várias xícaras de café de preto. E todos os amigos do meu pai iam até lá à noite tomar café. Não sei do que falavam porque eu era pequena demais. García Márquez estava lá, muito pequeno, e nós também.

EDUARDO MÁRCELES DACONTE: Meu avô, Antonio Daconte, quando veio da Itália para Aracataca, devia ser muito bonito. Ele teve cinco esposas, imagine, e até se casou com duas irmãs. Quer dizer, casou-se com uma, depois se divorciou e se casou com a outra. É por isso que estou explicando essas coisas para você, para que veja de onde elas vêm, mesmo aquelas que Gabo esqueceu, pois foram interessantes. Meu avô chegou e se casou primeiro com María Calle, e com ela teve cinco filhos. Então se divorciou de María Calle e se casou com Manuela, que é minha avó e era mais jovem. As duas irmãs nunca mais conversaram uma com a outra. Se uma visse a outra descendo a rua, logo atravessava. E nunca mais, até morrerem, se falaram... Com María ele teve cinco filhos. Galileu, Amadeo, Antonio, Pedro, Rafael. E com a minha avó, Manuela, teve quatro filhas.

As filhas eram Elena, Yolanda, María, Imperia. Imperia é minha mãe... Elena é Nena Daconte, o nome da personagem do conto "O rastro do teu sangue na neve". É irmã da minha mãe. Ela gostou da ideia de ele ter usado seu nome, mas não deu muita importância a isso.

MARGOT GARCÍA MÁRQUEZ: Bem... vou prosseguir com a história da voltinha, que continuava da casa da minha mãe até a esquina dos turcos, que era o lugar onde os políticos se encontravam, e ali meu avô passava mais algum tempo conversando. Gabito não se separava dele, estava sempre ouvindo o que falavam; enquanto isso, eu ficava olhando as vitrines das mercearias dos turcos. Havia quatro esquinas, e eu ia de uma a outra olhando as vitrines. Desde então, tenho esse hábito. Ainda hoje me fascina passear e olhar as vitrines das lojas.

EDUARDO MÁRCELES DACONTE: Naquela época, meu avô, como eu estava lhe dizendo, tinha uma casa muito grande e bonita na esquina, e ela era o ponto de encontro das pessoas em Aracataca. Meu avô também importou uma mesa de bilhar e o que eles chamavam de *buchácara*, ou piscina. A casa de madeira ainda está lá. Espero que nunca a derrubem. No pátio, onde exibiam filmes, eles agora organizam festas à fantasia, contratam uma orquestra e a alugam para bailes de Carnaval. Uma das colunas que Gabo escreveu no *El Espectador* foi dedicada ao meu avô. Nela, ele fala sobre um dia em que foi visitar meu avô e se dirigiu até o grande jarro de água e tentou ver, tirar a água e olhar onde estavam os duendes. Os jarros são feitos de argila e usados para manter a água fresca, e muitas vezes há neles algo como um filtro. Eles os deixam em todos os lugares. Os copos, o caneco para tirar a água e o jarro ficam numa base de madeira. O suporte. Ah! Eles vinham e vertiam a água. Lembro que na ocasião não havia aqueduto em Aracataca, o que tínhamos eram vendedores de água; eram eles que traziam água no lombo dos burros, pegavam na vala (não existia poluição naquela época) e tiravam a água diretamente do rio. Não tinha perigo algum. Mas então passou a haver um aqueduto, porém por muito tempo lembro que se compravam duas ou três latas d'água. "Dê-me quatro latas d'água." As latas eram aquelas de banha nas quais prendiam no meio, com pregos, uma cruz de madeira. A história é que ele lembrou que, quando era bem menino, lhe disseram que pequenas pessoas viviam no fundo de todos os jarros d'água. Então ele tentaria tirá-las de lá. Colocaria o copo no fundo do jarro para tentar encontrar os duendes. O título me escapa no momento, mas ele escreveu uma coluna muito boa sobre o assunto. E lembro que o jarro do meu avô era realmente imenso, e todos os primos iam correndo pegar água. Uma água deliciosa e fresca. Uma água com gosto de algo que não sei dizer, que nunca mais senti; tinha gosto de musgo, de umidade, não sei. Pois existe água com gosto metálico...

MARGOT GARCÍA MÁRQUEZ: A voltinha terminava na hora de dormir, e íamos para casa direto para a cama. Então, aí, sim, minha avó, que estivera ocupada o dia todo com assuntos domésticos, me colocava na cama, me ensinava a rezar, cantava para mim e me contava histórias até eu adormecer.

EDUARDO MÁRCELES DACONTE: Não havia eletricidade em Aracataca. Eu era bem pequeno e lembro que as pessoas usavam velas e lamparinas com uma pequena coisa em cima. Eram lindas. As pessoas usavam muito essas lamparinas. Lembro que eu andava pela rua segurando uma. Naquela escuridão as pessoas se reuniam e não havia televisão. Sempre tinha alguém que contava para as crianças histórias de mistério, de terror e de medo. Lembro-me então de ficar em pânico na hora de dormir sozinho na minha cama depois das histórias que um tio contava, ou meu pai, minha mãe, um primo mais velho. Às vezes a gente ia para as fazendas e o capataz sempre tinha umas histórias para contar, aquelas histórias assustadoras. Eram muitas. Muitas. É por isso que digo que a memória de Gabo é importante, pois ele se recordou de diversas coisas que lhe disseram. Coisas de que muitas pessoas não se recordam. Ele tem memória de elefante.

IMPERIA DACONTE: Eles o mandaram para o colégio Montessori da [professora] Fergusson, pois moravam perto de lá.

EDUARDO MÁRCELES DACONTE: Ele teve uma professora excelente. Foram feitas muitas entrevistas naquela cidade porque Gabo disse que aprendera muito com ela. Também acredito que Gabito viu seu primeiro filme graças ao meu avô. O único que tinha um cinema era meu avô. Ele dispunha do próprio gerador de eletricidade, uma coisa velha, que ficava lá fora, para que ninguém ouvisse o barulho. Mais tarde, instalaram um para toda a cidade.

IMPERIA DACONTE: O coronel era padrinho de María, minha irmã. E María dizia: "Papi, a casa do meu padrinho ficou triste depois que ele morreu". "É assim que vai ficar", dizia meu pai. Eu era muito pequena quando ele morreu. O coronel morreu primeiro. Sua esposa ficou porque tinha uma família grande.

EDUARDO MÁRCELES DACONTE: Gabito morou em Aracataca até os 8 anos de idade. Quando seu avô morreu, ele foi para Sucre, porque seu pai havia sido transferido para lá.

MARGOT GARCÍA MÁRQUEZ: Eu me lembro muito bem do funeral porque chorei aquele bendito dia inteiro, nada me consolava. Gabito não estava conosco porque tinha ido com meu pai e Luis Enrique a Sincé em outra das aventuras que meu pai empreendia. Gabito retornou a Aracataca vários meses após a morte de Papá Lelo, e talvez por isso eu não me lembre da reação dele; ele certamente deve ter sentido uma tristeza profunda, porque os dois se amavam muito, eram inseparáveis. Continuamos a viver um pouco mais com a minha avó, a tia Mama e a tia Pa, cujo nome era Elvira Carrillo, uma filha ilegítima do meu avô Nicolás, isto é, meia-irmã da minha mãe. A tia Pa era uma mulher muito boa, cuidou da minha avó com dedicação total até ela morrer, como se ela própria tivesse sido sua filha.

Moramos na casa da minha avó até que o dinheiro começou a acabar e ela teve que viver do que meu tio Juanito lhe enviava; então decidiram que Gabito e eu ficaríamos na casa de nosso pai, em Sucre. A família havia se mudado para lá.

MARGARITA DE LA VEGA: Pela primeira vez ele foi morar com os pais, que agora estavam numa situação financeira melhor. A essa altura, a irmã nascera, a que mais tarde se tornaria freira.

CARMELO MARTÍNEZ: Sucre era uma cidade muito importante, mas na década de 1940 as inundações causaram uma grande quantidade de estragos. Era uma cidade com sete ou oito mil habitantes. Para chegar a Sucre, é preciso ir a Magangué. Em Magangué, pega-se um barco com motor de popa e segue-se para Sucre. Mas depende, num barco com dois motores de popa de 100 ou 150 cavalos de potência cada, pode-se chegar lá em 45 minutos.

Gabito morou em Sucre até ir para Barranquilla. Bem, ele estava estudando no colégio San José, em Barranquilla, com os jesuítas. Eu o conheci em Sucre por volta de 1940 (nós dois tínhamos 13 anos) porque sua casa — onde seu pai, o doutor García, morava — ficava na frente da minha.

JUANCHO JINETE: Quando menino, ele estudou aqui em Barranquilla, no colégio San José.

MARGOT GARCÍA MÁRQUEZ: Foi por isso que, quando enviaram Gabito para estudar no San José, em Barranquilla, eu me senti abandonada. Sempre fui muito próxima dele, ele era tão amoroso, parecíamos gêmeos. Ele terminou o ensino fundamental em Sucre e, quando tinha 11 ou 12 anos, apenas três meses depois que fomos morar na casa dos nossos pais, ele foi para Barranquilla, e eu fiquei sozinha. O choque foi tremendo. A calma e a ordem a que eu estava acostumada desapareceram, porém, o que eu mais sentia falta era do meu carinho por meus avós; eu não conseguia me aproximar da minha mãe porque ela não tinha tempo, com tantas crianças, e de meu pai menos ainda. Para mim, ele sempre pareceu distante, tanto que todos os meus irmãos o chamavam de *tú*; eu o chamava de *usted*.

CARMELO MARTÍNEZ: Ele sempre teve vocação para ser escritor porque no colégio San José, em Barranquilla, criou um pequeno jornal. Quero dizer que ele basicamente era escritor, um jornalista. Ele não falava de romances. Isso veio depois.

MARGOT GARCÍA MÁRQUEZ: Ele foi um ótimo aluno, ganhava prêmios, medalhas por excelência, o melhor do colégio. Naquela época, os prêmios que davam aos melhores alunos eram livretos de missa, porque, claro, era um colégio jesuíta; bem, Gabito me enviou o livreto que lhe deram, com uma dedicatória para mim; ele me enviava cartões ilustrados, medalhas, rosários, tudo que eles lhe davam ele enviava para mim. Eu também escrevia para ele em Barranquilla, para a casa do tio Eliécer García, o irmão de nossa avó Argemira (mãe do meu pai), onde ele estava morando. *Ay!* Quão feliz fiquei quando Gabito chegou em casa para as férias. Nós dois estávamos de novo próximos, eu tentava oferecer a ele o melhor, preparava as pequenas fatias de banana-da-terra frita de que ele tanto gostava.

García Márquez aos 13 anos.

QUIQUE SCOPELL: Eu o conheci com Ricardo González Ripoll, meu primo, porque eles saíram daqui para estudar em Zipaquirá. Subíamos o rio Magdalena de barco quando precisávamos ir a Bogotá.

Nós três viajamos de barco. Comecei a estudar em Bogotá, mas eu estava apaixonado e o amor era mais forte do que meus estudos, e desde então tenho sido um beberrão por toda a vida, foi quando comecei a beber rum. E, como punição, me enviaram para estudar nos Estados Unidos.

FERNANDO RESTREPO: Gabo diz que foi no Colegio Nacional de Zipaquirá que ele descobriu sua paixão pela literatura e pelo romance, estimulado por um professor. Certa vez, perguntei: "Ei, e como você chegou a Zipaquirá?". Então ele respondeu que sua bolsa era para um colégio em Bogotá, só que não havia mais vagas, e por fim encontraram um lugar para ele no colégio em Zipaquirá, e assim foi parar lá. Eu não conhecia a escola, mas, quando fomos com ele, passamos por ali, e ele olhou para ela e apontou para onde estivera. É um colégio oficial que tinha um grande internato.

Era somente para homens. Ou seja, não era uma escola importante. Era desconhecida fora dos limites locais.

CARMELO MARTÍNEZ: Ele foi para Zipaquirá para terminar o ensino médio e depois entrou na faculdade de direito.

MARGARITA DE LA VEGA: Quando lhe concederam o Nobel, seu pai deu uma entrevista para o *Diario de la Costa* e mencionou todas as cidades onde viveu, dizendo que Gabo não havia inventado nada. Que a história de Remédios, é claro, era da Señora Fulana de Tal, cuja filha ou neta havia fugido com algum sujeito... Ela disse que, na verdade, os lençóis a levaram embora quando estendia roupas, e que ela havia desaparecido. Divino. Guardei essa entrevista por um longo tempo. Naquela época, lembre-se, eram recortes de jornal. Na entrevista, ele disse que os padres em San José haviam dito que Gabo era esquizofrênico e que ele o curara com alguns glóbulos homeopáticos. Imagino que Gabo tinha uma imaginação incomum e que amadureceu muito rapidamente, porque crescera apenas com idosos. E isso acontece quando crianças crescem com idosos ou são muito próximas a eles. Ele era assim naquela época.

JAIME ABELLO BANFI: Gabo era um clarividente. É um clarividente, melhor dizendo. Naquela época ele era clarividente em termos da própria cultura. Ou seja, um homem do Caribe colombiano que em um de seus primeiros artigos já fala sobre os problemas da literatura colombiana. É um garoto de 20 anos e já está julgando o romance colombiano. Incrível.

Falava sobre a música *vallenato* quando ninguém prestava atenção no *vallenato*. Falava sobre mil coisas.

O fato é que, em primeiro lugar, ele é um gênio. Não se engane. Ele tem a inteligência de um gênio. É superperceptivo. E também tem a capacidade de se antecipar a acontecimentos. Com um sexto sentido. Então, é um gênio acima de qualquer suspeita. Em segundo lugar, ele lia bastante desde muito cedo, tanto que eles tinham medo de que perdesse a cabeça quando era jovem, porque lia demais. E, em terceiro lugar, seu contexto. Aquele contexto que é tão bem contado na memória de sua família, com todas aquelas viagens. Aquela família singular. Aquela condição de um tipo de classe intermediária. Alguém que teve acesso a muitas pessoas. Ou seja, em termos financeiros, eles eram pobres, mas com acesso a todos os tipos. Viagens por toda a região e as coisas com seu avô. Tudo isso é muito interessante. Tudo isso influenciou sua personalidade tão especial.

RAFAEL ULLOA: Sua mãe sempre disse que os romances dele eram cifrados e que ela tinha a chave. Ela lia o livro e dizia: "O homem que ele menciona aqui é o fulano de tal em Aracataca".

3
A COSTA ESTÁ PRONTA PARA FALAR

Em que Gabito vai a Bogotá estudar Direito e, por causa da Violência, retorna à costa e encontra trabalho como jornalista

CARMELO MARTÍNEZ: Quando cheguei a Bogotá, em 1948, ele estava no segundo ano de direito.

MIGUEL FALQUEZ-CERTAIN: Nessa época, seus primeiros dois contos são publicados no suplemento literário do *El Espectador*. Os intelectuais da capital começam a acompanhar seu progresso.

CARMELO MARTÍNEZ: Então ocorreu o que é conhecido como *Bogotazo*,* os tumultos em massa em Bogotá após o assassinato de Jorge Eliécer Gaitán, então ele veio para Cartagena e começou a trabalhar no *El Universal*.

---

* O *Bogotazo*, ou *Gaitanazo*, refere-se aos tumultos que se seguiram ao assassinato do líder liberal e candidato à presidência Jorge Eliécer Gaitán, em 9 de abril de 1948. As revoltas deixaram grande parte do centro de Bogotá destruída. García Márquez escreve em suas memórias que sua máquina de escrever pegou fogo e ele decidiu pegar um avião para Cartagena, onde as coisas eram menos turbulentas. O *Bogotazo* também é visto como a deflagração de um período conhecido como *La Violencia* (A Violência), uma guerra sangrenta entre os liberais e os conservadores em todo o país. Teve fim com um pacto nacional entre os dois partidos, em 1958.

NEREO LÓPEZ: Tive de lidar com o problema do assassinato de Gaitán em Barrancabermeja. Esse assassinato foi o que desencadeou o período *La Violencia*, quando liberais e conservadores começaram a matar uns aos outros. Eu era gerente geral do Cine Colombia, em Barrancabermeja. E administrava não apenas o cinema principal, mas também os cinemas das cidades próximas. E estou falando agora de 1948. Gaitán foi assassinado em 9 de abril de 1948, e morei lá até 1952. Foi lá que entrei em contato com o pessoal do *El Espectador* e foi assim que cheguei a Barranquilla como fotojornalista correspondente do *El Espectador*.

Eu morava no cinema, e naquela época, após a morte de Gaitán, veio a Violência — a Colômbia ainda não saiu disso —, que foi o ataque aos liberais pelos conservadores. Jorge Gaitán era o candidato à presidência dos liberais. As pessoas chamavam os conservadores de *chulavitas* [os meninos da vila de Chulavita], e os conservadores, por sua vez, chamavam os liberais de *cachiporros* [cassetetes]. Lembro que uma vez um bêbado, um liberal, disse: "Eu não me importo que eles nos chamem de *cachiporros*. O que me incomoda é o sobrenome". "Mas qual é o problema com o sobrenome? Que sobrenome é esse?", perguntamos a ele. "*Cachiporros* filhos da puta." *Cachiporros* não o incomodava.

Era uma violência total. Tenho duas histórias para contar a respeito disso. Uma é sobre como às 23 horas — e lá isso era muito tarde — algumas pessoas foram ao cinema e bateram nas grades... bateram nelas com revólveres. "Nereo, queremos que você venha conosco e tire algumas fotos." Estavam num evento que exaltava um retrato de Laureano Gómez, o chefe do Partido Conservador na época. Olhei para fora e olhei para eles, então disse: "De jeito nenhum, cara, é muito tarde". "Venha, cara, venha com a gente, de bom grado", mas balançando o revólver. Então, "de bom grado", entre aspas, fui fotografar o evento de exaltação no Hotel Pipatón. Lá a bebida rolava solta, os revólveres rolavam soltos. Resumindo, era uma orgia política.

O abuso de poder era tão generalizado que todo funcionário do governo queria ir ao cinema de graça. Todo mundo, do zelador de uma prisão até os policiais, e eu me opunha a isso e dizia não. O que acontecia? Eles me ameaçavam. E naquela época eles não matavam ninguém, mas batiam, colocavam em um quarto escuro e batiam até não poder mais, e as pessoas saíam de lá destruídas ou mortas. Não matavam ninguém, mas transformavam as pessoas em nada. Torturavam com golpes. Mas eles não conseguiram me pegar. Não sou um sujeito muito religioso, mas Deus é grande. Acontece que o comandante do Exército, que era um fanático religioso, também amava fotografias. Quando a temperatura chegava a uns 38 graus, ele ia à missa usando todas as medalhas e o uniforme de gala, e ele era o único presente, e os padres rezavam a missa só para ele. E eu revelava seus rolos de filme. Coronel Acosta era seu nome, e eu tinha acesso a ele. Se eu tivesse um problema, entraria e lhe contaria, e ele resolveria meu problema. Ninguém mais mexeu comigo, mas, mesmo assim, as coisas chegaram a um ponto que, embora o negócio na época valesse 1 milhão de pesos, eu o vendi por apenas 200 mil, só para sair de Barrancabermeja. Vim para Nova York para defender minha tese de fotografia, e daqui fui para Barranquilla como correspondente, em 1952.

MARGARITA DE LA VEGA: Gabo chega a Cartagena depois do *Bogotazo*. Bogotá estava paralisada, e ele aproveitou a situação para romper o compromisso que tinha feito com o pai de estudar direito, porque naquela época ele ainda estava lutando, e lutando muito, com a sombra do pai.

MARGOT GARCÍA MÁRQUEZ: Chegamos a Cartagena em 1951 por várias razões: porque Sucre começou a declinar, a perder sua antiga prosperidade, e porque a situação de meu pai tornou-se apertada, uma vez que éramos cinco estudando fora de casa; e porque Gabito disse que só continuaria a estudar na Universidade de Cartagena se fôssemos para lá. Faltava pouco tempo para se formar, acho que só mais um ano.

MARGARITA DE LA VEGA: Ele chega a Cartagena e se matricula na Faculdade de Direito de Cartagena. Lembre-se que Cartagena tem uma faculdade de direito na universidade. Ele vive sozinho e já escreveu um pouco em Bogotá. Haviam publicado duas ou três coisas suas no *El Espectador*. Ficção.

Em Cartagena, não sentíamos a Violência. Cheguei a Bogotá quando Gabo chegou a Cartagena, mais ou menos, e então descobri que a Violência existia. Aquelas pessoas falavam sobre isso nos jornais. Em Cartagena, ela não existia. Eu me lembro do dia 9 de abril porque meu tio (tenho muitos deles, na verdade) era o governador do departamento de Bolívar na época. Lembro que fomos para a casa da minha avó, e meu pai foi para lá, e não para a minha casa, para comer, como fazia todos os dias, porque minha avó estava aflita e assustada: ela sabia o que tinha acontecido em Bogotá, que a cidade tinha sido queimada e Gaitán, morto. Isso era sabido, mas eles estavam com medo de que o que ocorria em

Barranquilla acontecesse ali também, que as pessoas saíssem e queimassem algo na Plaza de San Nicolás, no Paseo Bolívar. E em Cartagena nada aconteceu. Meu tio chegou atrasado; em vez de chegar às 19 horas, só apareceu depois das 20h30. E não jantamos até que ele chegou, porque esse era outro dos costumes de nossas famílias.

HÉCTOR ROJAS HERAZO: Gabriel já era famoso no mundo dos jornais. Haviam sido escritos artigos sobre ele no *El Espectador* [por causa de seus contos]. Artigos importantes. Zalamea Borda, primo do outro Zalamea Borda, escreveu um lindo texto sobre ele. Gabriel devia ter 19 anos quando isso se deu.

Na verdade, ninguém nos apresentou quando ele começou a trabalhar no *El Universal*, mas nos conhecemos e ficamos amigos. Claro, o Maestro Zabala* desempenhou um papel nisso. Caramba! Ele era outro personagem extraordinário. Maestro Zabala. Como chorei quando ele morreu. Era um homem muito afetuoso... Bem, o maestro era um grande amigo. Uma pessoa extraordinária. E era um indivíduo que conseguia farejar a inteligência. Ele farejava uma pessoa inteligente, quem quer que fosse... E, claro, Gabo chegou. Foi quando ficaram próximos...

MARGARITA DE LA VEGA: Clemente Zabala foi chefe de redação do *El Universal*. Nos jornais havia um diretor administrativo, que cuidava da operação, e outro que editava os artigos. Outro cuidava dos assuntos políticos. Havia uma sala de redação e as pessoas se encontravam lá. Não era o trabalho solitário que é hoje. Todos os jornais da Colômbia nasceram como jornais do partido. O *El Universal* era liberal e o *Diario de la Costa*, conservador. Quando Gabo chegou, já deve ter pertencido à família Escallón Villa. Aqueles que eram donos de jornais faliram. Agora *El Universal* é o único. Nenhum substituiu o *Diario de la Costa*.

Eles tinham os mesmos interesses, então os que conversavam e os que não conversavam se reuniam lá. Era o que se procurava. Naquele momento, eram os jovens intelectuais, os que escreviam e tudo mais. Lembre-se de que os jornais também eram instrumentos culturais, e

---

* Clemente Manuel Zabala foi o chefe de redação do *El Universal* que contratou García Márquez quando ele chegou a Cartagena, fugindo da Faculdade de Direito e do *Bogotazo*. Em suas memórias, García Márquez se lembra dele como "pacífico", "sigiloso", "um homem sábio na penumbra". Ele aparece em uma história de García Márquez como Maestro Zabala e faz uma participação especial como o editor do repórter em *Do amor e outros demônios*.

lembre-se da importância dos suplementos literários. Isso é extremamente relevante. Veiculavam poesia, faziam entrevistas, mas também publicavam personalidades internacionais. De certo modo, alguns eram roubados, porque não tenho certeza se recebiam pelos direitos do que era publicado na Argentina, no México, nos Estados Unidos, na França ou na Itália. Essas pessoas tinham origens sociais diferentes, classe média, classe alta, até mesmo a classe de *pueblo*, e ninguém sabia como era quando todos se encontravam no mesmo plano. Porque todos eles tinham interesses intelectuais em literatura, poesia, teatro; alguns mais interessados em alguns assuntos que em outros. E se encontravam nos jornais, mas também nos cafés, nas praças... eles faziam parte dessas conversas, muitos deles poderiam ter conhecido o poeta Tuerto López ou outros, entende? Eles contavam histórias e falavam e conversavam e liam. Porque havia um grande amor pela leitura. Emprestavam livros uns aos outros, mas havia também a biblioteca, havia também a universidade. Ser humanista era considerado algo importante. Humanista à maneira dos gregos clássicos. Gustavo Ibarra Merlano recitava em grego e em latim.

HÉCTOR ROJAS HERAZO: Gabo era uma pessoa muito querida. E estava sempre ao redor daqueles que amava. Ele falava deles, usava a coluna para falar da melhor maneira possível sobre as coisas e as pessoas que o interessavam. Isso começou a sacudir o jornalismo colombiano. Todas essas coisas estavam sendo feitas no *El Universal* porque o *El Universal* era um lugar maravilhoso. Eles tinham só a parte inferior de um prédio de dois andares. Foi na parte inferior, foi lá que a ebulição começou...
   O bom é que falávamos de tudo. Algo de que sempre falávamos era a importância das letras latino-americanas. Por causa de algo muito simples: os diferentes setores que impunham a própria maneira de escrever romances, isto é, que haviam dito o que dizer. Romancistas ingleses, romancistas franceses, romancistas russos... Depois veio a coisa de Faulkner, que era aquilo... o impulso narrativo nos Estados Unidos. Então dissemos: "O mundo precisa agora do que a América Latina vai dizer. Vamos ver". E começamos a falar sobre as coisas latino-americanas — que isso era assim e que aquilo era assado — para ver como poderíamos alcançar o conhecimento mais direto possível da realidade em que vivíamos e pela qual sofríamos. O que ocorre é o seguinte: a influência foi descontrolada. As pessoas que estavam sendo influenciadas naquele momento — não

tínhamos controle sobre elas. Fomos influenciados por filmes, por uma coisa e por outra. Tudo. Uma fome de conhecimento. Mas o fato é que cada ser humano tem de viver a ignorância, desfrutá-la e transformá-la em criatividade. É como o amor. Precisa ser sofrido, e admirado, e apreciado sempre individualmente.

Naquela época, havia mesmo um vendaval de influências de todos os tipos. Qualquer grande romancista, digamos Faulkner, Dostoiévski, Tolstói. Os grandes. O grande romancista francês Balzac, que escreveu cerca de cem livros. Eu sempre mantive em mente um pensamento de Tolstói, o grande romancista russo: "Se queres ser universal, começa por pintar a tua aldeia". Então, mantivemos isso em mente. A aldeia, a aldeia, a aldeia. Não vá além disso.

MARGARITA DE LA VEGA: Rojas Herazo sempre teve esse estilo poético e metafórico de falar. Um pouquinho no mundo da lua, digamos, e pouquíssimo na realidade.

HÉCTOR ROJAS HERAZO: Conversávamos sobre tudo. Do famoso poeta que assassinaram, García Lorca. Sobre tudo. Então estávamos todos no mesmo caminho... Agora o *El Universal* de Cartagena é muito bom e tem um edifício imponente, todas essas coisas. Agora é algo diferente. Mas naquela época um grande repórter, Gabriel "Gabo" Bazo, nos disse: "Quando você não quer que ninguém saiba algo ruim, publique-o na primeira página de um jornal". O jornal começou sendo uma coisa trabalhada com muito amor porque vários de nós que desejávamos ir a algum lugar trabalhávamos nele...

MARGARITA DE LA VEGA: As reuniões de poesia em Cartagena foram importantes, assim como aquelas sobre cinema. A questão de Gabo com os filmes pode vir dos cineclubes de lá. Meu pai fundou o de Cartagena.

HÉCTOR ROJAS HERAZO: Além disso, nós da costa tínhamos uma grande vantagem. Não possuíamos nenhum tipo de vaidade porque não tínhamos [uma história de grandeza cultural]... Ou seja, os guardas permaneceram em silêncio até aquele momento. Tivemos pessoas e conquistas importantes, mas não em grande escala. Então me lembro de um dia, quando estive em Cali e entrevistei o maestro [Pedro Nel Gómez], o pintor de Antioquia que era notável e tal. Quando estava saindo, comecei a contar-lhe o que aspirávamos, pois ele era um homem muito agradável e afetuoso. E então ele me perguntou: "Bem, e o que está acontecendo com a costa que não produziu nada até agora?". E respondi: "Não se preocupe, maestro. Nós, as pessoas da costa, ouvimos agora o som do mar. Quando estivermos prontos, vamos nos levantar e falar, e então você verá o que vai acontecer".

MARGOT GARCÍA MÁRQUEZ: Meu pai, enquanto Gabito terminava a faculdade de direito, também veio, mas o que Gabito queria era escrever, e logo ele disse ao meu pai que não suportava mais estudar leis; abandonou os estudos e foi trabalhar no *El Universal*. Naquela época ele morava conosco; lembro-me de ouvi-lo todas as noites, *tac, tac, tac*, na máquina de escrever.

HÉCTOR ROJAS HERAZO: Pelo menos Gabo chegou a algum lugar... Eu sabia que ele ia fazer a diferença. Sim, sempre achei que ele seria grande, mas não colossal. Já havia um interesse internacional no que a América Latina estava escrevendo. Então ele chegou a tempo de pegar o ônibus e dar a partida.

Um escritor, poeta e contador de histórias espanhol veio para cá, e Gabriel já estava trabalhando no *El Universal*. Então o Maestro Zabala, Ibarra Merlano e eu fomos ouvi-lo. O Maestro Zabala nos convidou. Ele nos diz: "Vamos lá, precisamos conhecer esse homem". Ele era um poeta e escritor famoso. Um dos mais importantes da Espanha na época. Era um estudioso de Luis de Góngora, o grande poeta de um período singular na Espanha, e então fomos ouvi-lo. Ele falou sem parar. Quando estávamos prestes a ir embora, o Maestro Zabala diz: "Não, não, não. Temos de conhecer esse cavalheiro. Ele é um homem importante que veio até aqui e vale a pena". Então fomos. Ele era uma pessoa encantadora e nos pediu para lhe entregar uma amostra do que estávamos fazendo na literatura, porque ficou maravilhado conosco. Ele veio com a esposa. O escritor de que estou falando é Dámaso Alonso, que era famoso. Então o grupo do maestro, Gabo e eu decidimos fazer isso. Decidimos não entregar a ele nada nosso, Gabo nos representaria, pois, embora ele fosse bem mais novo, já era um pouco conhecido. O maestro tomou o material de Gabo e depois, muito mais tarde, na Espanha, quando o maestro estava conversando com esse senhor Dámaso Alonso, disse-lhe: "Maestro, sabe o...". Eles já haviam dado a Gabo o Nobel. "Sabe o menino que apresentamos a você? Era Gabriel García Márquez." "O quê? Ah, eu me lembro!"

García Márquez rodeado de amigos.

4
OS PRIMEIROS E ÚLTIMOS AMIGOS

Em que chega a Barranquilla e conhece o "sábio catalão" e os "quatro debatedores" que imortalizou no capítulo final de Cem anos de solidão *como "os primeiros e últimos amigos que teve na vida"*

QUIQUE SCOPELL: Ele veio morar em Barranquilla quando Alfonso Fuenmayor o contratou para trabalhar no *El Heraldo*.

SANTIAGO MUTIS: Quando Gabo procura emprego em Barranquilla, Alfonso diz a ele, como um teste: "Bem, escreva o editorial de amanhã para mim". Então ele o senta em sua mesa. Alfonso lê e diz: "Caramba, isto é muito bom!". E então pensa: "Esse cara deve ter preparado o editorial antes". Diz a ele: "Olha, isto é muito bom, mas escreva outro para depois de amanhã". Gabo escreve o editorial para depois de amanhã. Então ele pega, vai até a direção e diz: "Vocês têm de contratar o menino". "Alfonso, não temos grana. Não há dinheiro para mais ninguém", dizem eles. "Vocês têm de fazer isso", insiste. "Não podemos", respondem. "Então, meu salário referente às próximas duas semanas será dividido em dois. Metade para ele, metade para mim", respondeu Alfonso. Quero dizer, era essa a índole daquelas pessoas.

HÉCTOR ROJAS HERAZO: Cartagena e Barranquilla são bem próximas, mas são cidades diferentes, e me parece que ele se saiu muito bem com esse grupo em Barranquilla. Eles lhe ofereceram um emprego. Porque o *El Heraldo* estava lá, o que era mais prático do que o *El Universal* de um ponto de vista financeiro. Deve ter sido isso, não acha?

MARGARITA DE LA VEGA: Cartagena é uma pequena cidade provinciana que vive muito da sua glória passada, mesmo que não seja tão tradicional quanto dizem. Mas não há dúvida de que o contraste entre Cartagena e Barranquilla se deve ao fato de que Barranquilla foi fundada por pessoas que não conseguiram chegar a Cartagena por não haver nenhum caminho aberto para elas. Muitos habitantes de Cartagena foram para Barranquilla porque eram mais dinâmicos, mais modernos. Tinham novas ideias, e Barranquilla recebia todos os imigrantes de braços abertos. Judeus, turcos, russos, qualquer um.

JAIME ABELLO BANFI: García Márquez me chamava de *barranquilloso*, e não de *barranquillero*. Isso vai mais além do gentílico. É como um estado de espírito, e me lembra a ideia de dandismo. O *barranquilloso* é um dândi, mas também algo como um conquistador do mundo.

MARGARITA DE LA VEGA: Cartagena recebeu uma série de imigrantes e as coisas correram bem para alguns deles, e há de vários tipos: franceses, alguns judeus; e não havia diferença, não era que as pessoas os tratassem mal, não havia o suficiente deles para formar uma colônia. Vinham diretamente para Barranquilla porque Cartagena perdeu seu porto quando abriram o Canal del Dique e as Bocas de Ceniza em Barranquilla. Tentaram construir alguns projetos que quase fecharam a baía de Cartagena por causa da dragagem e coisas do tipo.

JAIME ABELLO BANFI: Todo mundo em Barranquilla sabia quem era aquele repórter do *El Heraldo*; que era de Barranquilla que García Márquez gostava. Lembro-me de que a poeta Meira Delmar me disse que Gabo era famoso quando trabalhava no *El Heraldo*. E esse homem viu Barranquilla como uma espécie de metrópole. Era a metrópole do Caribe. Uma cidade próspera. Pessoas de outras áreas do país moravam lá, era a cidade-âncora do Caribe. Enquanto Cartagena era colonial, histórica e tal, Barranquilla era a cidade moderna. A cidade com avenidas largas, conjuntos habitacionais, serviços públicos e uma atitude independente entre as pessoas. O *barranquillero* não pede permissão. Um *barranquilloso* não pede permissão. Um *barranquilloso* faz o que tem de fazer, e Gabo se encaixa nisso... É por esse motivo que ele se refere tantas vezes ao espírito dos *barranquilleros*.

HÉCTOR ROJAS HERAZO: Eu tinha 16 anos quando fui pela primeira vez à Escola Normal Superior de Barranquilla, que acabara de ser inaugurada e era muito bonita. Ficava perto do estádio de futebol. Quando fui, comecei a ver coisas que não conhecia, como semáforos desligando e ligando para que os carros pudessem passar. Pareceu-me uma cidade grande. Vim de uma pequena vila, entende, e depois fui para lá. E também vim de Cartagena, que era mais calma. Cartagena não tinha ruas largas, grandes lojas de departamento, cafés. Naquela época, achei Barranquilla linda. Foi a minha primeira impressão. E as pessoas eram muito simpáticas. Além disso, o *barranquillero* não se incomoda com nada. Depois do Nobel, é assim que eles cumprimentam Gabriel: "Ei, senhor Prêmio?", como se fosse algo impressionante, mas talvez não tão importante. Como eu disse um dia: "Não há prestígio aqui, mas vida". Então, isso é algo que leva embora a tenacidade das pessoas. Não há necessidade de fazer mais do que apenas viver. *Barranquilleros* são muito bons amigos. Caramba! Bons amigos. Grandes amigos.

GERALD MARTIN: Quando conversei com *cartageneros* e *barranquilleros*, percebi que os *cartageneros* sentiam que Gabo não lhes dava crédito suficiente, mas também é verdade que, com toda a importância que Cartagena teve na formação dele, Gabo não estava tão confortável em Cartagena nos anos 1940 e 1950 como estaria em Barranquilla.

JUANCHO JINETE: Ele começou a aparecer por aqui em 1952. Veio de Cartagena. Posso lhe dizer onde morou. Ele não tinha família aqui e morava no Barrio Abajo, em um quarto. Em Campana, acho, ele morava em uma pequena casa. Alfonso me levou lá várias vezes. Ali, ele tinha um quarto e ao lado havia algo chamado El Tokio. Uma loja que vendia o pior mingau de aveia.

Ele pagava por hospedagem e alimentação, porque o jornal lhe oferecia dois pesos por coluna. O que acontece é que, quando trabalhava no *El Heraldo*, ele às vezes escrevia todas as colunas; e no *El Heraldo*, do segundo ou do terceiro andar, era possível olhar pela janela e ver o bordel em frente. Eles viam uma dama atendendo seus clientes. E a pobre senhora abria a janela, porque fazia muito calor, e eles colocaram na cabeça que precisavam ir ao bordel para ver quem ela era. E como ele gostava de escrever sobre essas coisas, essa é a história, então, de quando ele se mudou para El Rascacielos [o arranha-céu] para morar com aquelas mulheres...

QUIQUE SCOPELL: Sim, mas depois se mudou para perto da loja Ley, que fica na Cuartel com a 36.

JUANCHO JINETE: Ah, claro. Havia uma escadaria... *El Heraldo* pagava 15 pesos por mês. Era o que pagava. Era também a moeda de circulação naquela época, mas não era um salário com o qual se podia viver decentemente; Alfonso não podia viver decentemente, então. E Gabito era menos que Alfonso no *El Heraldo*, então devia ganhar doze pesos por mês.

QUIQUE SCOPELL: Estávamos todos quebrados. Álvaro Cepeda tinha dinheiro porque o herdou quando o pai morreu. Ele nasceu com dinheiro. E eu vivia bem porque meu pai me sustentava, embora eu tivesse sido pobre durante o ensino médio. Éramos os únicos que tinham alguma grana ali, porque Alfonso estava quebrado. Germán Vargas, quebrado. Gabito, quebrado. Alejandro não estava aqui.

JUANCHO JINETE: Estava em Albany.

QUIQUE SCOPELL: O gravador está ligado ou desligado? Deixe-o ligado! Então Alfonso teve a ideia de abrir um jornal para se sustentar. Chamava-se *Crónica*, um tabloide. Você pode conseguir as edições no *El Heraldo*. Devem estar arquivadas porque Alfonso as imprimia no *El Heraldo* para ganhar mais alguns pesos. Ainda que o expediente do jornal mostrasse "Gerente Executivo: Julio Mario Santo Domingo",* Julio nunca escreveu um maldito artigo. Como dizem, o papel aceita qualquer coisa.

---

* Julio Mario Santo Domingo, nascido em Barranquilla, em 1923, foi o primeiro bilionário colombiano. Seu pai, Don Mario Santo Domingo, construiu o que é hoje uma das maiores fortunas cervejeiras do mundo, ainda nas mãos dos herdeiros de Julio Mario.
Quando García Márquez chegou a Barranquilla sem dinheiro e começou a fazer amizade com os boêmios locais, Julio Mario era o dândi rico do grupo que morava no exterior. Quando estava em Barranquilla para uma visita rápida, ele gostava de sair com seu amigo Álvaro Cepeda Samudio, que fazia parte do grupo de jornalistas, pintores e aspirantes a escritores, como García Márquez. Graças à amizade de Santo Domingo com Cepeda, o grupo teve bom acesso aos cofres da cervejaria de sua família quando Cepeda se tornou chefe de relações públicas da Cervecería Águila. Julio Mario Santo Domingo, em muitos aspectos, pode ser o benfeitor daqueles que se tornaram os "debatedores" de García Márquez em *Cem anos de solidão*, "os primeiros e últimos amigos que teve na vida".

Tudo que ele sabe fazer é multiplicar por oito. Ele sabe multiplicar porque sabe ganhar dinheiro. Ele sabe como fazer isso. Ganhar dinheiro. Mas não acho que saiba escrever. Naquela época nosso jornal era: um cara chamado Álvaro Cepeda; um cara chamado Alfonso Fuenmayor, que era o diretor; Germán Vargas, o mais bem-educado de todos; Gabito. Álvaro traduziu uma história americana, Germán Vargas escreveu algo para ela. Um cara chamado Alejandro Obregón fez as ilustrações e um cara chamado Figurita Orlando Rivera fez as ilustrações menores. Ah! Que lista! Hoje, na Colômbia, com esses cinco caras, você publicaria [as revistas] *Cromos* ou *Semana*. E eu tirava as fotos. Sou fotógrafo e, depois disso, um beberrão. Fui criado com fotografias. Então um cara chamado Gabito escreveu uma coluna chamada A Girafa. Ninguém leu a maldita coluna naquela coisa. Depois disseram que era genial... Porque, depois que Gabito se tornou um ganhador do prêmio Nobel, eles descobriram todas as virtudes dele: antes disso, não passava de um idiota. E aos sábados saíamos para vender o *Crónica*. E sabe o que fazíamos para vender aquela coisa? Nós o trocávamos por cerveja, porque o sujeito da loja nos dizia: "Ah, cara, essa coisa não vende". Uma verdadeira decepção. Dois mil exemplares eram impressos e sobravam 1.990. E os 1.990 eram doados. Eram impressos no *El Heraldo*. E Gabito foi o único ao qual Alfonso pagava pelas perdas. Alfonso pagava a Gabito dois pesos por semana para montar o tabloide.

Depois inventaram algo que foi o que mais vendeu o periódico. Era uma revista semanal. O que mais vendeu foi a mudança da literatura para o futebol, porque naquela época aqueles jogadores de futebol argentinos que chegavam pegavam todas as garotas de Barranquilla. Eles vinham jogar em dois times, Junior e Sporting, mas todos os que vieram para o Sporting eram para exportação. Uns filhos da mãe de boa aparência. Argentinos italianos, você sabe que esses argentinos...

JUANCHO JINETE: Sim, eles eram bonitos.

QUIQUE SCOPELL: Alfonso me chamava de Filósofo. Dizia para mim: "E você, por que não escreve um livro?". Porque não sei. O que eu sei é

Eram eles: Alfonso Fuenmayor, o mais velho do grupo, jornalista e colunista; Álvaro Cepeda Samudio, o playboy carismático com uma biblioteca e uma sensibilidade literária enormes; e Germán Vargas, o mais calmo do grupo, comentarista de rádio e crítico literário. Gabo não menciona um membro importante: Alejandro Obregón, o excêntrico pintor que gostava de provocar uma briga de bar e cuja família, como a de Santo Domingo, fazia parte da elite da cidade. O grupo aparece pela primeira vez como "os galistas de La Cueva" em *Os funerais da Mamãe Grande*.

falar merda. Não sei escrever. Falar, sim, mas não sei escrever. Não sei nem como escrever o pai-nosso. Peça-me para escrever o pai-nosso e você lerá… "Pai-nosso…", consigo chegar até aí. E Alfonso me dizia: "Pare de brincadeira, Filósofo, por que não escreve um romance?". Não, cara, não me venha com frescuras. Não tenho cabeça para escrever um romance. Para falar merda, sim.

MIGUEL FALQUEZ-CERTAIN: E supõe-se que naqueles encontros, naquelas reuniões na década de 1950, quando García Márquez chega a Barranquilla depois de ter estudado acho que um ano de direito em Cartagena e tendo trabalhado no *El Universal*, ele tenha conhecicodo sobretudo Alfonso Fuenmayor e Germán Vargas, os letrados. Eles se conheceram em uma livraria presidida pelo sábio catalão Don Ramón Vinyes, que falava espanhol e era catalão. Ele falava catalão, tinha livros em catalão, lia em inglês e acho que também traduzia do francês. Era um homem muito erudito. Ele morreu na Espanha nos anos 1950. Dizem que sentia falta de Barranquilla e que tinha comprado uma passagem de barco para retornar. Mas morreu em Barcelona alguns dias antes de partir. Ramón Bacca visitou seu túmulo.

GUILLERMO ANGULO: Gabo tenta escrever *Cem anos de solidão* inicialmente. Era algo sobre o qual ele não falava, que chamava de "catatau", e não conseguia fazê-lo. Ele percebe isso. Então soube que o romance precisava de um escritor muito mais experiente, o que ele não era, e teve a paciência de esperar até que se tornasse o escritor capaz de escrever *Cem anos de solidão*.

QUIQUE SCOPELL: É para onde eu estava indo. E pode publicar isso porque é verdade. Ainda que eu esteja bebendo, eu não gostaria de falar algo para que logo digam que falei que Gabito é um filho da puta. É claro que ele é um filho da puta, mas não posso dizer isso publicamente porque ele é um homem que, em primeiro lugar, já se distingue por seus méritos. Para mim, ele tem o grande mérito da obstinação. Um homem obstinado, obstinado, que insiste, insiste e continua no maldito romance, e depois não desiste. Ele aparecia com rolos de papel-jornal debaixo do braço, nos quais escrevia. Porque ele trabalhava no *El Heraldo* e Alfonso trabalhava no *El Heraldo*. E, repito, Alfonso desde o começo… Alfonso compreendeu quem era Gabito… Para mim, o único que compreendeu quem era Gabito se chama Alfonso Fuenmayor. E Alfonso acreditou em Gabito por toda a vida. Aqueles que influenciaram Gabito se chamam Álvaro Cepeda e José Félix Fuenmayor, pai de Alfonso, que era um gênio literário. O velho conhecia a literatura da época. Porque, há sessenta, setenta anos, a literatura não era como é hoje.

JUANCHO JINETE: Don Ramón Vinyes era um velho, um espanhol que veio para cá durante o tempo de Franco. Ele veio até a livraria. Eles sempre procuravam Fuenmayor porque Fuenmayor escrevia e eles publicavam seus textos em jornais estrangeiros, literários. E então Gabo também se tornou um bom amigo, ele ia lá para ver Fuenmayor e também aquele espanhol.

QUIQUE SCOPELL: O homem que o orientou foi Don José Félix Fuenmayor. Porque íamos para a casa que Don José Félix Fuenmayor tinha em Galapa. Álvaro e eu íamos com Gabito para que Don José Félix Fuenmayor desse aulas de literatura para Gabito.

MIGUEL FALQUEZ-CERTAIN: Alfonso Fuenmayor foi a ponte entre o jornal *El Heraldo* e o sábio Don Ramón, pois o espanhol morava em um lugar, o qual depois conheci, que era um antro onde havia prostitutas e tudo mais. Ficava na frente do *El Heraldo*, do outro lado da rua. Mais tarde estive lá, nos anos 1960, com um amigo. Fomos ver *Perdidos na noite* no cinema Rex. Era perto e fomos fumar lá naquele lugar, e algumas prostitutas tinham um quarto lá. Alfredo de la Espriella, o fundador do Museu Romântico da cidade, foi quem me disse: "Gabo morava lá, naquele lugar. Porque o sábio catalão também morava lá". Ficava exatamente na frente do *El Heraldo*, na *calle* del Crimen, perto da Igreja de San Nicolás. Um edifício de dois andares em estilo republicano. Mas estava muito degradado e tinha uma espécie de escada. Como os quartos ficavam de frente para a rua, podia-se subir. E Alfredo me disse: "Gabo viveu com o sábio catalão porque não tinha nem cinco centavos".

Alfredo tem a máquina de escrever que García Márquez usava no *El Heraldo*. Acho que o lugar que visitei, que era decrépito, é o lugar a que García Márquez se refere. E o velho deve ser o sábio catalão porque ele morava lá, e dizem que é o lugar que aparece no último livro dele, aquele sobre as putas e alguma maldita coisa. *Memórias de minhas putas tristes*.

JUANCHO JINETE: É o sábio catalão que ele inclui em *Cem anos*. E conhecemos outro. Germán Vargas trabalhava com ele. Aquele da livraria de Bogotá. Não a Buchholz, mas a outra. A do filme *La langosta azul* [A lagosta azul].

NEREO LÓPEZ: Luis Vicens. A história original de *La langosta azul* é de Álvaro Cepeda. E Vicens, que era fã de cinema, escreveu um roteiro com o pintor Enrique Grau. E eles enviaram o tal roteiro para Gabito, e Gabito leu para ver se ele se juntaria a eles. Mandaram-lhe para que desse uma boa olhada no roteiro, ou para que escrevesse o roteiro. Filmaram em 1955 ou 1956. E agora os créditos dizem que o roteiro é de Gabito, mas tudo que ele fez foi lê-lo com pressa e nada mais.

QUIQUE SCOPELL: Alfonso era quem corrigia sua sintaxe e ortografia... Alfonso andava com os manuscritos de Gabo. No bordel de propriedade de Negra Eufemia, a casa em frente à delegacia... Como se chamava? Mar Branco. Era lá que Alfonso corrigia essas coisas.

RAFAEL ULLOA: Quando cheguei aqui a Barranquilla, quando estudava na Universidad del Atlántico, eu o vi. Gabito trabalhava no *El Heraldo*, e eu morava na estrada 49, no 67, com pessoas que faziam parte da minha família e da dele. E ele ia até lá para escrever artigos sobre o Hotel El Prado. Ele começou a beber cerveja com os filhos mais velhos da família. Bem, eu era mais jovem. Eu ia comprar a cerveja lá na loja. Ele nunca usava meias. Estava sempre sem meias e vestia uma camisa *guayabera*, azul ou verde. As pessoas aqui o chamavam de Trapoloco, e ele andava com os motoristas de táxi e ia a bordéis mais do que qualquer outra pessoa. Entrava nos bares da *calle* del Crimen para tomar uma bebida com as mulheres e depois não tinha dinheiro para pagar. Então deixava lá o manuscrito de *A revoada* como garantia. Todos os seus primeiros livros. O primeiro a ficar conhecido foi *A revoada*. Então veio *Os funerais da Mamãe Grande*... Claro, eu saía para comprá-los.

CARMEN BALCELLS: Foi em algum momento nos anos 1960. José Manuel Caballero Bonald, um poeta espanhol, estava na Colômbia na época e recomendou que eu lesse um novo escritor chamado Gabriel García Márquez. Então aquele jovem chamado Gabriel García Márquez me enviou — não sei se foi ele ou Caballero, tanto faz — seus dois livros, *A revoada* e *Os funerais da Mamãe Grande*. Não faço ideia agora. Mas me lembro muito claramente do grande prazer que foi lê-lo. Depois disso, nós nos correspondemos, e confirmei que eu o representaria, que eu seria sua agente, e os vendi, assim como outras narrativas curtas suas, não apenas na Itália, mas também nos Estados Unidos, em 1965.

RAFAEL ULLOA: Sou fanático por García Márquez. Tenho a foto dele. Não se trata de uma fotografia, mas de um recorte de revista. Na porta da biblioteca. É onde a tenho. Então, quando as pessoas vêm até minha casa e perguntam: "E quem diabos é esse?", respondo: "Porra, é um parente meu".

5
A MENÇÃO A
CEM ANOS DE SOLIDÃO

Em que a vida e a obra dos debatedores e dos outros que ficaram de fora são explicadas

Aquele fatalismo enciclopédico foi o princípio de uma grande amizade. Aureliano continuou se reunindo todas as tardes com os quatro debatedores, que se chamavam Álvaro, Germán, Alfonso e Gabriel, os primeiros e últimos amigos que teve na vida. Para um homem como ele, encastelado na realidade escrita, aquelas sessões atormentadas, que começavam na livraria às seis da tarde e terminavam nos bordéis ao amanhecer, foram uma revelação. Até então, não lhe ocorrera pensar que a literatura fosse o melhor brinquedo que se inventara para zombar das pessoas, como demonstrou Álvaro numa noite de farra.

De *Cem anos de solidão*

MIGUEL FALQUEZ-CERTAIN: Em 1968, fui a uma palestra de Plinio Apuleyo Mendoza no Colegio Americano. Ele foi o primeiro a falar sobre o livro, em uma conferência magistral, quando *Cem anos* foi lançado. Revelou que García Márquez era obcecado por Carlos Fuentes, e por essa razão incluiu o general Artemio Cruz e "Mambrú se fue a la guerra" [Mambrú foi à guerra], a canção popular infantil. Mambrú era o duque de Marlborough. Também disse que Gabo admirava Julio

Cortázar e que foi por esse motivo que citou, no livro, Rocamadour, o bebê de O *jogo da amarelinha*. Todos os críticos entenderam que García Márquez inclui arbitrariamente essas pessoas como uma homenagem particular. Também descobriram que os nomes ao final do livro eram reais e começaram a atinar a quem se referiam. Eram quatro: Alfonso, Álvaro Cepeda, Germán e Gabriel.* Alfonso é seu mecenas, bem como Germán. Havia uma rivalidade literária com Álvaro, mas ao mesmo tempo eram essenciais. O sábio catalão era Ramón Vinyes. Não faz menção a Alejandro Obregón, embora participasse do grupo, e Gabriel era ele mesmo. Incluiu-se no livro. Também fala de Julio Mario Santo Domingo, o dândi que era herdeiro da fortuna mais importante em Barranquilla, os donos da cervejaria Águila.

JAIME ABELLO BANFI: Eles eram essenciais, como dizemos no Caribe. Ou seja, solidariedade.

Alfonso Fuenmayor

JUANCHO JINETE: Alfonso Fuenmayor era o mais velho. Ele é de 1922 ou 1923.

QUIQUE SCOPELL: Alfonso era o mais culto. Então, na cultura deles, estão Alfonso e Alejandro Obregón; depois vêm Álvaro Cepeda e em seguida Germán Vargas. Gabito estava aprendendo.

---

* Quando García Márquez escreveu *Os funerais da Mamãe Grande*, citou os "galistas de La Cueva". Ele se refere a seus amigos malucos de Barranquilla. A palavra *"mamagallista"*, que significa brincalhão ou trocista, é uma gíria da cidade que García Márquez utiliza no texto e que entrou no léxico do país. La Cueva [A Caverna] é o nome do seu bar favorito. Ele cita os amigos novamente em *Cem anos de solidão*. Alfonso, Álvaro e Germán nominalmente; Gabriel é ele mesmo.

HÉCTOR ROJAS HERAZO: Alfonso Fuenmayor era uma pessoa bastante cordial. Muito animado. Muito culto.

JUANCHO JINETE: Alfonso Fuenmayor escrevia os editoriais, coisas assim. O velho Juan B. [Fernández] administrava o jornal. Naquela época, Gabriel García Márquez contribuía com uma coluna chamada A Girafa.

JAIME ABELLO BANFI: Bem, Alfonso é divino. Nunca me esquecerei de Alfonso. Com meu grupo de Carnaval, toda segunda-feira de Carnaval, fazíamos uma festa, e, durante anos, Alfonso Fuenmayor compareceria. E Alfonso era meio gago. Sempre gaguejava. Sempre tinha um copo de uísque na mão. Gorducho, agradável, brilhante. Era como o irmão mais velho de Gabo. Gabo o chamava de "maestro" porque Fuenmayor sempre estava preocupado com ele. Fuenmayor cuidou dele um pouco. Tentava lhe encontrar trabalho. Ao mesmo tempo, o pai dele era uma referência para todos, Don José Félix. Era um relacionamento com muita amizade, carinho e respeito. Fuenmayor era como um irmão mais velho. Exatamente isso.

Germán Vargas

MIGUEL FALQUEZ-CERTAIN: Germán Vargas era jornalista e um dos que se reuniam na livraria Mundo, a qual não conheci. Ficava na *calle* San Blas. Eles se reuniam ali, e ali era onde o sábio catalão presidia.

JAIME ABELLO BANFI: Germán. Germán era, acima de tudo, um homem de cultura. E Germán era um homem de grande doçura, muito sério e muito amigo, afetuoso. Muito sereno.

MARGARITA DE LA VEGA: Germán era o mais tímido, o mais silencioso ou o mais reservado do grupo. Mas era um dos amigos íntimos. Depois de

Barranquilla ele foi para Bogotá, um pouco como Ibarra Merlano, que era advogado. Não sei o que mais ele fez, mas trabalhou na Rádio Nacional e na HJCK. No rádio, fez muitas coisas pela cultura, como programas com poetas, de entrevista.

Ele era um cara alto, já envelhecido quando o conheci. Extremamente amável, quase não parecia alguém da costa. Era reservado, ainda que um bom conversador.

MIGUEL FALQUEZ-CERTAIN: No final dos anos 1950 ou início dos 1960, Germán foi para Bogotá. Ele tinha uma coluna lá. Depois que voltou para Barranquilla, passou a ter uma coluna no *El Heraldo*. Ele resenhava livros. Os Vargas eram originalmente de Santander, acho. Não acredito que ele tenha nascido em Barranquilla. Ele era crítico e fazia coisas assim, mas não podia viver disso, e por muitos anos trabalhou para uma organização colombiana especializada em estatística. Era funcionário da empresa e foi com eles para Bogotá. Acredito que ele era sério. Não tanto um galista.

Álvaro Cepeda Samudio

JUANCHO JINETE: Nasci na *calle* Obando, e Álvaro Cepeda morava na *calle* Medellín. Fomos ao Colegio Americano para meninos, que na época era dirigido por gringos, muito americanos, mas protestantes. Celebrávamos todas as festas americanas no colégio. Álvaro Cepeda já era uma espécie de intelectual e tal. Droga... Não me lembro totalmente dos anos. Eu devia ter uns 18 anos e agora tenho 72. Agora nem sou bom com números. Álvaro era mais velho que eu. Em 1946, Álvaro fundou um centro literário durante o ano letivo e me apresentou para essas coisas. Em sua casa ele tinha uma espécie de escritório onde datilografava um jornal, não me lembro do nome. Álvaro tinha muito dessas coisas. Era bastante inquieto.

MIGUEL FALQUEZ-CERTAIN: Nenê, como o chamavam, era originalmente de Ciénaga, mas sua família morou em Barranquilla por cem anos. Eu o vi no aeroporto uma vez quando fomos para Nova York no mesmo avião, e ele estava acompanhado de Julio Mario Santo Domingo. Julio Mario vestia-se muito bem, de paletó e gravata, e carregava uma maleta. Já ele usava a camisa aberta, e podiam-se ver os pelos em seu peito. Estava de sandálias. Era um *camaján*, palavra que usavam em Barranquilla. É uma espécie de gigolô, que se veste com sapatos bicolores e ganha a vida com as mulheres; em geral, não trabalhava, mas tinha dinheiro, e, se não o tivesse, roubaria. Ele tinha lábia. Era um *camaján*. Naquela época, Nenê Cepeda e Obregón eram muito parecidos nisso. Não respeitavam as regras da sociedade.

HÉCTOR ROJAS HERAZO: Nenê tinha a voz rouca: "Vai andando" e tal. Como "E aí, cara". Qual era o nome do lugar onde eles se reuniam? La Cueva. Cepeda também estava tentando criar. Ele tinha força de vontade... Mas não, não tinha; ele não era como Gabo. Era mais calmo. Mais do que qualquer outra coisa, porém, era seu temperamento que importava. Era um garoto extraordinário. Um grande amigo de Gabo. E as risadas e outras coisas. Não, e os contos. *Todos estábamos a la espera* [Estávamos todos à espera]. Eu disse que ele era o melhor contista da Colômbia. Era um cara talentoso. Mas aquela criatividade insistente, como a de Gabo, é outra coisa.

QUIQUE SCOPELL: Álvaro Cepeda é um escritor mais natural que Gabito. O que acontece é que um anjo apareceu para Álvaro, o nome dele era Julio Mario Santo Domingo, e disse: "Venha trabalhar comigo. Salário? Não, que salário! Você pega um pouco quando quiser. Grana tem".

HÉCTOR ROJAS HERAZO: Porque ele era um dos grandes admiradores de Faulkner. Então decidiu conhecê-lo. Faulkner vivia no Deep South [extremo sul; região sudeste dos Estados Unidos]. Chegou lá e viu Faulkner, que se sentava a essa hora na porta de casa para beber. Então parou o carro e começou a observar Faulkner bebendo. Cada vez que Faulkner tomava uma bebida, ele também tomava. Queria dialogar com ele... e estava ficando bêbado. E de repente disse a si mesmo: "O que diabos vou dizer ao Faulkner? Que sou um idiota. Você é um cretino. O que vou dizer a ele? Vamos embora, então. Até mais, Faulkner!". Era um homem com senso de ironia.

QUIQUE SCOPELL: Gabito adquiriu muita cultura depois de velho. Mas Cepeda tinha mais cultura. Primeiro, tinha dinheiro para ler livros, e Gabito, não. Álvaro lia Faulkner, que na época era popular, e depois emprestava os livros para Gabito. Gabito não tinha dinheiro. Estava fodido. Trabalhava no *El Heraldo*, onde lhe pagavam três pesos por semana. Aquele merda, Juan B., lhe pagava três pesos. Gabito estava na pior, pegava prostitutas de cinquenta centavos porque não podia pagar mais. Uma sacanagem...

Como estou lhe dizendo, a amizade deles era a literatura. Álvaro, quando jovem, escrevia melhor do que quando ficou mais velho. Porque no início ele estava mais atraído pela literatura, mas encontrou um cara chamado Julio Mario Santo Domingo. Julio Mario era o navio que chegava ao porto. É preciso ter uma vontade de ferro.

MIGUEL FALQUEZ-CERTAIN: Eles chamavam Cepeda de "Cabeleira", porque seu cabelo era despenteado naquela época, nos anos 1940, quando não estava na moda. Ele estava à frente de seu tempo. Tenho uma foto dele com um boné de beisebol virado para trás. Naquela época ninguém fazia isso.

QUIQUE SCOPELL: Para com isso! Álvaro era excêntrico... Ele nunca usou sapato. Alpargata, era o que ele usava. E nunca vestia uma camisa social ou qualquer coisa do tipo, estava sempre malvestido.

JUANCHO JINETE: Andava como um hippie. Brincavam com ele. O marido de Cecilia Porras o chamava de Anthony Quinn da América.

QUIQUE SCOPELL: Bem, veja: Álvaro e eu fomos estudar nos Estados Unidos. Acho que fui três vezes para me matricular na universidade e Álvaro duas vezes. Íamos a Baton Rouge, na Louisiana, mas minha avó morava em Havana. Então Álvaro me disse: "Não me venha com frescura. Antes de irmos para a universidade, vamos passar uma semana em Havana e ficar com sua avó". Bem, minha avó ficou encantada por me ter em Havana. E lá conhecemos duas garotas venezuelanas sem dinheiro e começamos a sair com elas. As venezuelanas nos disseram que iam estudar em Ann Arbor, Michigan. Olhe, da Louisiana até Ann Arbor, de Baton Rouge até Michigan, são os Estados Unidos todos. Então Álvaro disse: "Ouça, e se agora... O que vamos fazer morrendo de fome em Baton Rouge? Vamos com essas lunáticas para Ann Arbor". É por isso que fomos a Ann Arbor. E agora vou lhe dizer: fui para a universidade três vezes; Álvaro deve ter ido duas. Então ele se tornou o "doutor Álvaro Cepeda". Ele estudou jornalismo. Que jornalismo! Em seu livro de contos, *Los cuentos de Juana* [Os contos de Juana], há a história daquela garota negra que viveu com Álvaro em Nova York. Depois, ele apareceu com um diploma de jornalismo da Columbia. Mentira! Isso nunca aconteceu. Nada disso aconteceu. É preciso dizer as coisas do jeito que são porque as pessoas inventam histórias. Pessoas que não conhecem as pessoas e começam a inventar histórias.

Alejandro Obregón

SANTIAGO MUTIS: A crítica de arte Marta Traba disse que os jovens pintores deveriam passar diante de Alejandro Obregón como Ulysses diante das sereias, mas nesse caso com os olhos vendados.

MIGUEL FALQUEZ-CERTAIN: Ele era de uma família distinta. Sua irmã, Beatriz Elena, amiga íntima de minha tia La Nena, era uma mulher superdistinta. Eu fazia espetáculos de mágica para ela. Todos aqueles Obregón eram de uma família da mais alta sociedade de Barranquilla.

Ele sempre usava cáqui, com o cabelo sem pentear, e não tomava banho. Ou, se tomava banho, não usava desodorante, assim como os franceses. Tinha aquele mau cheiro forte e concentrado. E Mona Falquez, que era a mulher mais arrumada e asseada do mundo, quando ele aparecia — ele adorava minha tia Mona — e a beijava, dava-lhe um beijo e dizia: "*Ay*, mas que mau cheiro o Alejandro tem!".

JUANCHO JINETE: Há uma história sobre o Maestro Obregón. Ao lado de La Cueva, que era uma casa e um bar, tinha também uma sala de estar e uma sala de jantar, alugadas para o velho Movilla. Então o velho morava lá. E havia uma geladeira, e aquele velho era bizarro; inventava que era cozinheiro e se apresentava como tal. E às vezes Álvaro cozinhava em La Cueva. Um dia, preparou arroz com ovos de iguana... a menor das idiotices que o velho maluco fazia. Ele tinha um grilo de estimação. Ouça, é verdade! Ele tinha um grilo que chamava de Fifififi. Ele lhe oferecia comida e coisa e tal. Então um dia o grilo apareceu e ele disse: "Maestro, maestro, preparei algo para você". E então o maestro vê o grilo e pensa... o pequeno grilo. Estávamos fazendo salsicha e tal, quando o maestro pegou dois pedaços de pão e o grilo e *nhac!*, devorou-o.

NEREO LÓPEZ: E Alejandro adorava brigar, ele se embriagava e procurava briga. Fiz os melhores retratos de Alejandro Obregón. Fotografias espetaculares. Para tirar uma delas, tive até de lutar com ele. Lembro que disse a ele: "Pegue os pincéis, abra-os e levante-os até a altura do seu olho". E ele: "Não, porque...".

Julio Mario Santo Domingo

MIGUEL FALQUEZ-CERTAIN: A história que eu ouvia falar desde menino é que o velho, Don Mario, pai dele (mais tarde eu soube que o nome dele também era Julio Mario, mas ninguém o chamava assim), veio a pé do Panamá para Barranquilla. Ele tinha dinheiro, mas não era milionário. Tinha dinheiro guardado dos negócios no Panamá. Era uma pessoa comum. Esse Señor Mario Santo Domingo chegou a Barranquilla com dinheiro no bolso e ligou-se à sociedade de Barranquilla da época, que devia ser bem pequena, e por meio do casamento virou agregado da família Pumarejo. Os Pumarejo vieram de Guajira, de Valledupar. A família da minha mãe ia até lá às vezes porque faziam festas na fazenda em Dibulla. Pertencia aos Pumarejo, e as pessoas iam até lá para descansar. Ficavam lá por uma semana e havia festas; pessoas vinham de Bogotá e prestavam atenção neles.

Don Mario se casou com a irmã de Alberto Pumarejo e iniciou uma carreira brilhante. Quando eu era menino, a família mais rica de Barranquilla não era a de Mario Santo Domingo. Os famosos eram os Mancini. Os Mancini eram os mais ricos.

Quando eu estava estudando economia, em 1970, meu professor usou o golpe de Julio Mario como exemplo. Julio Mario foi um dândi por um tempo, um playboy. Ele só se acalmou nos anos 1970 porque seu irmão, Pipe Santo Domingo, morreu em um acidente de carro em Puerto Colombia. Ele estava com Diana Limnander de Nieuwenhove. Diana sobreviveu e Pipe morreu, e isso foi uma tragédia para o velho. E Julio Mario, que havia passado a vida viajando e se divertindo, precisou se tornar respeitável porque Pipe tinha morrido. A mesma coisa que aconteceu com John F. Kennedy quando o irmão morreu (seu irmão mais velho, Joseph): ele teve de tomar as rédeas.

Julio Mario aproveitou o fato de que seu pai, precavido, vinha comprando ações de várias empresas. Meu avô tinha cem, duzentas. Mas o velho Mario era metódico e comprava ações sem parar e as mantinha. Na época do conflito entre a cervejaria Germania e a Águila, ele criou o Grupo Santo Domingo. Formou o Grupo Santo Domingo com pessoas de Barranquilla que também tinham ações, entre elas Pacho Posada e vários homens, e com o bloco de meu pai e aquelas ações ele compareceu diante da assembleia geral de acionistas. Os caras não tinham a menor ideia. Eles teriam sua assembleia geral, nomeariam um novo conselho de diretores, e, quando contassem essas ações, a parte deles chegaria a 51%. Então eles tomaram as rédeas da Germania, e esse foi o brilhante golpe de Julio Mario em 1969. Ele se tornou dono e senhor da Colômbia.

QUIQUE SCOPELL: Não é que Julio Mario fosse arrogante, mas ele tinha hábitos diferentes. Era sofisticado.

MIGUEL FALQUEZ-CERTAIN: Julio estudou na Universidade Columbia, acho. Isso deve ter sido em 1946. E pagou os estudos do Nenê na Columbia. E Nenê estudou jornalismo e lá foi onde escreveu os contos de *Todos estábamos a la espera*. As pessoas supunham que ele tinha lido William Saroyan e escrito as histórias enquanto morava em Nova York. Quando retornou a Barranquilla, ele não tinha emprego, e, como Julio Mario tinha dinheiro e queria investir, abriu o *Diario del Caribe* para entregá-lo ao Nenê Cepeda. Essa é a história que conheço. E ele fez do Nenê Cepeda chefe de redação. O *Diario del Caribe* era originalmente um jornal liberal porque Julio Mario vinha de uma família liberal, é claro. Sua mãe era irmã de Alberto Pumarejo. Mais tarde, por causa de Pacho Posada, tornou-se conservador.

OS GALISTAS DE LA CUEVA

CARMEN BALCELLS: A partir de 1965, fiz várias viagens à Colômbia e ao México. Em uma dessas viagens fui a La Cueva e conheci os indivíduos cujos nomes não me lembro agora. Fui acompanhada por Álvaro Cepeda Samudio, que me apresentou ao mundo de Barranquilla: La Cueva, as livrarias, Vinyes e tudo o que hoje faz parte da vida mítica do autor de *Cem anos*.

SANTIAGO MUTIS: Está tudo lá. Eles são amigos uns dos outros porque eram ótimos. Porque Obregón não era bobo. Quero dizer, Obregón era uma personalidade prodigiosa. A presença de Alejandro era como a de um animal. Alejandro perturbava. As pessoas se sentiam esperançosas. Uma coisa bonita. E estar com Alfonso era como estar em um lugar, como dizer: "Chegamos, algo bom vai acontecer aqui". Com Rojas Herazo também, porque eram pessoas capazes de responder à vida, capazes de dar vida. Fortes por dentro. Lindo. Então, várias coisas lindas convergiram para lá. Eles eram todos especiais. Não era só a amizade, era um clima bem-humorado e descontraído. Eles estavam unidos pelo amor à humanidade e à literatura, e isso é a mesma coisa.

La Cueva [A Caverna]

6
SER GALISTA OU SER ESCRITOR

Em que se explica o que é necessário para ser um mamador de gallo, *termo totalmente desconhecido antes da publicação de* Cem anos de solidão, *ou Como apenas um escritor poderia tornar famosos os* mamagallistas

HERIBERTO FIORILLO: Em La Cueva havia quatro protagonistas; três deles aparecem mais tarde no último capítulo de *Cem anos de solidão*. São eles Alfonso, Germán, Álvaro e Alejandro. A Vaivén era uma loja que ficava na Victoria com a Veinte de Julio e se tornou La Cueva. O dono, Eduardo Vilá, era primo de Alfonso, e para ele era humilhante vender mantimentos. Ele só queria esperar seus amigos caçadores. Alfonso chamou Álvaro, que transformou a loja no bar La Cueva. Os mictórios ficavam muito perto do bar, como proposto por Obregón. No final dos anos 1950, eu morava a duas quadras de lá e passava com meu pai a caminho dos cinemas próximos. Um dia ele me disse: "É aqui que alguns senhores que são artistas se reúnem e bebem cerveja e brigam e depois discutem e voltam a bebem e a brigar e…". Ele também me disse isso como um aviso, o qual despertou em mim uma grande curiosidade. Mais tarde, quando comecei a ler literatura colombiana, ou seja, Cepeda Samudio, Rojas Herazo, García Márquez, percebi que eles eram aqueles mesmos amigos. E de Tarzan e Batman, meus heróis na época, passei para meus novos heróis, os loucos de La Cueva.

MIGUEL FALQUEZ-CERTAIN: Quando *Cem anos de solidão* foi publicado, ele se referiu aos galistas de La Cueva e os chamou de "quatro debatedores". Usou várias palavras regionais que não eram conhecidas no restante do país. As pessoas começaram a perguntar o que ele queria dizer com elas. Por exemplo, o termo *"golondrinos"*, que muitos pensavam ser pássaros, mas que todo mundo em Barranquilla sabe que são os furúnculos que surgem quando os poros das axilas ficam entupidos.

Assim como o termo "galistas", ou *"mamar gallo"*, também apareceu. Começaram a especular no *El Tiempo*, no *El Espectador*, sobre o que García Márquez queria dizer com isso, e fizeram perguntas e tal. Aquela foi a origem da teoria, da qual me lembro. Vem de briga de galos. Nunca fui a uma rinha em Barranquilla na minha vida. Não era comum. Nunca vi um galo de briga até que fui a Guajira. É um ritual lá; como beber uísque contrabandeado e escutar *vallenatos*, estar no grupo que vai de casa em casa com o trio; ir às rinhas também era. Nas rinhas, as pessoas eram muito beligerantes, mas também muito brincalhonas; então era algo entre ser trocista e ser agressivo. O humor podia mudar de repente, e o sujeito pegava um revólver e matava alguém porque estava zombando dele. Então a origem etimológica é que o galo tem uma espora natural. Mas os galos nunca lutam com as próprias esporas; são postos sobre elas protetores feitos de cobre. Então, para colocar o aparelho de cobre, como se fosse a imitação de uma espora, eles põem a cera dentro e, em seguida, levam até uma vela e botam no fogo. Depois que a cera derrete, colocam a peça na espora do galo, para que grude. E então, para cimentá-la, eles a levam à boca e chupam. É por isso que dizem "mamar"; mamar é chupar.

Então essas são a origem etimológica e o significado. É muito difícil traduzir, não apenas para outra língua, mas também para outras culturas. O fenômeno mais semelhante a ser um *mamagallista* ou *mamar gallo* é contar "causos", ou *tall tale*, ou praticar aquele ditado popular, "quem conta um conto aumenta um ponto"; os irlandeses contam histórias inacreditáveis com uma expressão séria no rosto.

Vou dar um exemplo: eu dizia ao meu amigo Joaquín as mentiras mais absurdas. Fiz isso várias vezes e jurava que era verdade. Então ele ficava olhando para mim, e eu dizia a ele: "Não, cara, não, isso é mentira". E ele falava: "Mas por que você me conta essas coisas? Você jurou que era verdade, e todo esse tempo pensei que fosse verdade". Isso é "mamar um galo". É isso o que faz de você um galista de La Cueva. Você cria situações completamente falsas e faz outra pessoa acreditar nelas.

MARGARITA DE LA VEGA: Isto é *mamagallismo*: construir uma piada de mau gosto.

Quanto a Gabo ser um, ele era. Ele adorava contar histórias que podiam ser verdadeiras ou fictícias. Estamos falando de hipérbole, para usar um termo sofisticado. É exagerar. Contar uma história na qual existe alguma bobagem. Quando dizem na costa que houve um almoço que durou até o dia seguinte — bem, em Valledupar de fato há almoços assim. Gabo certamente era um *mamador de gallo*. Gostava de brincar. É daí que vêm certas coisas nos romances dele. Vêm da cultura. Era o que ele estava vivendo.

RAFAEL ULLOA: Você não poderia ter uma conversa séria com Gabito sem que ela fosse uma piada. Ele deve ter mudado depois, mas, quando estava aqui, era um completo *mamadera de gallo*. E ele é um cara... como dizer? Popular. Falava com todo mundo e dizia foda-se à vida. Então, um dia Gabito me disse: "Escute, Rafa, você já fumou o tabaco?". "Que tabaco?" "O que Alfonso te deu." Doña Victoria, que era minha parente, dizia: "Tenha paciência, Alfonso fuma maconha". Então, quando me vê, Gabo me diz: "Ah, burro". Você sabe que aqui [em Barranquilla] eles chamam as pessoas que fumam maconha de burros. E eu venho de uma cidade onde os burros são os que fodem as burras. E ele estava me perguntando se eu era burro...

JUANCHO JINETE: Gabito era outro *mamador de gallo*.

JAIME ABELLO BANFI: Os galistas de La Cueva eram basicamente um grupo de amigos que tinha um núcleo. As pessoas que faziam parte desse núcleo eram dedicadas à literatura, ao jornalismo, à arte. Pessoas muito cultas que sempre preferiram o senso de humor, o riso e a capacidade de zombar de tudo às pretensões de seriedade ou até mesmo de deixar um legado ou uma obra muito clara. Acredito que valorizavam o fato de estar vivos, de se divertir, de compartilhar. E valorizavam bastante o ambiente ao redor. Gabo me disse: "Barranquilla é Macondo quando esta se tornou uma cidade".

7
OUTRO UÍSQUE

Em que Quique e Juancho, os únicos sobreviventes do grupo de mamagallistas de La Cueva, nos conduzem a um passeio pela Barranquilla dos anos 1950, quando García Márquez chegou e eles o viam como um matuto total

JUANCHO JINETE: Aqui é só Gabo, Gabo para cima e Gabo para baixo. Mas isso é agora.

QUIQUE SCOPELL: Estou dizendo a você, as pessoas dividem tudo em dois. É Gabito antes do Nobel e depois do Nobel. Antes do Nobel, ninguém prestava atenção em Gabito. Chamavam-no de lagarto. "Vamos sair daqui, lá vem o Gabito." E se escondiam dele.

MIGUEL FALQUEZ-CERTAIN: Um lagarto é alguém que se intromete onde não é chamado, que não faz parte do grupo, que invade o ambiente; alguém que se aproxima de um grupo e é visto como inferior. Um lagarto é alguém que se torna insuportável, que quer ajuda, que invade todos os lugares. O que eles querem dizer é que Obregón e Cepeda não gostavam de García Márquez.

QUIQUE SCOPELL: O prêmio Nobel prejudicou a literatura colombiana com García Márquez. Porque agora todo mundo quer ser García

Márquez. Então, "Ah, não! Se García Márquez não disse isso, não é literatura!". É uma sombra imensa. Uma árvore enorme.

Isso fodeu a literatura. "Ah, se Gabito não disse isso...!". Até o presidente, Alfonso López, diz: "Porque, como disse Gabito...". Então me diga, Alfonso López, quando diabos você conheceu Gabito? Você o conheceu depois do prêmio Nobel. Antes disso, Gabito era um excluído... Ele ia para todo lado com aqueles manuscritos debaixo do braço e recebia uma carta que dizia: "Señor García Márquez, dedique-se a outra coisa, porque o senhor não serve para ser escritor".

GUILLERMO ANGULO: Ele tentou escrever *Cem anos de solidão* em Barranquilla, mas percebeu que era grande demais. Acabou sendo *A revoada*, seu primeiro livro, publicado em 1955.

GUSTAVO GARCÍA MÁRQUEZ: Uma vez que concluiu a escrita de *A revoada*, ele a levou para o cara da [Editorial] Losada. E essa foi a resposta que recebeu: "Veja, Señor García, dedique-se a outra coisa, porque o senhor não serve para isso".

JUANCHO JINETE: Parece-me que foi na livraria Mundo onde tudo nasceu... Foi lá no centro da cidade, perto do cinema Colombia. Então lá na esquina estava a livraria Mundo e depois aquele Café Colombia. Então, era lá no café que estava esse bando de... todos eles... Então, Alfonso levou Gabo até lá e o apresentou aos outros, e depois disso ele passou a ir. Eu o conhecia. Eu o vi quando começou a cantar *vallenatos*,[*] e não tínhamos ouvido isso aqui. O *vallenato* era algo que não se apreciava por aqui... Quando nos reuníamos lá e tomávamos algumas cervejas, ele cantava. Não, claro que não! Ele não tem uma boa voz. Mas ele gostava disso. Não tocava nada. Foi assim que aconteceu.

Eu não era erudito nem nada do tipo. Era só um ouvinte. Eu ficava lá com eles. Já havia um café, uma livraria chamada Mundo, que pertencia a um Señor Rendón, um dos irmãos...

---

[*] *Vallenato* é a música country do norte da Colômbia. Tocadas com acordeão, tambor e *guacharaca*, as canções falam das dores de cabeça, amizades e histórias de amor dos homens do vale de Upar, localizado entre a Sierra Nevada de Santa Marta e a Serranía de Perijá no nordeste da Colômbia. Nos tempos de García Márquez, era desaprovado, considerado música das classes mais baixas. Hoje, é um item de exportação para o mundo, de causar orgulho; existe até a categoria de *vallenato* no Grammy Latino. García Márquez, amante e promotor do gênero, disse que *Cem anos de solidão* é uma canção de *vallenato* de 360 páginas.

HÉCTOR ROJAS HERAZO: Os livros chegavam, especialmente a Barranquilla. Você pedia por determinado livro, e em geral eles o tinham, mas se não o tivessem diriam a você: "O.k., venha no dia tal", e então teriam o livro para você.

QUIQUE SCOPELL: Isso não existe mais porque eles o deixaram de lado e agora inventaram uma coisa chamada... Como se chama aquele cara que aparece? Aladim.

Álvaro, que tinha dinheiro, comprava livros na livraria Mundo. Gabo ia à livraria para ler. Don Jorge Rendón era muito... Você não pode pesquisar isso porque ele está lá no céu com suas memórias, mas era um homem maravilhoso e ajudou muito Gabito.

Porque ele dizia: "Ah, homem, pobre menino, ele está fodido". E lhe emprestava livros. Ele dizia: "Esse menino vale a pena porque é atencioso, também é curioso, estudioso. O garoto vale a pena". Assim como Alfonso Fuenmayor, sempre acreditou muito em Gabito. Ele tem muita responsabilidade por Gabito ser... Porque esse negócio com Gabito é uma doença.

Ouça. Álvaro estudava no Colegio Americano. E eu no San José. Então nos encontrávamos lá. Saíamos da escola às 14 ou 15 horas, e às 16 ou 17 horas nos encontrávamos lá.

JUANCHO JINETE: Porque havia uma entrada lá, e o Café Colombia ficava perto.

QUIQUE SCOPELL: O teatro Colombia ficava lá. Eles o demoliram e construíram um centro comercial. Na parte de trás ficava o teatro Colombia. Aqui ao lado havia um bar e a livraria Mundo. Nós nos encontrávamos lá à tarde. Especialmente à tarde, era lá onde nos encontrávamos. Álvaro estudava no Colegio Americano.

JUANCHO JINETE: Comigo.

QUIQUE SCOPELL: Todo mundo perguntava: "Quanto você tem de grana?". Ah, eu tinha 35 centavos. Álvaro, cinquenta centavos. Alfonso, vinte, e Gabito não tinha nada. Estava completamente liso. Germán trabalhava no escritório da controladoria, e ele tinha quinze centavos. Então saíamos da livraria Mundo para o Japi, que fica na San Juan com Veinte de Julio, mas logo depois da livraria, onde agora está a companhia elétrica. Ao lado estava o bar Japi. Então pedíamos uma garrafa de rum branco e uma garrafa de suco de tamarindo. Uma garrafa de rum branco e uma de suco de tamarindo custavam 25 centavos. E eles adicionavam fatias de limão. Germán era quem misturava: adicionava o limão e, com os sessenta ou setenta centavos que tínhamos, podíamos beber três garrafas de rum branco. Devíamos ter 17, 18 anos. E então cada um ia para casa. Não havia dinheiro para mais nada. Ele se sentava conosco lá no Japi porque, repito, ele não bebia. Bebia muito pouco.

RAFAEL ULLOA: Naquela época, Gabito devia ter 23 anos. Ele já escrevia aqui. Não, não, não… No início, ele era um cara em que ninguém prestava atenção. Além disso, achavam que ele era louco. Suas roupas eram desleixadas. Gente, não estou brincando, eu o via… como um caso perdido.

EDUARDO MÁRCELES DACONTE: Mas não podemos esquecer que, aos 23 anos, ele já estava escrevendo A *revoada*.

QUIQUE SCOPELL: Gabito não é beberrão nem mulherengo. Ele não é mulherengo nem beberrão, garota, e é por isso que estou lhe falando que Alejandro e Álvaro diziam: "Lá vem aquele maldito lagarto para falar de literatura". "E, veja, agora Doña Manuela vai se casar." Homem, não me venha com frescuras. Já li esse romance 200 mil vezes no Japi. Todos os dias ele lia um maldito capítulo dele, e todos lhe diziam que não valia a pena.

"Maestro, veja", ele dizia a Alfonso Fuenmayor. "Maestro, enviei para a Argentina. E não estou de brincadeira, você verá como os contratos para esse livro vão surgir." Os editores do México e da Espanha disseram que não queriam o romance, mas foi o argentino que disse: "Señor García, dedique-se a outras coisas, o senhor não serve para isso".

GERALD MARTIN: Gabo não gosta de receber ajuda de outras pessoas. Ele não tinha dinheiro, e tenho certeza de que essa era a razão para ele não beber muito naquela mesa; e não beber era um desastre diplomático na Barranquilla daquela época.

RAFAEL ULLOA: O pai tinha muita fé nele, entende? O pai dele contava aos parentes que Gabito era o melhor e coisa e tal, mas, é claro, as pessoas não acreditavam nele, porque as aparências enganam, e, portanto, simplesmente não acreditavam nele. Ele diz que Gabito tem duas cabeças, dois cérebros. Essa é a ficção do velho. O fato é que o velho também é um contador de histórias. O fato é que temos uma maldita linhagem de mentirosos de primeira. É de família.

JUANCHO JINETE: Ele morava aqui, mas sempre sumia.

MIGUEL FALQUEZ-CERTAIN: Mais tarde, quando *Cem anos de solidão* é lançado, é isso que Jacques Gilard, o acadêmico francês que chega à Colômbia em 1976 para decifrar Macondo, batiza como o Grupo de Barranquilla.

QUIQUE SCOPELL: Mas você tem de entender que o Grupo de Barranquilla nunca existiu. Nunca. Isso foi algo que os intelectuais inventaram.

García Márquez com um amigo.

8
LA CUEVA

Sobre o surgimento de La Cueva, o bar que Gabo não frequentava tanto, mas que, graças a ele, hoje é um tesouro nacional

MIGUEL FALQUEZ-CERTAIN: Vou contar como bebíamos em Barranquilla. Havia pouquíssimos bares elegantes na cidade. Naquela época, apenas os hotéis importantes tinham um bar. O Patio Andaluz era o mais elegante, ficava no Hotel El Prado, mas ele era escuro, e os homens casados levavam as amantes para dançar. O Patio Andaluz era perigoso porque estava no El Prado, e lá qualquer um podia contar para a esposa traída. E havia também o que chamavam de "grills". Eram hotéis de segunda categoria em outras partes de Barranquilla, no centro da cidade e tal. Eles ficaram célebres. E você entrava e não podia ver ninguém. Naquela época havia cadeiras e poltronas, e você se sentava e traziam a bebida. Você levava a amante atual, dançava colado com ela e depois iam para um hotel para transar. Existia um muito famoso chamado El Toro Sentado. E tinha o grill do Hotel Génova e o de outro hotel divino, que parecia um hotel europeu, o Hotel Astoria. Esses eram os grills que os ricos de Barranquilla frequentavam, aonde levavam as amantes. E havia um tipo de que eu não gostava, mas era uma alternativa: beber em lojas.

Tinha uma loja em cada esquina, em todos os bairros de Barranquilla, antes da inauguração dos supermercados. Em Barranquilla havia apenas um mercado, o Mercado de Grãos. Naquela época era preciso ir até o centro. Então, para as pessoas que moravam nos bairros de Boston e El Prado, eles abriram o Mercado de Boston, e era mais limpo, mais adequado para as senhoras da sociedade. E as senhoras iam com suas empregadas. Se precisassem de algo, mandavam-nas até a esquina, e na esquina sempre havia uma loja, que em geral pertencia a pessoas da capital. Algumas ficavam nas garagens das casas e outras eram locais. Vendia-se cerveja e às vezes havia mesas na porta. As pessoas sentavam-se e conversavam. A mesa ficava coberta de garrafas, e só homens as frequentavam.

É isto que La Cueva era: uma loja.

QUIQUE SCOPELL: Você tem de separar La Cueva daquilo que é chamado de Grupo de Barranquilla. São duas coisas diferentes. É a mesma coisa, mas são duas coisas diferentes. Em La Cueva, nunca falávamos de literatura… La Cueva começou com Alfonso Fuenmayor, que era quem montava as lojas para Álvaro, porque Álvaro era o chefe de publicidade da cervejaria Águila, cujo proprietário é Santo Domingo. Ele montava as lojas para vender cerveja. Esse era o trabalho dele. Então uma tarde Alfonso lhe disse: "Sem sacanagem, Álvaro. Venha até aqui, na Veinte de Julio com a 69". (Amigo, me faça uma gentileza e me sirva um uísque, por favor.)

JUANCHO JINETE: (E um para mim também.) Vou ler para você este velho jornal: "O lugar fala agora de tardes de conversa, cerveja e boleros, de fotos de pescadores. Um lugar animado pela presença de Fuenmayor, Gabriel García Márquez, Alejandro Obregón, Germán Vargas Cantillo, Álvaro Cepeda Samudio e outros, como o pintor Noé León, Enrique Scopell, Juancho Jinete, Abel Valle e a figura do espanhol Ramón Vinyes, mais conhecido como o sábio catalão". Mas, como eu estava dizendo, começou a ter certas coisas, podemos até citar governadores, quando eles eram nomeados. E La Cueva tinha isso. O velho presidente López chegou a Barranquilla e foi para La Cueva. Todos aqueles personagens…

A história é que Alfonso Fuenmayor tinha um primo, Eduardo Vilá, que possuía uma loja e instalou um equipamento de som estéreo. Íamos lá para ouvir música, e, no final, a loja se tornou um bar. Fica no bairro de Boston.

QUIQUE SCOPELL: Veja, Alfonso Fuenmayor é um bebedor de lojas. Então ele chama Álvaro e diz: "Álvaro, tenho uma ótima esquina aqui para você". Álvaro conhecia as esquinas porque morou em Barranquilla a vida toda. Era na Veinte de Julio com a 75. "Venha aqui para ver o que é". Então ele foi, e lá eles tinham uma loja chamada El Vaivén. A loja se chamava El Vaivén, como a mulher dele, que também ia e vinha na própria fidelidade. E o fato é que é verdade... Acontece que Vilá era primo de Alfonso, porque é Vilá Fuenmayor. Alfonso lhe pergunta:

"E qual é o seu nome?"

"Eduardo Vilá Fuenmayor."

"O quê? E quem é seu pai? E sua mãe, quem é?"

"Uma Fuenmayor."

"Nossa! Ela é irmã do meu pai."

Eram primos e não se conheciam. Então, quando viu a loja, Álvaro imediatamente disse a ele: "Caramba, maestro, verdade! Isso é bom!". Porque fica bem na esquina, assim que se chega ao fim da Veinte de Julio se vê aquela casa... Em seguida, Álvaro lhe pergunta: "Você venderia isto, este negócio aqui, e colocaria alguma coisa da cervejaria?". E Vilá responde: "Bem, depende. Espere e me conte a sua ideia". "Bom, vou ligar para a cervejaria. E você me diz quanto custam todos estes plátanos e estas bananas que estão aqui." E ele comprou o lugar.

"Tudo isto é meu."

"E quanto custa tudo isto?"

"Uns 10 mil pesos. Me dê uns 10 mil pesos."

"Bom, vou comprar e jogar tudo fora de uma vez. E chamarei os pintores e montarei esta coisa para você. Vamos fazer um bar aqui. Nada de loja, nada. Nada de arroz e plátano. Um bar. E como vamos chamá-lo? Vamos chamá-lo de La Cueva."

Não sei quem disse que iam chamá-lo de La Cueva. Se foi Alfonso, ou Germán, ou... Então, Álvaro disse: "Fechado?". "Ah, sim, fechado", disse o outro. "Tudo bem, então."

EDUARDO MÁRCELES DACONTE: Parecia uma casa, e havia um pequeno terraço. Você entrava e tinha um balcão, um balcão folclórico, ou seja, com todos os tipos de chapéus, e depois via algumas poltronas e mesinhas, e esse era um ponto de encontro de caçadores e repórteres que trabalhavam naquela época, e pintores. Mas naquele momento tinha mais repórteres. O tema literário estava apenas começando, e era o ponto de encontro deles. Fomos algumas vezes para tomar umas cervejas e ver o lugar.

NEREO LÓPEZ: Vilá era um dentista frustrado.

JUANCHO JINETE: Vilá era caçador e andava por aí com aqueles idiotas, aqueles caçadores…

QUIQUE SCOPELL: Sim, mas quando ele tinha a loja os caçadores não iam até lá. Mais tarde, porém, os caçadores passaram a ir a La Cueva. Não à loja. Alfonso encontrou aquela loja, e Álvaro disse: "Tudo bem, quanto custa todo o arroz que você tem aqui? Coloque-o na porta para que todos, todos os mendigos que passarem, possam pegar o que quiserem". Ele ligou para a cervejaria: "De uma vez por todas, me mande o caminhão com estas coisas: quatro geladeiras, quarenta litros de cerveja e duzentas garrafas". E não sei mais o quê. Chamaram uns pintores, que escreveram "La Cueva" bem no alto. E não sei mais o quê. Em meia hora, El Vaivén foi transformada em La Cueva, porque esse louco trouxe até lá três coolers, dois freezers, duas geladeiras, dois barris de chope. E eles ainda estão lá.

JOSÉ ANTONIO PATERNOSTRO: Íamos em um grupo de amigos, depois de sairmos do escritório, aos sábados, para tomar uma cerveja e falar sobre política e economia. Ver o que poderíamos fazer para Barranquilla. Íamos a La Cueva de paletó e gravata, e Cepeda usava uns trapos. O Nenê, um louco irreverente, nos chamava de "palhaços". Éramos palhaços porque pertencíamos ao setor empresarial. Nenê Cepeda já estava em uma mesa bebendo e dizia: "Lá vêm os palhaços". Scopell estava com ele. Jinete também.

QUIQUE SCOPELL: Nós nos sentávamos no bar. O escritório de Álvaro era lá. Ele mudou o escritório da cervejaria para lá. Então, Álvaro, Alfonso, Alejandro e eu íamos para lá. Então, uma vez que o escritório de Álvaro era lá, todo mundo ia até lá para lhe pedir anúncios. Você sabe que a cervejaria é a principal produtora de anúncios na Colômbia. Todos os repórteres iam até Álvaro pedir anúncios publicitários, pechinchar com ele.

NEREO LÓPEZ: Era uma equipe de bêbados. Não havia mulheres. A única mulher que vi lá foi Cecilia Porras. Ela era pintora, esposa de Jorge Child. Ninguém levava mulheres ali.

MARGARITA DE LA VEGA: Cecilia era uma pintora de Cartagena, mas morava em Bogotá. Era uma das poucas mulheres que eles tratavam como igual, o que não era muito frequente. Era bonita. O tipo da costa: cabelo preto, pele branca, olhos bonitos, um corpão. Muito charmosa. Se você a vir em *La langosta azul*, reconhecerá o charme que ela tinha. Morava em Bogotá e ia a cafés com os homens em um momento em que as mulheres não os frequentavam. Vamos dizer que ela era uma mulher ousada, pouco convencional. E era tão boa pintora quanto Obregón e Grau, mas nunca foi reconhecida, por ser mulher, e lá uma mulher é sempre a esposa de alguém ou a filha de alguém, e ela não podia romper com isso. Seu marido foi o fundador da revista *Mito*. Ela morreu relativamente jovem, de câncer, acho. Em certo sentido, ela é uma figura trágica. Ficava bêbada com eles.

NEREO LÓPEZ: Todo mundo ia lá para beber. Em especial chope, que era o que tinha. Chope. Se alguém pedisse algo para comer, era um petisco. O lugar era uma taverna. Alfonso Fuenmayor ia. Germán Vargas ia. O caçador de crocodilos ia. As pessoas que eram clientes dele iam, e iam para beber chope. Quando cheguei a Barranquilla, La Cueva já estava lá. Você ia lá, pedia do garrafão. Vim como fotojornalista do *El Espectador*. Eu era amigo de todos. De Álvaro e Alejandro e Fuenmayor e Gabito. Mas nunca houve uma segregação de talentos. Scopell chegava e pedia uma cerveja. Álvaro chegava e pedia uma cerveja. Alejandro chegava, e assim por diante. Eles chegavam. Os caçadores chegavam e bebiam. Uma mistura de pessoas bebendo cerveja em um bar.

JUANCHO JINETE: Bem, era tudo uma enxurrada de rum e de... mas as pessoas acham que é assim que La Cueva era, e que ficávamos lá conversando sobre literatura e coisas do tipo. Então, um dia, alguns universitários apareceram para que lhes contássemos sobre La Cueva, e Quique já tinha bebido, porque é assim que sempre acontece. E, de repente, Quique diz: "Estou farto desta merda". Em La Cueva, ninguém falava sobre literatura. O que acontece é que os literatos eram Alfonso Fuenmayor, Germán Vargas, Álvaro Cepeda, Alejandro Obregón e Señor García Márquez, quando ele vinha aqui. E isso era tudo. Por nossa causa, nossos outros amigos também vinham, e conversávamos sobre rum e outras coisas, e depois íamos pegar prostitutas. Cara, e o Quique, não, não. Não! Estou farto desta merda. Não me faça ficar repetindo a mesma merda sobre isto aqui ser um templo da literatura. Que maldita literatura, o quê! Que filosofia!

9
"O CARA TEM A PERSISTÊNCIA DESSE NEGÓCIO"

Em que o leitor entende que Gabito, apesar de ser um galista, nunca parou de escrever

QUIQUE SCOPELL: O que mais vou contar sobre Gabito? Vamos tomar outro para continuar falando sobre isso. (*Ele nota que a garrafa de uísque está vazia. Com o copo na mão, chama um garçom que está passando.*) Ei, ei! O mesmo de novo. Bebo uísque com gelo, mas o gelo e um pouco de água são à parte... Quando Gabito ainda não...

JUANCHO JINETE: Ele aparecia aqui em momentos diferentes.

QUIQUE SCOPELL: O cara tem a persistência desse negócio. Ele bebia com a gente todos os dias com um caderno debaixo do braço... e enviava seu manuscrito para a Argentina, para o México, para a Espanha, e da Argentina escreveram: "Señor García Márquez, dedique-se a outra coisa porque o senhor não serve para ser escritor. O romance é terrível. Não vale nada". E o único que disse que o romance era bom foi Alfonso Fuenmayor. Entre outras coisas, Álvaro disse: "Isto é uma merda. Este... esqueça isso".

JUANCHO JINETE: Gabito enviava os originais das histórias para Fuenmayor.

Alfonso era um estudioso de sintaxe e coisas assim... Ele vinha com seu grande caderno, e, como Alfonso usava uma jaqueta, colocava os papéis nos bolsos. Não sei como não os jogava fora.

QUIQUE SCOPELL: Todo dia ele escrevia um novo capítulo e falava para nós: "Leia isto". Álvaro dizia: "Não, esqueça, você tem coragem demais, isto é uma merda!". Não li *Cem anos de solidão* depois que foi publicado, mas o li 200 mil vezes antes, porque todo dia aquele louco o lia para a gente; ele lia o maldito capítulo que havia escrito na noite anterior. Ainda não se chamava *Cem anos*. Ele o trazia, com os mesmos cinquenta centavos que haviam ido com ele para a cama. Ele tem uma persistência... porque insistiu, insistiu e insistiu, até que aquela mulher louca apareceu, aquela mulher... Qual era o nome daquela espanhola?

CARMEN BALCELLS: Quem era Carmen Balcells? Eu era a mesma de hoje, mas menos conhecida ou, então, uma total desconhecida. Eu era uma garota simples vinda de uma família da classe trabalhadora, educada em escola de freiras, que queria se emancipar e ganhar a vida acima de qualquer outra coisa. E um amigo meu chamado Joaquín Sabria me indicou para um trabalho que ele chamava de agente literário e me deu alguns livros e um rolo de papel. E comecei a trabalhar antes de receber essa incumbência de Caballero Bonald com a recomendação de García Márquez.

JAIME ABELLO BANFI: Em 1994, ele decide voltar, então Gabo compra um apartamento e decide ficar nele por algumas semanas. E, em seguida, dedicou-se a jogar tênis no Hotel El Prado com meu irmão Mauricio, o médico, que era seu amigo do tênis. Isso foi em 1994. Um ano-chave na vida de García Márquez. O ano em que ele se sente pronto para voltar ao país. E então às vezes saíamos para dar uma olhada na cidade. Ele me contava algumas coisas. Íamos com o motorista dele. Naquela época, ele tinha uma espécie de van com ar-condicionado, meio prateada. Íamos nós dois. Ele estava fazendo anotações para as suas memórias. Andava por aí com uma mistura de memórias e escritos, acho. Uma vez ele falou sobre escrever três pequenos romances, um deles acabou sendo *Memórias de minhas putas tristes*. Naquela época, ele até me pediu para fazer algumas pesquisas, e eu fiz. Ele me enviou um questionário e fui ao arquivo de periódicos. O questionário perguntava quando o primeiro navio chegou a Bocas de Ceniza; qual era o nome do navio; quando foi disputada a

Partida Atômica, que foi um jogo de futebol; quais jogadores estavam em campo; qual era o nome do então *manager* do Junior, o time da cidade, e como... Muito divertido. Havia uma pergunta sobre prostitutas em Barranquilla. Eu estava consultando pessoalmente o arquivo de periódicos da Clena [Corporación Luis Eduardo Nieto Arteta]. E, entre outras coisas, encontrei várias informações divertidas que também enviei para ele. Referências a Diva Sagibi, ocultista de Barranquilla durante a década de 1950. Examinei o jornal *La Prensa* daquela época e também outros jornais, então passei os dados para ele. E então ele vem para Barranquilla para tomar posse do novo apartamento. Fica lá por alguns dias. Acho que foram duas semanas, algo assim, e, entre outras coisas, foi meu trabalho acompanhá-lo naquele tour pelo centro da cidade. E o tour procurava por coisas (aqui e ali, tal construção, a livraria que estava aqui, isso que estava aqui, aquilo que estava aqui), e ele ia anotando. Foi um dia. Um sábado.

Sábado às 11 horas. De tempos em tempos, ele abaixava o vidro da janela, e as pessoas o viam e diziam: "Ei, Gabo. García Márquez!". E ele brincava de volta.

ALIANÇA PINZÓN: Estou trabalhando aqui no Museu Romântico em Barranquilla como parte do meu serviço militar. Faço as visitas guiadas. Aqui, abrigamos todas as coisas importantes sobre a história de Barranquilla desde 1620. Consiste em 26 salas. O material sobre García Márquez fica na parte de baixo. Temos algumas coisas de García Márquez, mas só são retiradas quando há um evento de García Márquez. Então tiram todas as pinturas de García Márquez e as colocam lá fora. Temos uma máquina de escrever de García Márquez. O fato é que, enquanto fazia a visita com você, não atribuí muita importância a ele, mas aí está. A máquina de escrever. Era dele. Ele escreveu *A revoada* nessa máquina de escrever. (*As luzes se apagam em todo o museu.*) Ah, isso acontece quase todos os dias. Não se preocupe. Elas vão voltar logo, logo.

10
CITADINOS E MATUTOS

Em que Gabito, o patinho feio, o matuto da costa, muda-se para a capital fria e urbana para trabalhar como repórter no El Espectador

JUANCHO JINETE: Um dia ele partiu para Bogotá e foi trabalhar no *El Espectador*. E aparecia aqui de vez em quando.

JOSÉ SALGAR: Gabo chegou ao *El Espectador* com um pouco da fama que o próprio *El Espectador* lhe dera sem o conhecer. Ele já tinha fama de escritor por causa de Eduardo Zalamea e de um conto publicado no *El Espectador*. Mas, quando ele veio e o deixaram comigo, ele era um repórter comum. Além disso, ele era da costa. Comum. Vulgar. Eles têm uma palavra muito boa lá: "matuto". Muito tímido, então... E eu era o chefe de redação, o veterano.

MIGUEL FALQUEZ-CERTAIN: E sabemos muito bem que ser da costa não é o mesmo que ser matuto. Pelo contrário. Barranquilla era uma vila na década de 1940. Em 1948, mataram Gaitán, então a Violência durou dez anos, e muitas pessoas, especialmente do interior, não só de Bogotá, mas também de Santander, começaram a descer o rio Magdalena. Todas aquelas pessoas deslocadas pela primeira Violência (de 1948 a 1958), que começaram a descer o rio... Os matutos foram os que vieram de cidades pequenas para Barranquilla e ficaram.

Barranquilla era uma família naqueles dias. Todo mundo conhecia todo mundo nos anos 1930 e 1940. Quando começa a diáspora, por causa da Violência, as pessoas começam a vir primeiro das cidades ao longo do rio Magdalena e depois de Tunja, de Popayán e Tuluá, onde o massacre estava acontecendo entre conservadores e liberais. Então, todos dessa geração foram chamados de matutos, *corronchos*, porque eles não tinham as boas maneiras das pessoas decentes, entre aspas, de Barranquilla. Antes disso, quando eu era menino, eles não diziam "matuto". Meu pai não dizia "matuto", ele dizia "rude". As pessoas que não estavam na sociedade eram rudes e tinham mau gosto. Não tinham boas maneiras. Essa palavra existe em todas as culturas. Na Espanha, são chamados de *paletos*, pessoas de vilas que seguem para Madri. Em Cuba, de *guajiros*, que são os camponeses. Em Porto Rico, de *jíbaros*. Todo lugar tem uma péssima palavra para o simplório que vem para a cidade e não sabe se comportar. Aqueles que não sabem segurar os talheres. Que envergonham a si mesmos.

"Relato de um náufrago", 1955, *El espectador*.

PLINIO APULEYO MENDOZA: Eu o conheci em um café. Ele estava malvestido e era um fumante inveterado...

SANTIAGO MUTIS: O fato é, veja, digamos que em Bogotá estava sendo alimentado um grande desprezo pela Colômbia: um grande desprezo pelas províncias, um grande desprezo pela pobreza. É lamentável, mas também é uma força que o país ainda mantém. Naquela época, tudo vinha da Inglaterra, da França, do México, dos Estados Unidos. Todos os pintores tinham ido estudar no México porque os muralistas estavam lá. A influência não vinha mais de Cézanne. Agora vinha do México. Isso sempre virá de fora. E ainda existem aqueles que vêm e dizem: "Em nenhum outro lugar. Está aqui".

HÉCTOR ROJAS HERAZO: Precisávamos ter confiança em nós mesmos porque não havia generosidade naquela época. As pessoas eram muito pretensiosas. Sim... Hunf! Do que se pode ser vaidoso? Você tem de aproveitar sua ignorância e usá-la como um elemento criativo. Ah, não! Você vinha a Bogotá e depois o apresentavam: "Ele é o poeta fulano de tal". Eram muito vaidosos...

MARGARITA DE LA VEGA: Eles diziam "citadino" em Bogotá, e isso quer dizer um cavalheiro muito elegante. Um *cachaco*. Vamos pensar em Arturo Abella, que era incrível — trabalhei bastante com ele —, ele era um citadino, um bogotano. Arturo sempre dizia: "Para nós, citadino é alguém refinado e elegante, que sabe se vestir, comer, fazer o que é apropriado, e vocês da costa nos chamam de citadinos como se isso fosse um insulto".

MIGUEL FALQUEZ-CERTAIN: Em Barranquilla, eles têm o péssimo hábito de chamar qualquer pessoa que não seja da costa de citadino. Um amigo de Barranquilla, Campo Elías Romero, dizia que tudo que vem depois de Gamarra é citadino. Gamarra é uma aldeia na região do rio Magdalena. Tudo o que vem depois da metade do Magdalena é citadino. Mas, na realidade, nunca usei o termo como um insulto, porque meu padrinho é de Bogotá. Na minha casa, era usado como os bogotanos o usam (o que significa que ele é elegante). É uma palavra que até os bogotanos usam quando dizem: "Nossa, como você está citadino!". E isso quer dizer: "Como você está bem-vestido, elegante".

A Colômbia sempre foi um país muito dividido, sempre houve essa rivalidade. Até mesmo na costa, os *barranquilleros* e os *cartageneros* sempre se enfrentaram. Em Santa Marta, quando o Junior jogava, atiravam pedras. Em Cartagena, eles sempre dizem que é Cartagena que tem uma história. Quando [Gustavo] Bell disse em seu currículo que havia estudado história em Londres e escrito um livro sobre a história de Barranquilla, os *cartageneros* torceram o nariz e disseram: "Que história!".

JOSÉ SALGAR: Gabo exagera quando diz que era uma redação de sábios e que isso era uma maravilha. Isso é do ponto de vista da costa. A costa via as pessoas dos jornais *El Tiempo* e *El Espectador* como a elite do jornalismo nacional. No *El Espectador* havia figuras brilhantes: Zalamea, De Greiff, Villegas.

HÉCTOR ROJAS HERAZO: Amo Bogotá, apesar de toda aquela ideia de que são superiores. Eles achavam que eram sábios e coisa e tal.
    O que foi que eu disse no artigo que escrevi quando eles assassinaram Gaitán? Que em Bogotá eles disseram olá, caramba!, em latim… convencidos de que eram extremamente refinados… e a chamaram de… Como a chamaram? Disseram que era a Atenas sul-americana. E eles acreditavam nisso. Algo tão cômico, e, claro, quando a coisa aconteceu, o ímpeto que a morte de Gaitán trouxe… Se não tivesse chovido tanto quanto choveu naquele dia, eles teriam acabado com Bogotá. Teriam queimado a cidade. Felizmente, caramba!, Jesus Cristo veio e mandou o aguaceiro… Mas Bogotá tinha algo… Tinha algo silencioso no fundo. Alguns belos parques. Tranquilidade. Era uma capital pacífica. Parecia um terminal… Melancólica… Como toda alegria vivida que se transforma em melancolia. É abafada. É pacífica. É por isso que o horror dos assassinatos assustou tanto as pessoas daqui. Sempre foi uma cidade muito doce. Muito tranquila. Vamos dizer que alguém chegava… havia alguns lugares aonde se ia comer ou pensar. Poucos locais onde a comida era barata. Íamos lá todos os dias e tínhamos amigos. Era lá que se faziam amigos, porque os outros lugares eram esnobes demais. Mas Bogotá certamente é muito querida…

SANTIAGO MUTIS: Agora, Bogotá, mas o que ela tem a oferecer a Gabo? Escritores. É isso.

JOSÉ SALGAR: E tem um nome que pertence a esse momento, o do nosso amigo Eduardo Zalamea Borda. Ele também era romancista. Escreveu um romance famoso: *Cuatro años a bordo de mí mismo* [Quatro anos a bordo de mim mesmo]. Também era um grande jornalista, mas ele embelezou sua literatura com a atmosfera de Guajira. *Cuatro años a bordo de mí mismo* são as aventuras de um bogotano ao longo da costa. Também teve uma grande influência naquele momento mágico que se apresentou a Gabo. Ele diz: "Bem, posso parar de fazer literatura, a literatura que me obceca, e me dedicar exclusivamente ao jornalismo. Mas o jornalismo e a realidade são muito frios, até mesmo feios. É preciso trazer imaginação a eles".

SANTIAGO MUTIS: O que Gabo está fazendo é confirmar uma possibilidade. É uma estrada que estão abrindo. Abrindo em um jornal, em uma editora, em um círculo de amigos, fazendo a própria vida deles. Quando essas coisas deixam de ser assim, a verdade começa a aparecer, e são eles que começam a fazer essa verdade. Existem muitas coisas contra eles. Mas não podem fazer nada contra Gabo. Uma sentença de Gabo desfaz tudo; ninguém tem um talento maior para contradizer; não podiam fazer nada com ele.

HÉCTOR ROJAS HERAZO: Além disso, o que alguém tinha de fazer na vida, Gabo fez. Uma coisa é certa, nosso desejo de realizar foi o desejo certo.

11
O PESCOÇO DO CISNE

Em que o caso perdido se transforma em um grande jornalista durante o dia e em um escritor de contos à noite

JOSÉ SALGAR: Claro que Gabo era bom, mas naquela época eu também tinha repórteres magníficos, mais brilhantes e mais hábeis nas reportagens. O conselho editorial do jornal se reunia para tratar dos assuntos do dia e dizia: "Hoje você vai lá e cobre isso" e dava algumas instruções. Mas há também a iniciativa pessoal de escritores: "Vou escrever sobre esse assunto", ele propõe, e você diz a ele para fazer ou não. Ele? Iniciativa? Não muita... Não muita. Gabo tinha iniciativa para seus romances e para o bichinho do realismo mágico e da literatura, mas no jornal, como jornalista, ele tinha de marchar no mesmo ritmo de todos os outros...

Naquele momento, ele resistiu, mas depois, quase tão logo começou a fazer reportagens, passou a ter cada vez mais paixão por isso. E ainda mais quando começou a escrever. Foi rápido. O jornal tinha de sair, e muitas vezes eu retirava o papel de sua máquina de escrever, e o passava para um editor de texto, para uma rápida revisão, e era publicado, embora um pouco duro. Uma das características de Gabo é não apresentar originais ruins. Se ele tem algo a corrigir, rasga o texto e começa de novo. Seu cesto de lixo estava sempre cheio de rascunhos amassados. Ele repetia o processo até que tivesse um original tão perfeito quanto possível. Exceto por algumas coisas. Em algum lugar tenho um original que ele declarou estar finalizado, mas só porque estava com pressa.

MARGARITA DE LA VEGA: Ele escreveu resenhas de filmes. Você pode ver os artigos. O cinema fazia parte da cultura. Os cineclubes eram um elemento muito importante na vida cultural de todo o país, e isso era uma herança dos franceses. Meu pai, que estudou medicina em Paris e se casou com uma francesa, fundou o primeiro cineclube em Cartagena com Eduardo Lemaitre. Havia também saraus de poesia onde começou, por exemplo, Meira Delmar, a poeta de Barranquilla que morreu há pouco. As pessoas se reuniam para recitar poesia. Em Bogotá também, mas a ideia de que Bogotá era Atenas e nós éramos idiotas é mentirosa.

JOSÉ SALGAR: Gabo adorava artigos sobre filmes e tinha escrito alguns no *El Heraldo*. Então veio para o *El Espectador*. O que ele gostava de fazer era escrever, e as notícias diárias e as resenhas de filmes se tornaram uma missão para ele. Então descobriu algo diferente. Dar opinião a respeito de algum assunto nas artes por meio de suas resenhas de filmes. Também escreveu resenhas de livros. Igualou-se a escritores muito famosos, como Eduardo Zalamea, Abelardo Forero Benavides, homens bastante ilustres, e naquela época aquelas notícias diárias tinham considerável importância e lhe permitiam fazer um pouco de literatura e escrever bem.

Eu sabia o que ele estava fazendo: eu havia lido suas histórias e achava que era um excelente escritor. A única coisa concreta, a impressão que sempre tive dele naquela época, era que ele entregava os melhores originais que eu já recebera.

Primeiro, imensamente organizado, muito dedicado ao trabalho, porque ele jogava no lixo aquilo de que não gostava e me entregava um original perfeito. Eu achava isso fantástico, mas ele deveria aplicá-lo à realidade do jornalismo... O fato é que ele tinha duas faces totalmente distintas. Uma era sua obsessão pela literatura. Estava descobrindo a literatura; descobriu-a com seus professores de literatura da escola secundária em Zipaquirá. Gabo se voltou para eles em suas memórias. Eram obcecados por literatura, e ele estava descobrindo Joyce, todos os grandes escritores. Então, à noite, pensava na literatura como ficção e como beleza na linguagem. Estava escrevendo contos.

JUANCHO JINETE: "O homem afogado mais bonito do mundo" era de Álvaro Cepeda, e Álvaro diz que fui eu quem contei a história para

Gabito. "Seu filho da mãe, por que contou a ele?" E respondo: "Qual é, ele escreveu primeiro".

Cara, isso aconteceu em Santa Marta. Você conhece a baía de Santa Marta? Em Tasajera, é de pescadores. Os sujeitos de lá saem para pescar. Então esse sujeito saiu para pescar e não voltou no dia seguinte. No terceiro dia, foram procurá-lo. Então começaram a se reunir para a vigília, e você sabe que onde tem vigília tem rum. Então, depois de cinco dias... Você sabe que nessas casas o pátio fica bem ao lado do pântano, e, do pântano, *ay*, surge o homem afogado mais bonito do mundo. Eles nos contaram isso lá, e então um dia Álvaro diz: "Ah, Gabo, essa é uma ótima história sobre o homem afogado". E ele diz: "Quem é esse?". Conto isso a ele, e pimba!, ele a escreve primeiro. Álvaro a escreveu depois, mas de outra maneira.

Depois, há o conto "A noite dos alcaravões". No bordel de Negra Eufemia, acordamos à 1 hora da manhã Álvaro, Gabito, Alfonso e eu. E, uma vez que era como nossa casa, porque o pai de Alfonso era o proprietário e a alugava para ela, nos trataram bem. De noite, soltaram os alcaravões.

QUIQUE SCOPELL: É um pássaro como uma garça que canta muito ao amanhecer. Então Negra Eufemia, que dirigia o bordel, tinha as vinte mulheres em seus quartos. E à noite, às 2 ou 3 horas da madrugada, quando as mulheres iam para a cama, ela soltava os alcaravões...

JUANCHO JINETE: No jardim.

QUIQUE SCOPELL: Negra Eufemia morreu. E um de seus clientes colocou as prostitutas para trabalhar em sua fábrica... e esse cara, que era cliente, disse para as vinte putas: "Vocês não precisam trabalhar nesse negócio, podem ter uma vida decente. Vou levá-las para minha fábrica, para trabalhar. Todas vocês podem trabalhar na minha fábrica". E ele as levou. Ele tinha uma fábrica de sacos de papel. O homem era um desses cristãos cheios de caridade. Ele teve a ideia mais altruísta do mundo. Ele as levou para o trabalho, e as putas, depois de vinte dias, disseram: "Não, isso é o máximo que aguentamos".

JOSÉ SALGAR: Mas durante o dia, quando ele veio e o jornal o contratou para ser repórter, ele tinha de colocar tudo isso de lado, dizer exatamente a verdade, e ter alguns parâmetros jornalísticos que ele não tinha. Primeiro, para dizer as coisas do jeito certo. Segundo, para entregar as coisas na hora certa. E dedicar todos os seus esforços ao jornal que pagava seu salário. Então me deparei com um problema. Ele chegava com o cabelo despenteado e bolsas abaixo dos olhos, e então eu lhe disse: "Nós simplesmente não podemos trabalhar assim". A história é que, como chefe de redação, exigi que ele entrasse na linha e chegasse cedo, e Gabo disse que chegava atrasado porque estava escrevendo algo. "Você está dedicado a outra coisa", eu disse a ele. "Por que não torce o pescoço do cisne* e se dedica ao jornalismo? O jornalismo permite que você use a literatura como ferramenta." E foi o que aconteceu. Ele disse: "Bem, então vou desistir da literatura". Com isso, ele quis dizer que me ouviu e estava se dedicando ao jornalismo. E começou a fazer um jornalismo muito bom, mas com o tempo me dei conta de que não.

Aqui está, isso foi em 1955: "Para o grande José Salgar, vamos ver se torço o pescoço do cisne. Com a minha amizade, Gabo". A primeira edição, que foi um pouco clandestina.

GUILLERMO ANGULO: Eu estava trabalhando no México, como fotógrafo. Um dia, Gabo publicou algo falso sobre mim, mas muito bonito, dizendo: "Colombiano faz filmes neorrealistas no México". Eu não estava fazendo filmes. Tirei algumas fotos de uma popular Semana Santa, como a que eles fazem aqui em Reyes, em Ixtapalapa. E ele gostou muito. Publicou um comentário no *El Espectador*. E escrevi para ele, agradecendo: "Eu gostaria de conhecê-lo". Eu estava voltando para o país, não sei, devia ser 1955. Ele disse: "Sim, estou no *El Espectador*".

JOSÉ SALGAR: Gabo foi enviado para cobrir a Vuelta a Colombia [Tour da Colômbia], a corrida de bicicleta, e conversar com Cochise Rodríguez, que era o campeão, mas ainda assim um idiota. "Fale sobre a vida de Cochise Rodríguez." Qualquer repórter diria: "Que tarefa chata me enviar para entrevistar Cochise Rodríguez". Gabo fez isso. Droga! Ele apontou o lápis e foi. Assim que recebia um tema, o homem se aquecia, começava a encontrar os detalhes e a conferir as informações. E, uma vez que estava escrevendo, lembrou-se de mais coisas... A coisa ficou muito bem-feita, mesmo que tenha sido sobre algo chato como uma corrida de bicicleta.

---

* José Salgar faz uma referência ao poema modernista "Tuercele el cuello al cisne" (1911), do poeta mexicano Enrique Gonzalez Martinez (1871-1952). Nele, "torcer o pescoço do cisne" pode ser interpretado como um pedido para não se deixar levar pela beleza aparente, superficial, mas, antes, buscar a verdade das coisas. [N. T.]

Ele se especializou em escrever séries de reportagem. Há também aquela longa história sobre o departamento de El Chocó. Ele de fato teve de tirar as notícias do nada. A notícia existia, mas ninguém queria falar sobre o assunto e contar a história, então teve de inventar a matéria.

Nesse caso, o jornalismo — e naquela época já dizíamos isso — é uma profissão que infelizmente cria monstros do nada. Muitas vezes pessoas que não têm a menor possibilidade de sucesso são descobertas por um repórter e este começa a lhes atribuir um valor especial, ao citá-las.

QUIQUE SCOPELL: Gabo era um cara normal. Acho que ele tinha uma grande virtude, a tenacidade. O homem é tenaz, tenaz, e, durante toda a vida, quis ser o que foi. Um jornalista. Ele é um grande jornalista. Não, não acho que eu pensava assim antes. Mas ele é.

JOSÉ SALGAR: Enviamos Gabo com o general Rojas Pinilla, o então presidente, para cobrir algo em Melgar. Quando ele chegou ao aeroporto de Melgar, viu que outro avião estava voando para outro lugar e perguntou: "Aonde ele está indo?". Responderam a ele: "Descobriram outros guerrilheiros em Villa Rica, em El Tolima". Então ele foi para Villa Rica, e não para Melgar. E chegou lá com o fotógrafo e não havia nada. Mas de repente alguém lhe disse: "O guerrilheiro está ali". E ele foi, e encontrou o lance, e viu que os guerrilheiros haviam matado quatro soldados. E eles estavam presentes no lance. E eles abateram os soldados, mas o governo, que era Rojas, negou completamente. Ele não pôde publicar nada. Havia censura na época. Então ele teve de abafar o caso dos quatro homens mortos, e agora, cinquenta anos depois, está revivendo tudo isso, mas em detalhes, para suas memórias. Ele ligou para me perguntar fatos sobre o caso... Com ele, precisa ser perfeito. Há um mês ele me ligou do México para me perguntar o nome do fotógrafo que tinha ido com ele cobrir alguma reportagem. E, a partir daí, conversamos sobre outras notícias semelhantes. Conversamos por uma hora e quinze minutos.

JUANCHO JINETE: Ele se destacou na vez em que escreveu a respeito dos marinheiros jogados ao mar na base naval. Foi disso que...

JOSÉ SALGAR: Saiu o *Relato de um náufrago*. Era uma notícia comum e banal. Grande e tudo mais, mas uma notícia morta. E a história é muito curiosa. Gabo e Velasco, o náufrago, se encontraram, e Velasco já havia contado tudo a outros jornalistas, mas os dois se encontraram porque dissemos a Gabo que era preciso tirar algumas informações dele. Eles marcaram em um café, e o cara começou a contar sua história e se empolgou: de repente percebeu o que estava dizendo... Essa foi a faísca que originou a história. Isso acontecia com as reportagens de Gabo. Mas o que é isso? É meticulosidade. A responsabilidade jornalística de apurar os fatos.

JUANCHO JINETE: Houve um naufrágio, mas ninguém havia descoberto que o navio da Marinha transportava contrabando, refrigeradores e coisas do tipo, e que tinham jogado um menino ao mar, um dos marinheiros... E esse foi o furo. Ele escreveu um artigo especial, e ninguém mais aqui se atreveu a escrever sobre o caso. Bem, primeiro porque tinha a ver com a Marinha. O naufrágio daquele menino e como ele foi salvo.

JOSÉ SALGAR: O famoso *Relato de um náufrago*... Ele nunca percebeu a importância que o livro por fim teve. Foi uma das razões para a queda de Rojas Pinilla. Porque ele estava escrevendo (e conseguiu descobri-lo no tempo apropriado) sob a censura à imprensa e vendo um herói que disse algumas coisas sobre seu navio se inclinar quando chegou. Então descobriu que não era uma tempestade, mas o peso dos refrigeradores contrabandeados que transportava. O marinheiro disse isso ingenuamente; Gabo confirmou e publicou sob o título *Relato de um náufrago que esteve dez dias à deriva numa balsa, sem comer nem beber, que foi proclamado herói da pátria, beijado pelas rainhas da beleza, enriquecido pela publicidade, e logo abandonado pelo governo e esquecido para sempre*.

RAFAEL ULLOA: *Relato de um náufrago* o tornou famoso. Rojas Pinilla ia mandar prendê-lo.

GUILLERMO ANGULO: O fato é que não há nada como a ditadura. Veja, Rojas Pinilla ligou para Fernando Gómez Agudelo, pois o pai de Fernando era um grande jurista. Eles o chamavam de "Sapo Gómez", e era ele quem resolvia os problemas legais de Rojas Pinilla. Então, como um presente, eles permitiram que aquele menino, que tinha 22, 23 anos, fosse responsável por implementar a televisão na Colômbia. Rojas disse a ele: "Você vai implementar a televisão, e isso precisa estar pronto dentro de um ano, no aniversário do meu governo". Então ele foi para os Estados Unidos e contou sobre o problema da televisão na Colômbia. Eles disseram: "É impossível, em um lugar com tantas montanhas, você não pode ter televisão". Então foi para a Alemanha. Na Alemanha disseram que sim, mas que era muito caro. "Você precisa ter repetidores para antenas em cada montanha, daí poderá levar o sinal de televisão aonde quiser, desde que tenha dinheiro para os repetidores." E ele disse: "Então vamos fazer".

Faltavam apenas alguns dias para os aparelhos chegarem, os últimos de que necessitavam, vindos da Alemanha em um avião da KLM. E o diretor da Aeronáutica Civil falou: "Aquele avião não pode aterrissar". "Por que não?" "Porque não temos um acordo de aviação com a Holanda." Então ligam para o Fernando e dizem a ele: "Não, o avião vai voltar". E ele diz: "Só um momento. Diga ao piloto para sobrevoar o aeroporto que resolverei isso em dez minutos". E telefonou para Rojas Pinilla, que disse a ele: "Veja, estou muito ocupado para me envolver nesse problema. Ligue você para o diretor da Aeronáutica Civil. Diga a ele que, se aquele avião não aterrissar em cinco minutos, ele será destituído e você se tornará o diretor da Aeronáutica Civil no lugar dele e resolverá o assunto". E foi o que aconteceu. Realmente não há nada como a ditadura.

HÉCTOR ROJAS HERAZO: E então veio o desejo dele de partir para a Europa. *El Espectador* o enviou para lá.

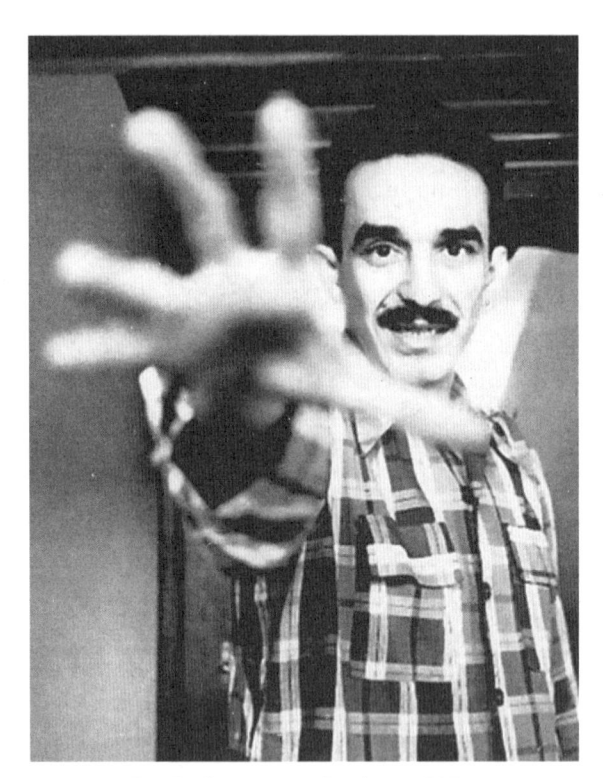

Em Paris com a mão aberta, 1954.

12
A SAAG: SOCIEDADE DE AMIGOS PARA AJUDAR GABITO

Em que García Márquez, graças à ditadura, conhece a Europa, amigos de uma vida e a pobreza pura e simples

JOSÉ SALGAR: Gabo tinha um grande desejo de conhecer a Europa, ir e fazer filmes, e escrever, e depois veio a coincidência da Conferência dos Quatro Grandes [em Genebra]. Então ele conseguiu um convite para ir e fazer uns cursos de cinema na Itália. Houve algumas coincidências, e o jornal custeou a viagem. Não sei quanto, porque o jornal nunca foi rico, mas de algum jeito, em todo caso, conseguiu a passagem... Ninguém ficou mais feliz em conhecer a Europa. E, não, ele não percebeu o perigo de ficar preso lá. Que fechariam o jornal, ele não fazia ideia. Mas isso o fortaleceu bastante também. Porque o jogou na realidade absoluta.

FERNANDO RESTREPO: Fernando Gómez Agudelo e Gabo se conhecem no voo para a Europa. Gabo estava indo cobrir o famoso encontro de Eisenhower e Khrushchev. Foi enviado pelo *El Espectador* para acompanhar a famosa conferência, e meu amigo, Fernando, ia realizar algumas investigações na televisão europeia para escolher equipamentos e outras coisas, porque Rojas Pinilla havia ordenado que ele implementasse a televisão na Colômbia. Fernando, aos 20 anos, era diretor da Rádio Nacional da Colômbia na época do general Rojas Pinilla. O general ordenou-lhe que levasse a cabo uma investigação a fim de instituir a televisão, algo realizado em um tempo reduzido, menos de oito meses. Por essa razão ele estava viajando para a Europa e no avião conhece Gabo, que na época era repórter do *El Espectador*. Era 1954. Gabo não retorna ao *El Espectador* porque permanece lá. No meu entender, ele vende a passagem de volta e fica morando na Europa.

JOSÉ SALGAR: Ele é fascinado pelo novo mundo que descobre: já era alguém no jornal, já tinha o título de jornalista, estava indo representar na Europa um importante jornal colombiano, já tinha sua imagem como escritor, um escritor de sucesso que publicara um romance. *A revoada* é o começo de *Cem anos*.

GUILLERMO ANGULO: Fui ao *El Espectador* e me disseram: "Ele foi para a Europa como nosso correspondente e vai estudar cinema no Centro Sperimentale em Roma". E eu disse: "Ah, isso é bom, porque eu vou estudar cinema no Centro Sperimentale". E ele me deixou uma carta dizendo onde eu poderia encontrá-lo. Poderia encontrá-lo na Piazza Italia, nº 2, segundo andar. Dizia: "Quando chegar lá, suba ao segundo andar, e uma dama vai aparecer cantando ópera com uma toalha na cabeça, então pergunte a ela por…". Esqueci o nome do cara, o diretor, ele é um cineasta argentino que se tornou diretor da escola de cinema que Gabo começou em Havana. Qual o nome dele? Bem, talvez eu me lembre logo. O fato é que o Alzheimer é mesmo um caos. De qualquer forma, quando cheguei a Roma, fui ao Centro para procurá-lo e me deparei com a professora de edição, o que os italianos chamam de montagem, e ela disse com razão que Gabo era o melhor aluno que já teve. Por quê? Porque o que Gabo faz é editar. Nas suas obras, não. Isto é, é algo que ele aprendeu com romances americanos, mas que ele faz muito bem. Ele é um ótimo editor. Então cheguei à Piazza Italia e a senhora apareceu; e soltei uma risada. A senhora se irritou com a minha risada, mas o fato é que ela apareceu cantando ópera com a toalha na cabeça. Perguntei a ela pelo amigo, cujo nome não consigo lembrar, que é diretor e estava estudando cinema e depois fez um monte de coisas na Argentina, atuou até mesmo em *Un señor muy viejo con unas alas enormes* [Um senhor muito velho com umas asas enormes]. Ah, sim, Fernando Birri. E ela disse: "Ele voltou para a Argentina". Então perguntei: "E Gabriel García Márquez?". E ela responde: "*Chi lo conosce?*" [Quem o conhece?]. Claro, ninguém o conhecia naquela época. Então Gabo me enviou uma carta por intermédio de uma amiga em comum e disse: "Olha, eu tive de ir a Paris".

SANTIAGO MUTIS: Gabo diz Paris, mas o que Paris deu a ele? Gabo é retirado a fórceps da costa colombiana. Gabo é de lá: assim como seu pai, sua família, sua cidade, seu povo. Lá estão seus amigos. Tudo. Não precisava ir a Paris para se inspirar. Gabo foi a Paris para outra coisa... O que acontece é que ele ficou preso lá, pois o jornal estava fechado por conta de problemas políticos.

GUILLERMO ANGULO: Nossa amiga em comum, Pupa, ele a mandou para me encontrar. "Allora", a história sobre Pupa é muito legal porque ela estava apaixonada por um romano chamado Romano que tocava violão. E Romano não tomava conhecimento dela nem a notava. Então ela decidiu ir para a cama com todos os latinos que encontrasse. Ela era costa-riquenha, e a mandaram para lá para não criar um escândalo indo para a cama com todo mundo, ou pelo menos ela faria um escândalo lá na Europa, onde isso não é considerado ruim. Ela era filha ou neta de um ex-presidente, um homem muito importante, então ela foi a primeira secretária da embaixada da Costa Rica em Roma, embora morasse em Paris. Naturalmente, não a mandaram para lá para trabalhar.

Ainda tenho em algum lugar [a edição de *Ninguém escreve ao coronel* que Gabo me enviou]. Em papel amarelo. Ele a enviou para mim em Roma, então li o livro, e disse a ele que gostei; escrevi para ele e fiz alguns comentários ou algo assim. Ele disse: "Estarei em Paris, no nº 16 da *rue Cujas*". Era ali que Gabo morava com aquela famosa dama. Qual era o nome dela? Madame. Madame La Croix, acho que o nome dela era esse. Então eu disse: "Bem, tenho de ir a Paris. Ficarei lá uns seis meses, então vamos nos encontrar. Vou para um hotel".

SANTIAGO MUTIS: O que Paris lhe deu foi uma mulher que o sustentou por um ano, a dona de uma pensão, uma mulher mais velha, alguém que também não era de Paris. Quer dizer, sim, bem, é a Paris profunda, digamos, mas Paris não lhe dá Leonardo da Vinci. O que Paris lhe dá é um confinamento brutal, e ele usa isso para dizer: "Bem, quem sou eu? O que estou fazendo aqui?". E isso o obriga a se definir. E o que ele decide ser é o que sempre foi: um homem que veio de Barranquilla, de Cartagena, de Aracataca e que ama Escalona, que ama Alejandro Durán, que ama Guajira, que viu as mulheres mais bonitas do mundo lá. É isso.

GUILLERMO ANGULO: O hotel chamava-se Hôtel de Flandre, na *rue Cujas*, e em frente morava o poeta negro cubano Nicolás Guillén. Ele estava exilado em um hotel mais pobre que o da *rue* Cujas. Ele saía todos os dias e voltava com o pão debaixo do braço, do jeito que os franceses o carregam, de modo que você ache estranho eles usarem o pão como desodorante. Depois Guillén foi embaixador em Paris e, claro, há uma história bem legal. Eles lhe perguntaram: "Bem, e... A diplomacia, então, é difícil?". E ele respondeu: "Sim, sim, sim. A diplomacia é difícil, mas trabalhar é muito, mas muito mais difícil".

Então, chego ao nº 16 da *rue* Cujas e a senhora me diz: "García Márquez foi fazer uma pequena viagem pela Cortina de Ferro". Foi quando ele fez as reportagens sobre a Cortina com Plinio. Decidi que nunca mais o procuraria. Então eu disse: "Señora, preciso de um quarto, o mais barato que tiver". E ela perguntou: "Por quanto tempo vai ficar?". Eu disse que por pelo menos três meses. E ela disse: "Ah, bom", e me deu um quarto muito desconfortável no último andar, onde ficava o telhado. A gente batia a cabeça quando se levantava.

Um dia, batem à porta e dou de cara com um sujeito de suéter azul e um cachecol enrolado no pescoço. Ele diz: "Maestrico, o que está fazendo no meu quarto?". Era Gabo. E foi assim que nos conhecemos. Tenho uma fotografia tirada lá, bem naquele momento.

SANTIAGO MUTIS: Ele não pode pagar e fica lá escrevendo, passando fome. Os dias correm... O que ele poderia ser para La Croix? Nada. Ele era o jornalista que estava lá, pobre, trabalhando.

GUILLERMO ANGULO: Gabo estava muito, muito pobre naquele período. Enquanto fiquei lá, ele vinha todos os dias comer comigo. Ele vinha, eu tinha cinco bilhetes de metrô, ele morava em um quarto de empregada em Neuilly, uma área muito elegante, mas em um quarto de empregada. Era um quarto minúsculo com um banheiro externo, e ele tinha um pequeno fogão, onde aquecia água e preparava café e ovos. Isso era tudo que ele podia comer. Ele estava muito, muito pobre. Então eu o convidava para jantar todas as noites. Ele me dizia: "O que você tem para ler? Lembre-se de que é uma viagem de 45 minutos de metrô". Fui resenhista a vida toda. Eu tinha *Cahiers du Cinema*. Tinha *Paris Match*. Ele escolhia entre o que estava disponível e dizia: "Trago de volta amanhã", e pegava um dos bilhetes duplos de metrô, de ida e volta. Foi assim que nos tornamos bons amigos.

JOSÉ SALGAR: Outro dia ele me disse: "Fale-me de quando fui para a Europa e eles fecharam o *El Espectador* e fiquei abandonado e sem trabalho. Então eu me sentava para contar todos os meus problemas, para lhe contar todas as aventuras que estava tendo em Paris em longas cartas, e acabei implorando para que conseguisse o cheque que o jornal me mandaria". Era a única conversa dele. "Você se lembra de alguma coisa das cartas que enviei?" E então minha resposta, e isso é o mais triste, foi que, assim como todas as coisas que são enviadas a um jornal e não são publicadas, elas foram descartadas. Por favor! O que era aquilo! Claro, ele reconstruiu todas aquelas vicissitudes na sua obra.

Mas essas cartas eram um material direto da fonte, e muito, muito pessoais. Cartas estupendas, porque o homem não se arrisca a sentar e escrever algo se não o fizer bem. É uma mania. Ele me contou que estava escrevendo sobre aquela época que nós dois vivemos, e por isso me pediu alguns fatos para o primeiro volume de suas memórias. Ele está reconstruindo tudo nos mínimos detalhes, e certamente vai falar de coisas que eu não sabia.

JUANCHO JINETE: Havia uma Sociedade de Amigos para Ajudar Gabito, a Saag. Mas era uma fraude, uma fraude porque a sociedade não existia como tal. A Saag coletou dinheiro para enviar a ele. Não dei nem cinco centavos. Mas Julio Mario e Álvaro deram.

GUILLERMO ANGULO: Então vou continuar com a história, não terminei de contar sobre Pupa. Quando eu já o conhecia melhor, perguntei: "Escute, como você conheceu Pupa?". E respondeu: "Ah, é uma longa história. Olha, eu estava muito mal de dinheiro e um dia recebi um cartão de Barranquilla, dos meus amigos de La Cueva, assinado por Vilá, Nenê Cepeda, Alejandro. O cartão tinha palmeiras e sol, e eles diziam: 'Seu idiota, você está aí com frio e nós estamos aqui numa boa ao sol. Venha pra cá'. Então eu disse: 'Filhos da puta, vocês bem poderiam ter me mandado um dinheiro!'".

HERIBERTO FIORILLO: Eles escreveram aquele cartão aqui no bar de La Cueva. O único que sabe fazer esse "sanduíche" é Jorge Rendón, o dono da livraria Mundo. Germán Vargas enviou o telegrama que alertava Gabito sobre a existência de uma nota de cem dólares dentro do cartão-postal.

GUILLERMO ANGULO: Depois de um tempo, ele recebeu um telegrama de Barranquilla que dizia: "Como você é muito burro, decerto não percebeu que o cartão é um "sanduíche" com cem dólares dentro".

QUIQUE SCOPELL: Antigamente, a imagem podia ser destacada dos cartões-postais. Se a cola fosse ruim, você o punha na água e a imagem se soltava. Álvaro colocou lá os cem dólares. Naquela época, era ilegal mandar dinheiro pelo correio, e foi por essa razão que ele foi enviado assim.

GUILLERMO ANGULO: Então Gabo desceu para olhar o lixo do hotel — imagine, com preservativos usados e tudo mais. Procurando. Ele encontra o cartão, e realmente há os cem dólares.

QUIQUE SCOPELL: Álvaro colocou noventa e eu, dez. E nós os prendemos por dentro.

GUILLERMO ANGULO: Mas era sábado e, naquela época em que o dólar era como um mercado clandestino, era muito difícil, porque você não os trocava em uma máquina como hoje, e Gabo estava desesperado porque estava com fome. Então começou a perguntar onde poderia trocar dinheiro e alguém lhe disse: "Olha, tem uma amiga nossa chamada Pupa. Ela chegou ontem de Roma depois de receber seu salário, então ela deve ter bastante dinheiro, vá vê-la".

Ele saiu, todo agasalhado como sempre, morrendo de frio. Estávamos no inverno, e Pupa abriu a porta. Uma onda de calor saiu de um cômodo *ben riscaldato, vero?* E Pupa estava completamente nua. Ela não era bonita, mas tinha um corpo maravilhoso. E, à menor provocação, ou mesmo sem nenhuma, ela se despia. Você dizia a ela: "Olha, que bonita. Ah, onde comprou?". Então ela se despia, mostrando todo o seu esplendor, tirava até os óculos. E, bem, Pupa sentou-se. "O que mais me incomodou", diz Gabo, "não, isso não me incomodou, mas me surpreendeu, foi que ela se comportou como se estivesse vestida. Muito naturalmente. Cruzou as pernas e começou a conversar, e falou comigo sobre a Colômbia, os colombianos que conhecia, e eu disse a ela: 'Olha, este é o meu problema'. E ela disse: 'Sim, claro'. Então parou com grande elegância. Foi para o outro lado da sala, onde havia um pequeno baú. Ela o abriu. Tirou algum dinheiro. Ela disse… e vi que o que ela queria era ir para a cama comigo, mas eu não estava pensando nisso. Eu estava pensando em comer. E ela disse: 'Escute, por que não pegamos algo para beber?'. 'Se eu beber qualquer coisa agora'" — Gabo me disse — "'não serei capaz de evitar me embriagar'. Eu disse a ela: 'Não, não, não, olha, nós nos vemos depois'. Então fui comer e comi tanto que fiquei com indigestão por uma semana, tinha estado com fome por tanto tempo."

HÉCTOR ROJAS HERAZO: Ele teve grandes amigos que o amavam muito. A maioria dos amigos trai você em algum momento. Causam um dano enorme. Mas os amigos têm sido extraordinariamente fiéis a ele. Cara, essa é a bonita essência de um destino. Por que é que ele nunca reclamou que os amigos não o valorizavam ou que lhe fizeram algo?... Não, não. Eles sempre quiseram trabalhar para ele. Isso é indiscutível.

PLINIO APULEYO MENDOZA: Toda noite Gabriel escrevia até amanhecer, trabalhando em um romance que se tornaria *O veneno da madrugada (A má hora)*. Ele tinha acabado de começar quando precisou interrompê-lo: um personagem, o velho coronel que esperava inutilmente pela pensão por ser veterano da guerra civil, exigiu seu espaço. Um livro. Ele escreveu *Ninguém escreve ao coronel* em parte para abrir caminho para *O veneno da madrugada* e em parte para exorcizar literariamente seus problemas comuns na época: como seu personagem, ele não sabia se comeria no dia seguinte e estava sempre esperando por uma carta, uma carta com dinheiro que nunca chegava.

QUIQUE SCOPELL: Naquela época eu morava em Havana. Ele sabia que eu estava morando em Havana. Meu pai era cubano. Tinha meus pais como minha base em Havana, mas comprei peças de pele de jacaré aqui em Barranquilla, levei para Havana, curti-as em Havana, fiz carteiras e sapatos em Havana, e fui para Miami e vendi tudo em Miami. Em outras palavras, eu passava dois ou três meses aqui em Barranquilla, um em Havana e dois ou três em Miami. Saí depois da revolução, no ano em que Fidel assumiu o poder minha filha nasceu em Havana... Eu estava envolvido com galos, e ele me enviou um questionário. Gabito pessoalmente me fez as perguntas. Ele me ligou e disse: "Quique, vou lhe enviar um questionário, cara, porque estou escrevendo um capítulo...", sobre que maldita coisa, eu não sei. Então me perguntou: "Como são os galos?". "Qual a cor dos galos?" "Como se pega um galo?" "Quando você torce o pescoço de um galo?" Bem, eram umas duas mil perguntas.

JUANCHO JINETE: Quique é fã de brigas de galo desde sempre.

RAMÓN ILLÁN BACCA: Ouvi falar de García Márquez em 1958. Eu não conhecia *A revoada* nem os primeiros contos de García Márquez, não fazia nem ideia. Quando o Grupo de Barranquilla apareceu por aqui, eu estava no ensino médio, em um seminário distante de qualquer uma dessas coisas. Então, em 1958, lembro-me de que *Ninguém escreve ao coronel* foi publicado na revista *Mito*.

PLINIO APULEYO MENDOZA: *Ninguém escreve ao coronel* foi publicado em uma revista literária sem que seus editores lhe pedissem autorização prévia ou lhe pagassem direitos: eles pensaram, de boa-fé, que era um gesto generoso publicar um manuscrito recusado pelos editores.

SANTIAGO MUTIS: Não se pode dizer que *Ninguém escreve ao coronel* é um livro político, embora seja uma denúncia imensa dos erros perpetrados pelo governo neste país. Mas a vida lá é tão difícil…

RAMÓN ILLÁN BACCA: Gostei de *Ninguém escreve ao coronel*, mas o livro não produziu em mim o tipo de agitação que se tem quando se lê Thomas Mann; não era *A montanha mágica*. Eu estava lendo *Demian*, *O lobo da estepe*. Esses eram os livros que eu lia, as coisas que me impressionavam.

CARMELO MARTÍNEZ: Ele ouve histórias e se apossa delas e as coloca em seus livros. Em Montería havia uma mulher chamada Natalia. A Coxa Natalia. Ela era manca, haviam cortado seus tornozelos; ela andava de muletas e, quando não tinha nada para comer, colocava pedras na panela, para que os vizinhos dissessem: "Natalia está comendo". Era o que ela dizia a meu pai; Natalia era amiga dele. A casa dela ficava perto do cemitério, uma pequena casa… Ela colocava a panela lá fora, despejava água e colocava as pedras. "Então, ninguém pensava que Natalia estava com fome." Você se lembra desse detalhe no livro sobre o coronel? A esposa dele ferve pedras para manter as aparências diante dos vizinhos.

Mercedes Barcha

13
ESTADO CIVIL: CASADO

Em que, graças à sua enorme capacidade de escolher bons amigos, ele consegue trabalho na Venezuela e retorna a Barranquilla com o "crocodilo sagrado"

PLINIO APULEYO MENDOZA: As únicas coisas que ele tinha no quarto em Paris eram a máquina de escrever Olivetti vermelha que eu havia vendido a ele e, colada na parede, a foto de Mercedes, a namorada que morava na Colômbia. Na primeira vez em que o visitei, ele apontou para a fotografia e disse: "O crocodilo sagrado".

GUILLERMO ANGULO: Ele deixa Paris e começa a trabalhar como jornalista na Venezuela, com Plinio. Não me lembro do nome da revista. O "crocodilo" sempre foi muito firme, e eles decidem se casar quando ele está radicado em Caracas.

GERALD MARTIN: Com Tacha, a namorada de Paris, não havia como o relacionamento sobreviver; foi tempestuoso, mas bastante significativo.

MIGUEL FALQUEZ-CERTAIN: Plinio foi o único que o ajudou durante todo aquele período. O período em que ele ficou sem um tostão, na década de 1950, em Paris, quando permaneceu retido porque Rojas Pinilla fechou *El Espectador*, e ele ficou desempregado, e não tinha nem cinco centavos. E isso aconteceu no mesmo período em que Vargas Llosa morou lá, embora ambos digam que viviam a um quarteirão de distância e que não se conheceram. Então ele estava sem dinheiro, e Plinio chegou com Delia Zapata Olivella e uma companhia de dança, o balé folclórico ou como preferir chamá-lo, e eles estavam em turnê pela Europa. Plinio sempre foi jornalista. O pai dele era um político famoso amigo de Gaitán. Gaitán morreu nos braços do pai de Plinio. Estava com ele no momento que o assassinaram. O pai também se chamava Plinio Mendoza, Plinio Mendoza Neira.

Gabo queria ir para a Rússia com o balé, mas eles não podiam justificar a despesa de levá-lo. Para que pudesse ir, Plinio conversou com Delia, e eles o contrataram como *maraquero*, e foi como se tocasse maracas. Foram de trem para a União Soviética.

Ele morou na Venezuela com Plinio na época do golpe de Pérez Jiménez,* e foi então que conheceu Alejo Carpentier.** Essa é a origem da minha teoria de que o famoso realismo mágico não é realismo mágico, mas o real maravilhoso — como chamavam a literatura de Carpentier, antes de García Márquez.

JAIME ABELLO BANFI: Um dos grandes momentos do jornalismo de Gabo se deu na Venezuela. Ele já tinha estado lá. Plinio, que gerenciava a *Momento*, uma revista do Grupo Capriles, liga para ele em Paris para lhe oferecer um emprego. E a Venezuela também está em um estado extremamente vigoroso. A sociedade só tinha interesse em petróleo, em crescimento. Tudo graças à queda de Pérez Jiménez. Ele escreve alguns artigos memoráveis, como "Caracas sem água". Agora vou dizer uma coisa: o Gabo de "Caracas sem água" é muito diferente do Gabo de *Notícia de um sequestro*. No livro, ele se vangloria de não ter inventado nada. Por

---

* O general Marcos Pérez Jiménez governou a Venezuela, rica em petróleo, com mão firme de 1952 a 1958. García Márquez desembarcou em Caracas para trabalhar em uma revista quando os dias de Pérez Jiménez chegavam ao fim. Isso lhe deu um conhecimento em primeira mão da vida sob o domínio de um ditador, um assunto que ele retoma em *O outono do patriarca*.

** Alejo Carpentier, romancista, ensaísta e etnomusicólogo cubano, foi batizado como o pai do termo "realismo mágico" para explicar como, na América Latina, o real e o surreal convivem lado a lado. Ele escreve no prólogo de *O reino deste mundo*, romance sobre a revolução no Haiti: "Mas o que é a história da América Latina, a não ser uma crônica do realismo mágico?". Ambos os escritores viveram em Caracas ao mesmo tempo, mas não está claro se eles se conheceram. Alejo Carpentier era o embaixador de Cuba e um homem experiente com reconhecimento literário; García Márquez era um humilde escritor em uma revista de fofocas.

outro lado, reconhece que em "Caracas sem água" o alemão do artigo é ele mesmo; Gabo era o homem que supostamente se barbeava com suco de pêssego, uma história inventada em parte para demonstrar a situação, para dramatizar o conto jornalístico que estava narrando: "É uma reportagem, tudo é verdade, mas pus um pouco de ficção". Com *Notícia de um sequestro*, no entanto, ele insiste que tudo foi excessivamente verificado, investigado, pesquisado, confirmado. Uma checagem total dos fatos. E é por isso que ele insiste tanto no Fundamento, na parte ética, de não inventar. Ou seja, é um Gabo maduro, muito mais cuidadoso, porque ele próprio foi vítima de diversas invenções. É por isso que estava preocupado com a maneira como conduziam entrevistas, usando o gravador indevidamente.

PLINIO APULEYO MENDOZA: Depois do primeiro fim de semana, ele voltou casado. Mercedes não disse palavra alguma até o terceiro dia após termos nos conhecido.

MARÍA LUISA ELÍO: Quando ele conheceu Mercedes? Quando ainda era uma menina, não é verdade?

RAFAEL ULLOA: Eles se conheceram quando crianças. Ela é de Sucre. Os Barcha são de Magangué, mas foram morar em Sucre, e o pai de Gabito foi para Sincé. E depois de Sincé ele foi para Sucre, e foi onde se conheceram.

MARÍA LUISA ELÍO: Certa vez, quando Mercedes tinha uns 11 anos, ela estava na farmácia do pai. Gabito entrou e disse a ela: "Vou me casar com você quando ficar mais velha".

MARGARITA DE LA VEGA: Ela não só é da costa, mas também é uma mistura de espanhóis e turcos. Costumamos dizer "turcos", mas eles poderiam ser da Síria ou do Egito; porém, eram turcos mesmo, porque vieram com passaportes do Império Otomano. Eles eram muito mais bem estabelecidos do que a família de García Márquez. É em Sucre que a família García Márquez alcança uma prosperidade burguesa, e é por isso que *Crônica de uma morte anunciada* se passa em Sucre, quando seu pai era farmacêutico.

MIGUEL FALQUEZ-CERTAIN: O pai dela era farmacêutico e tinha um status mais elevado que o do pai de García Márquez. Ele passava as férias com os pais e, em um desses encontros, conheceu Barcha, que era uma menininha, e disse a ela: "Voltarei quando você for grande para que possamos nos casar". E foi embora. E voltou quando tinha 33 anos, no mínimo. Ele não teve nenhum relacionamento com ela, e era como um daqueles casos de amor na Índia, quando ficam noivos ainda crianças e se casam sem se conhecerem. Ora essa. Ele foi buscá-la, casou-se com ela e a levou. Essa é a história.

CARMELO MARTÍNEZ: Isto não é para você contar. Ele estava apaixonado por uma garota Uricoechea, filha do doutor Uricoechea, de Bogotá. O nome dela é Camila. Camila... não, Camila é a irmã. Camila está aqui, casada com o irmão de Orval. Essa garota era a mais nova. Amparo. Ele estava apaixonado por ela, mas o doutor Uricoechea era um esnobe e se recusou a aceitar Gabito, porque Gabito não se vestia bem. Era pobre. E, além disso, ele não gostava de se vestir bem. Então o velho se opôs. Em seguida, Amparo foi para Bogotá. Entrou na escola de enfermagem e, como toda enfermeira, casou-se com um médico. Casou-se com um médico de Bogotá, eles se mudaram para a Califórnia, mas depois se separaram, e ela se casou novamente e ele também. Mas, até onde sei, ela nunca voltou para a Colômbia. Mercedes era amiga de Amparo, a garota Uricoechea. É claro que não foi ela quem o afastou de Amparo. Quem afastou Gabito dela foi o doutor Uricoechea.

MARGARITA DE LA VEGA: Mercedes era muito bonita. Tinha lindos olhos. Talvez não fosse bonita no sentido tradicional, mas sempre me chamou atenção. Tinha olhos muito grandes, cabelos muito bonitos, era expressiva. Era bem mais bonita que Gabo.

MARÍA LUISA ELÍO: Então, ao conversar com ela, ele disse: "É uma boa ideia você se casar comigo porque serei alguém importante". Acho que ele de fato sabia o que estava por vir.

MARGARITA DE LA VEGA: Aquela história em *Cem anos de solidão* sobre como ele a conheceu é verdadeira. Ela era tão jovem porque era vizinha dele. Mas há também muito machismo nisso, não há? Ele a nota quando é muito jovem e ela será a mulher ideal porque ninguém mais a verá. E ele se casa com ela e ela está apaixonada. Chamo isso de filosofia de bolero. Faz parte do machismo. Porque "apenas uma vez", porque o amor acontece apenas uma vez, e, não importa o que aconteça, há algo acima da realidade, que é aquela união especial com a pessoa que o homem amou pela primeira vez, porque o homem se comporta mal, embora não seja isso que ele quer, é que ele tem certos instintos, mas na realidade ela é a primeira. É como uma doença. É parte de toda uma cultura. É adoração, devoção, a aparente veneração que tanto a lisonjeia, e também aquela coisa romântica que vem do romantismo, de que há um homem especial para você. Não me diga que os gringos não têm isso, é claro que têm.

14
"AQUELE JORNAL COMUNISTA"

A verdadeira e pouco conhecida história de como García Márquez chega à Prensa Latina, o órgão oficial da Revolução Cubana

PLINIO APULEYO MENDOZA: Quando decidi deixar a Venezuela e retornar à Colômbia, pretendia me vincular totalmente à atividade política inspirada naquilo que então era, para mim, a fascinante experiência cubana.

Gabo planejava ir ao México e continuar escrevendo.

Nós nos despedimos uma noite na porta de sua casa no distrito de San Bernardino, em Caracas; nossa experiência venezuelana estava chegando ao fim.

Não sabíamos que em menos de um mês estaríamos reunidos em Bogotá. Graças a Cuba.

GUILLERMO ANGULO: Um dia um mexicano chegou a Bogotá. Gabo nunca contou isso porque ele diz que é mais importante dizer que foi um guerrilheiro que chegou. Ele tem cultivado a própria imagem. Mas a verdade é esta: chegou um mexicano que eu conhecia — morei no México por cinco anos — e ele me ligou. Ele estava hospedado no Hotel Tequendama, e eu disse a ele: "Não, irmão, venha ficar na minha casa". Eu era solteiro. Eu o trouxe para casa, e o cara, cujo nome é Slim Rodríguez, sempre levava sua valise consigo. Ele ia ao banheiro com a valise. Nunca deixava a valise. E pensei: "Um romance". Claro, quem vai largar um romance por aí? Mas ele estava carregando grana. Grana! E eu disse a ele: "Escute, por que você nunca larga a porra dessa mala?". "Porque estou carregando grana." Ele carregava o dinheiro para montar a *Prensa Latina*. E carregava uma quantia que hoje pode até parecer ridícula, mas naquela época era muito dinheiro. Dez mil dólares. "Uau, o quê? Para quê?" "Para montar a *Prensa Latina* aqui, e você será o primeiro gerente." Disse a ele que não era jornalista nem gerente. "Você é a única pessoa que conheço. O único em quem tenho confiança, então você será o primeiro gerente." Então comecei a *Prensa Latina*. Depois encontrei Fidel e disse: "Vocês me devem uma estátua porque sou o fundador". Fidel achou aquilo engraçado. Então liguei para aqueles dois caras [Plinio e Gabo] e disse a eles: "Olha, isto é para vocês dois. Não é para mim. O que devo fazer?". Foi quando os dois começaram a trabalhar para a *Prensa Latina*.

PLINIO APULEYO MENDOZA: Liguei para Caracas: "Escute, Gabo, há algo importante acontecendo aqui que não posso contar por telefone. Venha para Bogotá. Uma assessoria de imprensa, direi tudo a você... nós seremos os chefes".

Eu já estava falando como o mexicano. Em quatro ou cinco dias, Gabo desceu os degraus do avião com Mercedes. Mercedes estava grávida.

RAFAEL ULLOA: Castro morre de amores por ele.

PLINIO APULEYO MENDOZA: É claro que esse período tem uma conotação dramática vista da perspectiva dos anos, quando se analisam as implicações da Revolução Cubana, suas ilusões, as noções retóricas que se desenvolveram em torno dela (o infeliz foquismo de Régis Debray), a influência que tiveram em muitos destinos individuais que sensibilizaram os nossos.

Mas, independentemente dessa excitação política, levávamos uma vida organizada e tranquila, às voltas com nossas notícias diárias e no apartamento de Gabo e Mercedes, onde eu, ainda solteiro, era um convidado diário: no café da manhã, almoço e jantar.

Gabo e eu havíamos comprado capas de chuva azuis idênticas, e, em todos os lugares (redações, cafés, casas de amigos em comum), as pessoas nos viam como dois garotos vestidos pela mesma mãe.

Quando Gabo (que com uma disciplina admirável escrevia a versão final de *O veneno da madrugada*) ficava em casa trabalhando, eu levava Mercedes ao cinema.

GUILLERMO ANGULO: Depois eles foram para Cuba, para trabalhar lá.

PLINIO APULEYO MENDOZA: Ainda assim, toda vez que eu voltava para Havana (García Márquez iria para lá mais tarde), a crescente intervenção em tudo pelos membros do partido me era revelada, e a demarcação entre eles e o restante dos repórteres da agência, acentuada.
    Agora eles organizavam reuniões vagas de doutrinação e deixavam circular nos corredores a ideia de gestão coletiva da *Prensa Latina*.

JUANCHO JINETE: Um comunista da *Prensa Latina* continuava aparecendo em Barranquilla de tempos em tempos.

PLINIO APULEYO MENDOZA: A aparição em Bogotá de um tal José Luis Pérez como visitante especial da agência foi o primeiro sinal de alarme para García Márquez e para mim.

GUILLERMO ANGULO: Gabo, então, vai para Nova York.

PLINIO APULEYO MENDOZA: Gabo retornou depois de algumas semanas de treinamento em Havana. Em vez de Montreal, ele seria enviado para Nova York. Ele fervilhava de informações…

GUILLERMO ANGULO: Os vermes começam a ligar para Gabo para acusá-lo. Seu primeiro filho acabara de nascer e Gabo, portanto, estava temeroso.

PLINIO APULEYO MENDOZA: Para o caso de algum ataque, Gabriel trabalhava com uma barra de ferro ao seu alcance.

GUILLERMO ANGULO: Plinio pede demissão.

PLINIO APULEYO MENDOZA: Mercedes vira-se para mim com um sorriso, enquanto a criança com ela dá pulinhos a seu lado:
    "Então, *compadre*, os idiotas assumiram a *Prensa*?"
    "Assumiram, *comadre*."
    Quando digo a ela sobre minha carta de demissão, ela, plácida e calma como sempre, comenta:
    "Gabito já escreveu a dele. Mas estava esperando que você a entregasse."

GUILLERMO ANGULO: Ele viaja para a Cidade do México por terra. Mas parecia que ele já tinha visto isso, porque *A revoada* é como Faulkner. É *Enquanto agonizo*. Ele vê o verdadeiro Faulkner. Ele o vê em imagens. Mas já conhece Faulkner como uma alma gêmea. Acho que ele é sua influência mais importante do ponto de vista técnico, porque depois ele inventa um mundo inteiro. Não sei se ele ajudou ou prejudicou a literatura, porque, embora Gabo seja muito bom, os imitadores dele são muito ruins.

PLINIO APULEYO MENDOZA: Agora Gabo pretende finalmente realizar seu adiado projeto de longa data: morar na Cidade do México. Sem dinheiro, essa é uma aventura tão louca quanto a de um ano antes, quando decidiu permanecer em Paris sem recursos.

WILLIAM STYRON: Bem, acho que essa é a razão da grande admiração dele por Faulkner, porque Faulkner, sem o rótulo do realismo mágico, contudo, visualizou e criou um mundo inteiro, um universo baseado em um mundo real, que era o Mississippi que ele criou e chamou de Yoknapatawpha. Macondo é o equivalente a Yoknapatawpha. E acho que essa foi uma contribuição importante de Faulkner para a criação literária de Gabo.

EMMANUEL CARBALLO: Bem, e como Gabo chegou à Cidade do México? Penso que Álvaro Mutis deve ter dito a ele: "Venha para a Cidade do México". Mutis chegou à Cidade do México fugindo de uma fraude que cometera na Colômbia, e aqui no México foi parar em Lecumberri.[*] Ele tem um livro sobre Lecumberri, que é a prisão mais famosa do México. Quando saiu, trabalhou na televisão. Dublava um personagem de uma série norte-americana muito famosa. Quando Gabo chegou à Cidade do México, ele foi ver o amigo, que já era seu amigo na Colômbia, e o apresentou a todos nós que escrevíamos literatura na época.

---

[*] Em 1958, aos 36 anos, Álvaro Mutis passou quinze meses na prisão na Cidade do México por conta de acusações de apropriação indébita, as quais foram retiradas posteriormente. A revista mexicana *Letras Libres* escreveu sobre a experiência de Mutis: "Ele saiu de Lecumberri — que aprisionou outros, como o assassino de Trótski, Ramón Mercader, o pintor David Alfaro Siqueiros, o escritor José Revueltas, o romancista José Agustín e William Burroughs — um homem diferente, convencido de que 'não podemos julgar nossos semelhantes', uma certeza fundamental que guiou as viagens e os esforços de seu alter ego literário, Maqroll El Gaviero".

DANIEL PASTOR: A série era *Os intocáveis*. Um programa em preto e branco sobre a equipe de Eliot Ness, aqueles que colocaram Al Capone na prisão. Mutis fazia a locução em *off* do início.

EMMANUEL CARBALLO: Sua voz era muito famosa, e ele ganhou dinheiro e prestígio. Conheceu as pessoas mais interessantes do México. Quando Gabo chegou, Mutis apresentou-o a todos.

15
"ME CONTE MAIS"

Em que Gabriel García Márquez vai à Cidade do México e conta a uma conhecida a história do livro que gostaria de escrever

MARÍA LUISA ELÍO: Onde nos conhecemos? Ele não morava no México ainda. Trabalhava com a *Prensa Latina* e estava indo para Paris, via Cidade do México. Era muito, muito jovem. Magro, magro. Não lembro... Não sei exatamente onde. Com Álvaro Mutis. A certa altura, Álvaro diz a ele: "Gabo, conte a história do navio", e Gabo contou a história do navio que aparece em *Cem anos de solidão*. Você deve se lembrar de um navio que eles encontram no meio da selva. Lembra? Foi quando o vi pela primeira vez.

RODRIGO MOYA: Um dia vou para a casa da minha mãe e ela estava dando uma festa. Eu já estudava fotografia com Guillermo Angulo e vi um homem que ocupava quase toda a *chaise longue*. Havia uma multidão heterogênea ali, muita gente sentada nas cadeiras, nas beiradas das cadeiras, e vi um jovem do qual não gostei por causa de sua atitude arrogante. Era Gabriel García Márquez, estendido em um sofá como uma madona indiana, como se o sofá lhe pertencesse e ele estivesse em seu próprio palácio. Naquele momento ele era só um escritor, um entre muitos colombianos, que havia ganhado um prêmio. Mas detinha a atenção de todos, que, fascinados, o ouviam falar.

Quando ele chegou à Cidade do México, ia à casa da minha mãe com bastante frequência. Um dia ele me disse, enquanto falava sobre minha mãe, que gostava muito dela. Ele me disse: "A verdade é que sua mãe muitas vezes matou minha fome". Ele comia sempre na casa de minha mãe, comida de Antioquia. Minha mãe cozinhava pratos colombianos. Ela preparava fraldinha em um instante, e sempre havia *agua de panela*, uma água adoçada com açúcar mascavo. Ficava numa caixa térmica, antes de ela comprar sua primeira geladeira elétrica. Então encontro Gabo ali e somos apresentados, e de alguma maneira simpatizamos um com o outro, e cruzei com ele novamente em outras ocasiões. Lembro-me de uma longa caminhada, a qual ele narra em algum momento: "Eu saía para caminhar com Rodrigo Moya, que tinha um gato que sabia andar na rua". Lembro que ele me fez várias perguntas e conversamos muito.

GUILLERMO ANGULO: Sou responsável pelo primeiro prêmio concedido ao Gabo. O prêmio Esso.

Sim. Esse foi o primeiro prêmio Esso, que foi realizado por dez anos ou mais. Um prêmio muito importante na Colômbia. Eu trabalhava para a Esso. Não era funcionário da Esso, mas tirava fotos e fazia filmes para eles. Fiz alguns documentários sobre as costas desconhecidas, sobre a cidade, Bogotá, e outras duas. Naquela época eu estava muito envolvido com as pessoas de relações públicas. Botero estava lá. Botero fazia a revista. Ele era o designer da revista, Fernando Botero. E um dia eu soube que havia uma competição, uma competição muito importante. Você sabe de quanto foi o primeiro prêmio? Quinze mil pesos. Era muito, muito importante. Com isso, você poderia comprar um carro... com 15 mil pesos. O primeiro Volkswagen que importaram para cá era vendido por 3,8 mil pesos. Então eu disse: "Cara, tenho um amigo que é muito importante". Gabo já tinha um nome aqui como jornalista, ele não havia escrito tantas obras literárias, mas as pessoas sabiam, com *A revoada*, que tínhamos um escritor.

Gabo já possuía algum respeito, porém, era mais uma expectativa, porque ele já havia feito algo sólido. Então disseram: "Peça a ele para enviar alguma coisa". E ele me enviou seu romance amarrado com uma gravata e um título, que eu removi. Porque eu disse: "Com esse título você não ganha o prêmio". Ele se chamava *Este pueblo de mierda* [Esta cidadezinha de merda]. Então eu disse a eles: "Vejam, o romance não tem título. Está faltando um título". E eu disse: "Há um romance muito importante, que é do Gabo. Não havia chance de darem o prêmio a nenhum outro". Então o prêmio foi para Gabo. E o romance é *O veneno da madrugada*.

MIGUEL FALQUEZ-CERTAIN: Germán Vargas era jurado de prêmios, e na década de 1960 ele foi muito importante porque García Márquez não era apreciado na Colômbia. Tudo que tinham publicado dele, graças a seus amigos da revista *Mito*, eram duas ou três partes de *Ninguém escreve ao coronel*. Seu primeiro romance, que ele pagou do próprio bolso, *A revoada*, foi publicado na década de 1950. Foi uma edição pequena, e não vendeu muito. Ele escreveu histórias que ganharam prêmios em Bogotá, no *El Espectador*, quando era jornalista. Depois foi para a Europa e para o México. Então, não voltou mais para a Colômbia e escreveu aquele romance chamado *O veneno da madrugada*, embora não se chamasse *O veneno da madrugada*, mas *Este pueblo de mierda*. Ele enviou assim, com esse título. O prêmio Esso era concedido pela Esso, a empresa petrolífera, que tinha um padre jesuíta, o padre sei lá quem, que era muito importante. E ele era o presidente da Academia Colombiana de la Lengua [Academia Colombiana da Língua]. E, por ser padre, era um homem bastante pudico. Germán teve muito a ver com a entrega do prêmio ao amigo García Márquez. E eles lhe deram o prêmio. García Márquez foi o primeiro a ganhar o prêmio. Germán Vargas sempre foi jurado e sempre ajudou os amigos.

JOSÉ SALGAR: Ganhou o prêmio Esso, e essa foi sua primeira obra publicada. Ele diz: "Com isso torço o pescoço, pois finalmente publiquei meu livro". Alguns exemplares que ele deu de presente estavam em circulação, mas ninguém comprou o livro. Ele me deu este. Dava aos amigos como um presente.

EDUARDO MÁRCELES DACONTE: Ele ganha o prêmio, e isso faz muito por ele. Foi quando descobri que ele é de Aracataca. Seu prestígio aumenta. Minha família diria: "Veja, Gabito...". "Veja, as coisas estão indo muito bem para Gabito, que ótimo!" E assim por diante. Eles apoiaram Gabito como um exemplo. Todos eles o chamam de Gabito. Gabito, Gabito... Tendo em vista que se lembram dele quando menino, ele é Gabito. Ninguém consegue chamá-lo de Gabo ou Gabriel, só de Gabito. Especialmente aqueles que o conheceram quando ele era criança.

SANTIAGO MUTIS: Ele teve a maior sorte do mundo com amigos e pensões. Em Barranquilla foi Alfonso Fuenmayor. A senhoria na pensão em Paris, e depois na Cidade do México a história é mais ou menos a mesma.

GUILLERMO ANGULO: Álvaro Mutis era publicitário, ou foi publicitário por muito tempo. Um dia eu estava com Mutis e fomos a uma agência na Cidade do México; lá, todas as mulheres se atiraram nele, o abraçaram e beijaram. Perguntei a ele: "Maestro, assim você me deixa com inveja. Como faz isso?". E ele respondeu: "Olhe, maestro, vou lhe contar um segredo. Você tem de fazer todas as mulheres pensarem que você é sempre um homem disponível". E tenho um livro dele no qual diz: "Para o único amigo que conheço que está sempre disponível". Eu estava na Cidade do México quando Gabo chegou e tive a impressão de que ele já havia se aposentado da literatura, pois estava bastante envolvido com pessoas do cinema.

EMMANUEL CARBALLO: Mutis colocou-o em contato com escritores, editoras e jornais. E com o cinema. Ele trabalhou com os Barbachano. Lançavam um boletim de notícias semanal e faziam filmes. Muitas pessoas trabalhavam lá. Conheceu Carlos Fuentes, que infelizmente não pode lhe dizer nada agora.

MARÍA LUISA ELÍO: Meu marido, Jomí, e eu fizemos um filme experimental chamado *En el balcón vacío* [No terraço vazio]. Filmamos na Cidade do México. E, cada vez que exibiam esse filme — não podia ser apresentado em cinemas, mas apenas em cineclubes —, o rosto de Gabo estava lá, escondendo-se para que não o víssemos novamente. Mas Gabo estava lá assistindo. Acho que ele viu esse filme umas 20 mil vezes. Estava sempre lá. Nesse filme, aparecem muitas pessoas. Tem o Jomí, que é quem fez o filme. Há Emilio García Riera. José Luis González de León. Jaime Muñoz de Baena. Diego de Mesa. Há Salvador Elizondo. Juan García Ponce. Tomás Segovia. Quem mais? São histórias que escrevi que depois foram unificadas. Meu marido o dirigiu. Gabo não atuou nele. Salvador Elizondo interpreta um seminarista e John Page é um padre. Gabo não está no filme porque não tem o rosto de alguém nascido na Espanha. Gabo tem aquele rosto exótico. As maçãs do rosto maravilhosas. Um rosto lindo... enormemente lindo, mas não é um rosto espanhol. Um rosto solene.

GUILLERMO ANGULO: Ele teve alguns casos de amor incestuosos com os filmes, e isso fez muito mal a ele. Não existe um único grande filme de Gabo. Não existe um único grande roteiro de Gabo. E as ideias são maravilhosas. Estupendas. Mas Gabo é tão literário que sua literatura não pode ser transferida para a tela, ou isso teria de ser feito por alguém muito especial, alguém como Bergman, que pensei em determinado momento, não me lembro quando, que nos deixaria ver Deus abrindo uma porta. Não? Então você precisa de um gênio muito especial que corresponda ao gênio de Gabo. Por outro lado, acho que é um pouco... como direi isso?... exagerado tentar exigir de Gabo que, além de ser um grande escritor, ele também seja um grande cineasta.

CARMEN BALCELLS: Ele nunca quis um filme do *Cem anos*. E até hoje é um desejo respeitado por sua família, o qual acho que será mantido para sempre.** E de fato não sei por quê, exceto, talvez, pela impossibilidade de transferir o brilho daquele texto e daquela obra de arte e transformá-lo em um produto diferente. É absolutamente impensável que possa ficar tão brilhante quanto o livro. E isso se aplicaria a qualquer livro de García Márquez. Mas com frequência insisti que ele aceitasse ofertas ou propostas cinematográficas por razões que às vezes eram financeiras, outras pela confiabilidade das pessoas envolvidas no projeto, mas na verdade é muito difícil transformar uma frase tão inspirada em uma imagem.

EMMANUEL CARBALLO: Bem, eu o conheci porque eu era muito próximo da Ediciones Era, a editora de Gabo no México. A Era publicou *O veneno da madrugada* com uma nota dizendo que ele revogara a autorização da primeira edição, que ganhou o prêmio oferecido por uma companhia de petróleo na Colômbia. Eles o traduziram do colombiano para o espanhol, e ele ficou muito aborrecido com a edição. Então a Era publicou e disse: "Esta é a primeira edição em castelhano". A outra foi em uma língua que se assemelhava à colombiana, mas não era colombiana nem mesmo castelhana. Naquela época, eu era casado com a diretora e proprietária da Era. Uma catalã. Neus Espresate. Vicente Rojo é outra pessoa muito amiga de Gabo. Vicente Rojo trouxe Gabo para a Era. Eu o conheci lá, apresentado por Vicente. Neus Espresate o conheceu, eu o conheci, e nos tornamos amigos. Nós nos víamos com frequência. Conversávamos uma ou duas vezes quase toda semana. Com Mercedes, a esposa dele. Com ele. Tínhamos uma amizade muito boa.

QUIQUE SCOPELL: Ah, isso é com Gabito, que já estava na Cidade do México. Nenê Cepeda me liga um dia. Prepare-se para os Carnavais.

---

* *Cem anos de solidão* está sendo adaptado pela Netflix para o formato de série. [N. T.]

Vamos nos divertir como loucos. Uma vez que eu sabia que ele sempre tinha muito dinheiro, porque na cervejaria eles não pagavam nada, mas havia dinheiro, ele diz: "Estou animado com os Carnavais. Preciso de você para filmá-los. Nós dois vamos fazer um documentário sobre os malditos Carnavais porque conhecemos Barranquilla e suas festas. Então, prepare-se". Eu disse, o.k., a primeira coisa que você precisa é de filme para poder... Imediatamente diz: "Não há problema". Ele liga para o Panamá: "Enviem duzentos rolos de 16 milímetros". Não havia nada parecido com o que temos hoje, digital, só 8, 16 e 35 milímetros. "Me mande duzentos rolos." Álvaro me disse: "Você não vai pagar por isso. Não se preocupe". Tínhamos duzentos rolos daquilo. Um caminhão da cervejaria. "Já tenho um caminhão da cervejaria pronto. Está tudo certo para nós. Vou buscá-lo às 3 da madrugada" (porque as festas começam às 3, 4 da madrugada). Fizemos o seguinte: eu filmei, Álvaro ficou ao meu lado bebendo rum e Gabito seguia atrás de nós. Álvaro enviou os rolos para a Cidade do México para serem revelados, e Gabito editou lá. Há pouco tempo me mostraram o filme. O filme é narrado por uma personalidade do rádio que já morreu. Qual o nome do sujeito? Marcos Pérez. Sai assim: fotografia de Gabriel García Márquez, edição de Álvaro Cepeda. Enrique Scopell não aparece em nenhum lugar. A mesma coisa aconteceu com *La langosta azul*.

GUILLERMO ANGULO: O fato é que ele gostava de fazer filmes, e, como me diz, "Olha, foi a única coisa que estudei, né?". Lembre-se de que ele estudou cinema no Centro Sperimentale di Cinematografia de Roma.

EMMANUEL CARBALLO: Ele era um escritor conhecido pelas pessoas inteligentes do México, da América Latina e da Espanha, mas não era famoso. Nós, meninos crescidos, o conhecíamos, meninos que seriam interessantes no seu devido tempo, mas que então eram comuns e corriqueiros, não valiam muito. Éramos seus amigos. Bem, Vicente Rojo leva-o para a Era, a editora da qual eu era editor. E a Era publicou todos os seus livros colombianos e os novos livros, que escreveu em Paris e na Cidade do México. Por meses almoçamos, jantamos, conversamos, ficamos bêbados.

CARMEN BALCELLS: O ano de 1965, quando vendi aquele primeiro grupo de textos curtos, foi o ano em que o conheci pessoalmente durante a viagem que fiz à Cidade do México, depois de passar por Washington, aonde fui pela primeira vez com meu marido, Luis. Lá no México conhecemos Gabo e Mercedes. A reunião foi maravilhosa, e, a partir de então, nosso relacionamento foi se consolidando. Aquela primeira viagem à América foi uma descoberta extraordinária e o começo de tudo que minha vida profissional tem sido. Ainda hoje tenho uma frase que a resume: "Meu destino é a América".

María Luisa e Jomí.

MARÍA LUISA ELÍO: Foi a terceira vez que nos vimos. Fomos jantar novamente na casa de Álvaro Mutis; ele ainda não tinha se casado com Carmen, sua mulher. Carmen estava preparando um arroz ao estilo catalão, e, quando saímos de uma palestra, fomos em grupo até lá para comer o prato. Então Gabriel estava sentado perto de mim e começou a falar sem parar. Para todo mundo.

EMMANUEL CARBALLO: Ele era de uma simplicidade assombrosa. Parecia tudo, menos um escritor. Não era presunçoso. Não falava lançando mão de figuras de linguagem e palavras requintadas, mas falava como todo mundo. Na verdade, ele se mostrava tão simples que desarmava os pedantes.

MARÍA LUISA ELÍO: E então, quando chegamos à casa de Álvaro, um apartamento minúsculo, as pessoas já o tinham ouvido, mas ele continuou andando de um lado para o outro e falando. Fiquei tão comovida com o que ele estava me dizendo que permaneci ao lado dele. Eu disse: "Me conte mais, o que vem a seguir? E o que aconteceu?". Então todos saíram e fiquei sozinha com ele, e ele contou tudo para mim, tudo sobre *Cem anos de solidão*. Tudo muito diferente do que está escrito, mas tudo a partir de um momento particular... E lembro, por exemplo, quando ele mencionou que o padre levitava, e eu acreditava nele, acreditava totalmente nele. O que ele estava dizendo era tão convincente que perguntei: "Por que um padre não levitaria?". E disse a ele: "Se você escreve isso, você escreveu a Bíblia, você pode escrever uma Bíblia". E ele me perguntou: "Você gosta?". E respondi: "É maravilhoso". Ele disse: "Bem, é para você". E falei: "Não faça isso comigo, por favor, não faça isso comigo!". Acho que ele me achou tão inocente que disse: "Vou dedicar o livro a essa tola".

GUILLERMO ANGULO: Lembro-me de um anúncio famoso que Gabo criou. Havia uma marca chamada Calmex. Calmex é Califórnia-México. Calmex é uma marca de peixe enlatado e coisas do tipo. Então, o que Gabo fez foi algo assim: "Se você não está esperando uma visita, e sua sogra ou outra pessoa chega sem avisar com antecedência: Calmex, señora, Calmex". Ele fez coisas muito inteligentes.

MARÍA LUISA ELÍO: E então Jomí, Mercedes, Gabriel e eu fomos para casa de carro, com Jomí dirigindo... E Gabriel perguntou a Mercedes: "Você acha que é uma boa ideia dedicar meu próximo romance a María Luisa?". E Mercedes respondeu: "É claro". "E você acha que é uma boa ideia, Jomí?" "Sim, é claro." E foi assim que aconteceu...

EMMANUEL CARBALLO: Bem, acho que eles se tornaram grandes amigos. Além disso, é uma dedicatória muito simpática. Para Jomí García Ascot e María Luisa Elío. Uma mulher muito bonita, muito inteligente, muito receptiva, ela fez filmes com o marido. Jomí era charmoso, bonito e andava de moto. Eu administrava a revista da Universidade do México, e ele ia de motocicleta até minha casa para entregar um artigo. María Luisa é muito interessante, muito inteligente, com opiniões ousadas, e sempre acerta o alvo, ou seja, é uma dedicatória muito boa. Uma mulher talentosa. Muito bonita, bonita. Vestia-se muito bem. A amiga das melhores pessoas da época na Cidade do México e em todo lugar. Chamava atenção por onde passava por sua beleza e seu talento. Ela foi muito gentil com García Márquez, e García Márquez lhe retribuiu, dedicando o livro a ela.

CARMEN BALCELLS: Eu estava triunfante com o meu contrato para cinco livros nos Estados Unidos. Não lembro bem, mas acredito que foi um adiantamento de mil dólares, e, quando o mostrei, triunfante, para

Gabriel García Márquez, ele fez um comentário memorável: "É um contrato de merda". Alguns dias atrás, em decorrência de sua morte, dei entrevista a uma televisão peruana, e o comentarista do programa me perguntou se essa história e essa resposta eram verdadeiras. E me disse: "O que você achou dessa resposta?". Respondi: "Na época me pareceu arrogante, mas depois de muitos anos, e tendo lidado com escritores grandes e bastante estimados, descobri que o escritor bastante estimado é o primeiro a saber que ele o é e que a estima é legítima". Então, não me parece uma resposta arrogante, mas apropriada à magnitude do projeto literário em que ele trabalhava naquele momento.

16
SOLIDÃO E COMPANHIA

Momento que o escritor desesperado resiste a dezoito meses de solidão e alguma companhia

MARÍA LUISA ELÍO: Gabo disse: "Preciso ficar um ano sem trabalhar. Veja como consegue ajeitar as coisas", disse ele a Mercedes. "Vamos ver como você vai se arranjar, mas não vou trabalhar durante um ano." E Mercedes organizou as coisas o melhor que pôde.

GUILLERMO ANGULO: Ela conseguiu crédito.

MARÍA LUISA ELÍO: Pedindo um empréstimo de carne ao açougueiro.

GUILLERMO ANGULO: Ela conseguiu dinheiro de vários lugares. E ele começou a escrever. Com a disciplina que só ele tem. Como o arquiteto Rogelio Salmona, que mora no apartamento ao lado do meu. Como ele. Salmona não tem um centavo (ele projetou os maiores edifícios da Colômbia) porque diz: "Não gosto disso", e refaz o prédio, pagando do próprio bolso. Eles são muito bons amigos, além disso. Ele projetou a casa de Gabo em Cartagena e a casa de hóspedes presidencial lá também.

EMMANUEL CARBALLO: Ele abandonou tudo. Trabalhou. Economizou. Pediu dinheiro emprestado e começou a escrever *Cem anos de solidão* como um desesperado. Como um louco. Não fazia mais nada. Parou de ver os amigos. De fazer as coisas. De trabalhar naquilo que lhe dava dinheiro. Pediu dinheiro emprestado para poder escrever *Cem anos*.

MARÍA LUISA ELÍO: Ele havia feito anotações, mas nada além disso, porque a sala que Mercedes montou para que ele pudesse escrever todo santo dia não estava pronta ainda. Eles moravam em uma pequena casa na *calle* de la Loma. Na sala de estar, Mercedes mandou fazer uma parede com uma porta de madeira que ia até o teto, para isolar o barulho, e uma mesa de pinho parecida com uma mesa de cozinha e uma velha máquina de escrever. Gabo ia para lá e passava o dia todo, o dia inteiro, escrevendo. A sala era muito pequena, menor que esta, que já é bem pequena, como daqui até este ponto. Cabiam sua mesa, uma cadeira, uma poltrona pequena, tudo que cabia ali era muito pequeno. Acima da poltrona havia um quadro e algo como um calendário. Mas um calendário de extremo mau gosto.

EMMANUEL CARBALLO: Ele se vestia como um camponês. Vestia-se muito mal. De maneira feia. Um maltrapilho, um camponês tentando ser elegante, que acaba sendo exatamente o oposto. É isso que significa se vestir como um camponês.

MARÍA LUISA ELÍO: Então íamos lá todas as noites. Como Gabo não saía, íamos vê-los todas as noites. Chegávamos por volta das 20 horas. Um dia com uma garrafa de uísque. No outro com um pedaço de presunto. E lá ficávamos, bebendo um pouco e comendo as coisas que Mercedes preparava. Nós nos víamos todos os dias. E foi então que conhecemos os Mutis. As crianças no andar de cima, em seus quartos, fazendo bagunça.

EMMANUEL CARBALLO: E agora surge algo que apenas eu posso lhe contar. Quando Gabo começou a trabalhar nesse romance, me perguntou se eu poderia ler, toda semana, as páginas que escrevia. Então, todo sábado eu levava para casa o que ele havia escrito durante a semana.

MARÍA LUISA ELÍO: Eu ficava bastante em casa, lendo a tarde toda, sem fazer nada, e ele me telefonava. Gabriel dizia: "Vou ler um pouquinho para você, vamos ver o que acha". E lia uma passagem. Ele me ligava e dizia: "Vou explicar como as tias estão vestidas. O que mais você colocaria nelas? Que cor acha que é o vestido?". E conversávamos. Ou ele dizia para mim: "Olha, escrevi esta palavra aqui, mas não sei o que significa. Suas tias diziam isso? Porque as minhas diziam". Era assim. Maravilhoso. Ficávamos um bom tempo falando ao telefone. Como as mulheres se vestem, não sei qual delas, um momento, quando pegam o trem... Acho que é de uma revista que eu tinha em casa sobre coisas da década de 1920.

MARGARITA DE LA VEGA: Você conhece a história de quando ele estava escrevendo *Cem anos de solidão*, e eu o ouvi contando. Ele precisava da *Encyclopaedia Britannica* para conferir as coisas que queria usar que faziam parte do mundo. Porque, para mim, isto é o maravilhoso de *Cem anos*: é um livro vernacular, universal e enciclopédico, tudo ao mesmo tempo. É por isso que *Cem anos de solidão* vende tanto e é tão lido: porque você pode ser um simples trabalhador colombiano (não um simples trabalhador gringo que vai para a Universidade Columbia e se forma, como o que estava no jornal ontem ou anteontem, mas um colombiano), ler *Cem anos de solidão* e entendê-lo em um nível diferente daquele do erudito que pesquisa as referências e todo aquele *nonsense*. Ele vive a história, as tragédias, a família, a evolução, o contexto histórico, porque ele é alguém que viveu, sofreu e ouviu falar disso na família. Não é algo que se lê em livros. Faz parte da cultura deles.

EMMANUEL CARBALLO: Desde o começo admirei García Márquez. Gostava muito de seus contos e romances. Eu o achava um grande escritor. Quer dizer, ele me trazia a primeira versão do que estava escrevendo; trazia pontualmente todos os sábados. Todo sábado ele me trazia o romance até o concluir e me dizia: "Que defeitos você vê nele? Me diga do que não gosta e por que não gosta". E eu respondia: "Ah, sim, eu gosto dele. O romance é estupendo. Continue fazendo o que está fazendo. Não tenho nada para lhe dizer e nada para criticá-lo. Ao contrário, só tenho elogios". E foi assim até que ele terminou o romance. No máximo, apaguei duas ou três coisas e adicionei algo. Meu trabalho em *Cem anos de solidão* é reduzido a isso. Era perfeito. Eu não tinha nada a fazer que não fosse dizer a ele: "É maravilhoso, este personagem está crescendo, já este você está conduzindo para outro lado, não sei por quê, mas nas próximas semanas você me dirá por que isso aconteceu". Conversávamos sobre os personagens. Eles eram nossos amigos. Conversávamos por duas ou três horas, mas não de professor para aluno, mas de amigo para amigo, e eu era um torcedor dele. Uso essa palavra, que talvez seja mais adequada ao futebol do que à literatura. É um romance feito quase com um sopro sobre-humano. Sou crítico literário há sessenta anos e nunca vi um romance elaborado com tanta habilidade, tanto talento, tanta dedicação como vi em Gabo ao escrever *Cem anos de solidão*.

Ele me escolheu, então, porque sou muito talentoso. Do contrário, não teria me escolhido. Não acredito em modéstia. Eu havia escrito sobre todos os romances que ele publicara antes. Ele sabia que eu era implacável, que, se eu não gostasse de algo, diria a ele por que era ruim ou por que era bom. E foi por isso que ele me escolheu. E ele encontrou em mim uma pessoa entusiasmada com um talento que eu não tinha visto antes na literatura de língua espanhola, o talento daquele garoto era maior que ele. Digo "garoto" porque ele é um pouco mais novo que eu, mas só um pouco. Temos quase a mesma idade, ambos somos velhos agora.

MARGARITA DE LA VEGA: Gabo precisava da enciclopédia, e então eles compraram a enciclopédia. Naquela época, eram vendidas a enciclopédia e, com ela, as coleções de livros clássicos. Eram vendidos assim em toda a América Latina, e no meu tempo era a [editora] Aguilar que os vendia. Pessoas vinham à nossa porta e nos ofereciam os livros por um pagamento mensal; então se comprava a coleção inteira. Era assim em 1965 ou 1966. Gabo dizia que os usava, e Mercedes falava para ele: "Você não precisa mais deste volume", porque o homem estava vindo para tomá-lo por falta de pagamento. Então Mercedes lhe dava as que ele já tinha usado. Porque Mercedes sempre foi a mais prática. É por isso que em suas primeiras entrevistas, especialmente aquela da *Playboy*, que é muito boa, ele disse que os homens são os sonhadores, os poetas, e as mulheres são as práticas; sem elas o universo não existiria. O que ele disse me enfureceu, e até lhe perguntei a respeito disso certa vez. Claro, ele não me respondeu. Ele respondia apenas o que sentia vontade de responder. Mas acho que Mercedes é o modelo para Úrsula, a mulher do primeiro fundador de Macondo, Úrsula, a mulher do fundador, aquela que inventa o negócio dos bichinhos açucarados; é ela quem faz a família sobreviver.

EMMANUEL CARBALLO: Sou um homem muito velho agora, minha querida garota. Não me recordo de muitas coisas, mas vou lhe contar o que lembro. Então, almoçamos, jantamos, conversamos e ficamos bêbados por meses. Quando ele começou a escrever *Cem anos de solidão*, ele disse à Era: "Eu lhe dei todos os meus livros porque, bem, vocês são meus amigos. Esta é a editora mais interessante do México, mas ainda muito jovem; o livro que estou escrevendo agora, e tenho muitas esperanças para ele, pretendo entregar a uma importante editora de língua de espanhola". E então ficou entre Espanha e Buenos Aires. Ele esqueceu a Ediciones Era, dizendo-nos que era muito pequena para as esperanças que ele tinha para o romance.

GUILLERMO ANGULO: Então a Sra. Gabo, quando eles finalmente conseguiram o dinheiro para enviar o manuscrito (dinheiro que eles não tinham, já que o carro estava penhorado e deviam dinheiro ao açougueiro e a todo mundo), diz o seguinte: "Agora só falta esse romance ser uma merda".

EMMANUEL CARBALLO: Ele estava totalmente convencido de ter escrito uma obra muito importante.

RAFAEL ULLOA: Então enviou o manuscrito para ser publicado pela Editorial Sudamericana, na Argentina. E gastou tudo que tinha para enviar o maldito livro. Então disse à mulher: "Agora só falta esse maldito livro não valer nada". Veja só a situação...

EMMANUEL CARBALLO: Éramos três pessoas próximas dele na minha casa. Na Comercio e Administración, nº 4, ao lado da Cidade Universitária, nós nos encontrávamos aos sábados às 17 horas e trabalhávamos até as 19 horas. Então conversávamos, bebíamos, fofocávamos, fazíamos o que jovens amigos fazem. Ele falava sobre a mãe, os amigos, irmãos e irmãs, sua vida como jornalista em Bogotá, em Barranquilla... Falou sobre tudo isso com muito entusiasmo. Nossa amizade era literária. Ele me respeitava. Eu o respeitava. Eu estava entusiasmado com seu romance e ele estava entusiasmado com o fato de eu ter passado algum tempo o lendo. Eu lia o capítulo duas ou três vezes (levava uma semana) para falar sobre ele na semana seguinte. O trabalho terminou, e nossa amizade também. O ano em que trabalhamos foi um ano muito bonito. Esperávamos o sábado chegar para conversar com esse homem.

MARÍA LUISA ELÍO: Lembro que a primeira morte de Aureliano Buendía o machuca tanto que ele o ressuscita. Dá à história outra direção para que ele não morra.

RODRIGO MOYA: Ele morava na Colonia Florida. Era casado e tinha os dois garotos. Às vezes eu ia à casa dele com Angulo. Lembro-me de uma ou duas visitas que fizemos à casa de Gabo, porque Angulo o visitava bastante e Gabo estava escrevendo *Cem anos de solidão*. Chegamos cedo, por volta das 19 horas, e tudo estava escuro, e Mercedes nos diz: "Gabo está trabalhando, mas vai descer logo". Esperamos uma hora, e Gabo não descia, então começamos a fumar maconha e em um instante Gabo desceu e se juntou a nós. E conversamos, mas nunca consigo lembrar o que falamos. Imagine, faz cinquenta anos. Estávamos muito felizes ao lado da lareira, que estava acesa, e ele conversou conosco sobre *Cem anos de solidão*, e o que lembro é que ele estava inchado. Então Mercedes nos contou que, quando ele escrevia um trecho ou momento muito intenso, ele inchava. Seu rosto inchava. O processo de escrever uma obra como essa é um tanto sobre-humano, portanto coisas assim acontecem.

17
"HOUVE UM DESLUMBRAMENTO"

Momento que Cem anos de solidão *é publicado, causando um terremoto no mundo real e elevando seu autor a outras esferas*

CARMEN BALCELLS: Eu já representava Gabo quando *Cem anos de solidão* foi publicado. Eu havia lido o manuscrito e estava entusiasmada com ele. Mas o autor o enviou diretamente a Paco Porrúa. O autor vendeu o livro para a Editorial Sudamericana e só muitos anos depois García Márquez me disse para cuidar também daquele segmento, que estava fora das minhas mãos por causa do contrato que ele havia feito diretamente com a Sudamericana.

MARÍA LUISA ELÍO: Eu me lembro daquele dia. Ele vem, muito simpático, me trazer o primeiro exemplar. Escreve: "A Jomí García Ascot e María Luisa", vírgula, e com uma caneta acrescenta: "Gabo". Não escreve Gabriel. Escreve Gabo. Está claro. Não pode haver uma dedicatória melhor que essa. Então vamos de livraria em livraria. Vou comprando livros para meus amigos e entregando-os a ele para autografar. Estávamos como loucos. Gabo me disse: "Você vai à falência assim!". Porque eu ia para as livrarias no carro dele. Comprei um exemplar para ele dedicar a Diego, meu filho. Nele, escreveu algo como: "Para Diego, um tio seu escreveu este livro enquanto você aprendia a falar". Ou seja, muito pequeno. Pegamos Jomí, seguimos para a casa dele e pegamos Mercedes, e fomos jantar juntos. No dia seguinte, eu...

Lembra que há um momento em *Cem anos de solidão* em que chovem flores amarelas? Então comprei uma cesta muito grande, imensa, a maior que encontrei, e a enchi de margaridas amarelas. Naquela época eu usava uma pulseira de ouro. Eu a tirei e coloquei na cesta, e procurei por um daqueles peixinhos dourados e uma garrafa de uísque. Coloquei tudo na cesta, e Jomí e eu fomos à casa dos Gabo. Foi para lá que seguimos. Jomí pegou seu livro e eu peguei o meu, e não fomos a lugar nenhum até terminarmos...

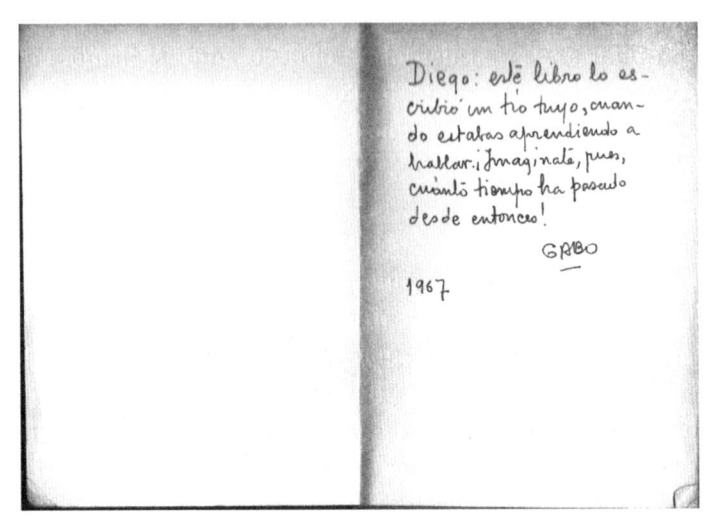

Dedicatória de Gabo a Diego García Elío.

MIGUEL FALQUEZ-CERTAIN: E quando chega a Bogotá, em 1967, para lançar seu romance, ninguém presta atenção nele. Na Colômbia, eles o ignoram completamente. Em Bogotá, por ele estar com Vargas Llosa, que vem para lançar *A casa verde*, todo mundo queria estar com o homem mais jovem e bonito. Todo mundo se aglomerava em torno dele, os repórteres e os outros, e Gabo ficava de escanteio. Ninguém sequer o notou nem lhe deu a menor bola. Veja a foto. García Márquez está lá em um canto vestido com uma gravata e uma jaqueta, como um sujeito de Bogotá, com seu bigodinho e seu cabelo encaracolado. Vargas Llosa está na frente.

Então ele volta para Barranquilla. É quando se encontra pessoalmente, depois de muitos anos, com o povo de Barranquilla. O que aconteceu foi o seguinte: García Márquez se manteve em contato com seu grupo de amigos de Barranquilla, sobretudo o grupo literário, formado por Germán, Nenê Cepeda e Alfonso Fuenmayor. Ele se correspondia com eles onde quer que estivesse — na Europa, no México. Por todos esses anos, durante as décadas de 1950 e 1960, esteve sempre em contato com eles.

RODRIGO MOYA: Antes da publicação de *Cem anos de solidão*, ele foi à minha casa com Mercedes, para que uma das minhas fotografias ilustrasse a primeira edição, mas, infelizmente para mim, o designer da capa era Vicente Rojo, a quem considerei por muito tempo um profissional terrível; eu diria que ele era o inimigo público número um da fotografia, e aqui eles o adoravam, diziam que ele era um inovador em design gráfico. E era tudo uma lorota. Ele nunca foi designer gráfico. Ele copiava essas coisas um pouco, principalmente da América do Norte, Warhol, mas na minha opinião ele era um mau designer. Ele maltratava a fotografia. Você dava a ele uma foto, e ele a reproduzia minúscula e deixava granulada, então fazia um negativo e colocava uma cor sobre ela. E o fotógrafo dizia: "O que é isso?". Nesse estilo de fazer as coisas, ele achou que a foto não era apropriada, não era necessária. E, assim, da primeira edição de *Cem anos* não consta a fotografia que tirei. Eu estava feliz que minha fotografia ia aparecer na primeira edição norte-americana, da Penguin Books. Isso me deixou feliz, mas eu teria ficado mais feliz se ela tivesse aparecido na edição em espanhol. Nem estive presente no lançamento do livro. Eu era muito esquivo naquela época, e não fui vê-lo quando o livro saiu. Comprei *Cem anos de solidão* em uma livraria, e ele não é autografado. Minha irmã Colombia me disse: "Vamos ver Gabo para que ele possa autografar o livro". Nunca pedi a ele para autografar um livro para mim e tenho vários exemplares com autógrafos. Minha mãe morreu recentemente, e na casa dela encontrei um exemplar autografado por Gabo. Dizia: "Para Alicia Moya, pelo amor que tenho a ela por não termos nos casado".

MIGUEL FALQUEZ-CERTAIN: Na Colômbia, essa primeira edição da Sudamericana nunca esteve disponível, aquela com a capa que trazia o barco abandonado no meio da selva. Eu estudava medicina em Cartagena e vi uma mulher com o livro, e meu amigo Braulio e eu a odiamos porque o romance não estava disponível para nós. Mais tarde, a primeira edição chegou, no começo de 1968, e a comprei. A edição que tenho foi impressa em "25 de abril de 1968, nas Oficinas Gráficas da Compañía Impresora Argentina, S.A., *calle* Alsina 2049, Buenos Aires, para Editorial Sudamericana (*calle* Humberto I 545, Buenos Aires)". Comprei em 15 de junho de 1968, na livraria Nacional. A capa é de Vicente Rojo.

Naquela época eu tinha dinheiro porque fazia shows de mágica. Comprei o livro na Nacional, e era a edição com os naipes de baralho. Eu a resgatei e trouxe comigo da Colômbia. Não é a primeira edição, mas algo como a terceira reimpressão. Essa, porém, foi a edição colombiana.

MARGARITA DE LA VEGA: Eu já tinha lido algumas outras coisas sobre o romance, o mais curioso, contudo, foi a carta que minha mãe me escreveu quando enviou de Bogotá o exemplar de *Cem anos*. E ela me mandou um recorte da entrevista com o pai de Gabo, e não notas sociais ou coisas do tipo. Ela era fascinada por *Cem anos de solidão*, porque ela disse que com ele finalmente havia entendido este maldito país. Minha mãe era francesa. Eu estava esperando meu filho Mario Henrique, que nasceu em janeiro de 1968, e passava muito mal. Eles me mantiveram na cama por cerca de oito meses, e foi lá que li o romance.

MIGUEL FALQUEZ-CERTAIN: Antes que eu pudesse ler o livro, cruzei com García Márquez em Barranquilla, quando ele chegou para ver os amigos, seus amigos mais próximos na época. Eu estava andando na 72 e o reconheci da foto. Nenê Cepeda eu já conhecia, e tinha visto Alfonso Fuenmayor em fotografias; eu sabia quem ele era. Eu os vi sentados à mesa e fui até eles. Isso foi em um hotel numa esquina, em frente ao Mediterráneo. Chamava-se Hotel Alhambra, e eles estavam sentados no terraço. Havia umas cinco pessoas ao redor da mesa, e ela já estava coberta de garrafas vazias de cerveja Águila. Ele estava em Barranquilla com os amigos que não encontrava havia dez anos, porque certamente não tivera dinheiro para viajar naquele período. É por isso que ele escreveu aquele livro, *Cuando era feliz e indocumentado* [Quando eu era feliz e não documentado].

Eu estava bêbado, cambaleando. Interrompi a conversa que ele estava tendo. Perguntei: "Você é García Márquez?", e ele respondeu: "Sim. O que posso fazer por você?". "Gostaria que você me desse um autógrafo porque tenho dois livros seus." Ele estava morrendo de rir porque eu estava bêbado. Então me disse: "Vá até a livraria Nacional na segunda-feira e assinarei com prazer o livro que comprar". Então eu disse: "O problema é que vou embora no domingo à noite, porque estudo em Cartagena". Em seguida, estendi o braço e peguei o guardanapo que estava sob uma cerveja. Dei-lhe o guardanapo e pedi: "Assine aqui para mim". E ele me disse: "O quê? Você acha que eu sou a María Félix?".*

RAFAEL ULLOA: Comprei *Cem anos* na livraria Nacional, que ficava no centro da cidade naquela época, bem em frente ao Club Barranquilla.

---

* María Félix, uma das estrelas de cinema icônicas dos anos 1940 e 1950, a era de ouro do cinema mexicano, é a Elizabeth Taylor mexicana.

MIGUEL FALQUEZ-CERTAIN: A Nacional servia um suco delicioso feito ali mesmo. Suco de tamarindo. E tinha ar-condicionado. E depois havia uma área em que se olhavam os livros. Eles eram muito caros, então permitiam que as pessoas os levassem para ler na mesa. Era um ponto de encontro. Substituiu a livraria Mundo.

RAFAEL ULLOA: Comprei lá... Deve ter a data em que comprei e a capa com aquele barco. Você não tem aquela edição? Vou dá-la a você e arranjar outra. Se você ama Gabo e se eu amo Gabo, então, como dizem: "Duas coisas iguais a uma terceira também são iguais", e, sim, comecei a amar você também.

MARÍA LUISA ELÍO: *Cem anos* mudou a visão que o mundo tinha da literatura latino-americana.

SANTIAGO MUTIS: E acho que foi quando muitas coisas começam a enfraquecer. Mas porque o contato real com as coisas foi perdido. É incrível. Esse título é como uma premonição.

MARÍA LUISA ELÍO: Ele era tímido, mas acho que quase, quase, ainda é, certo? Um ser humano muito estranho e maravilhoso. Ele se dedicou a fugir por toda a vida. A fugir, fugir, fugir.

RAMÓN ILLÁN BACCA: Houve um deslumbramento, não é mesmo? Havia pessoas que sabiam de cor parágrafos inteiros, páginas inteiras de *Cem anos de solidão*. Gostei do livro. Eu o considerei um ótimo romance, mas não fiquei deslumbrado porque senti que era muito próximo das coisas que eu conhecia. Quando ele falava da vida na plantação de bananas e do senhor fulano de tal... Sim, ótimo, mas, como eu tinha visto isso com minhas tias, em todas as festas, continuou a ser a mesma vida que eu já conhecia. Tive, de certa maneira, esse sentimento.

MARÍA LUISA ELÍO: Mais que latino-americanos, falantes de língua espanhola...

SANTIAGO MUTIS: Você não pode dizer que *Cem anos de solidão* é um trabalho com uma estrutura, que segue um caminho. Não há caminho para nada, para nada literário, o que há é uma visão distinta da Colômbia, não aquela vista na capital.

JOSÉ SALGAR: Vinte, trinta anos depois, o que Gabo fez foi nunca abandonar o jornalismo, mas aplicar seu amor pela literatura ao trabalho jornalístico. Todas as suas obras têm uma base jornalística de exatidão.

EDUARDO MÁRCELES DACONTE: Tudo, de fato — em *Cem anos de solidão*, não vi nada mais que pessoas próximas, pessoas que eu conhecia. Além disso, eu tinha um espaço geográfico muito claro na minha cabeça. Imaginei os movimentos dos personagens enquanto falavam sobre o rio e as valas de irrigação e onde moravam, e não sei bem mais o quê. Imaginei a cidade porque eu estava caminhando fisicamente com ela na minha cabeça. E eu conhecia bem a cidade. Ele menciona muitos lugares. El Prado, por exemplo, onde moravam os gringos. O trem. O rio. Mas, claro, é um microcosmo.

SANTIAGO MUTIS: Li *Cem anos de solidão* na escola, e para mim foi realmente uma revelação. Uma revelação não por causa da literatura, mas porque ele estava contando a respeito do país em que eu vivia. Então li, não sei quantos anos eu tinha, 15 ou 16, e acontece que lia e pensava: "A Colômbia não é Bogotá". A Colômbia existe, e nela se tem uma vida maravilhosa. Ele mostrou uma vida diferente que não é respeitada em Bogotá, de onde sou.

GREGORY RABASSA: Enquanto eu traduzia o livro, também lecionava sobre Cervantes. Via na narração — não com as mesmas palavras, é claro — as mesmas maneiras de Cervantes. É possível tirar uma frase do parágrafo e transformá-la em uma parábola. Gabo e Cervantes fizeram isso. Além disso, Macondo é um lugar imaginário, e isso foi algo que Cervantes também fez. Talvez ele tenha feito isso mais furtivamente, como quando o duque e a duquesa prometem a ilha a Sancho Pança e brincam com isso. É daí que vem o romance. Se alguém deseja escrever um romance, o melhor a fazer é ler *Dom Quixote*.

QUIQUE SCOPELL: E agora eles se atrevem a comparar *Cem anos* a *Dom Quixote*.

18
LIÇÃO DE GEOGRAFIA

Momento que se discute a região que deu origem a Macondo

EDUARDO MÁRCELES DACONTE: Aracataca tem cerca de 5 mil habitantes. Não sei exatamente quantos, mas muitos deles leram o romance. Bem, a leitura é mais emocional quando a pessoa pode reconhecer as coisas. Talvez para outra pessoa possa ser mais intelectual. Mas estou me referindo ao caso de alguém que reconhece a cidade, o lugar e o povo, não é verdade? Há um relacionamento mais emocional, até mesmo sentimental, se você preferir... Para os habitantes de lá muita coisa não é surpresa; na verdade, não é para aqueles que moram na costa. Você sabe, exageramos em um monte de situações, e dizemos coisas, muitas coisas, que, bem... Então acho que se leva tudo de maneira mais natural.

Deixe-me desenhar para você aqui neste guardanapo. Esta é a costa: aqui está o rio Magdalena, aqui está Barranquilla. Santa Marta está aqui. Tudo isto é a Sierra Nevada. Então Aracataca está aqui. Oitenta quilômetros ao sul está Aracataca. Fica nos picos da Sierra Nevada. O rio Magdalena. Aqui está Fundación e aqui está a estrada para Bucaramanga e o interior do país. Consegue ver? De acordo com isto, Mompox fica mais ou menos aqui, nas margens do rio Magdalena, que passa por aqui. Os departamentos do Atlántico e Bolívar, aqui. Riohacha está mais para cá.

Cem anos de solidão é do rio até aqui, do rio Magdalena ao leste, a nordeste da costa. Ou seja, tudo que se tornaria a região de Santa Marta, Ciénaga, a zona de bananeiras e, em seguida, da Sierra Nevada para Riohacha, que é de onde vêm os fundadores de Macondo. Você sabe que Aureliano Buendía matou Prudencio Aguilar em Guajira; depois, há uma espécie de êxodo, e os que saem são os que fundam Macondo. E ele tira isso da história do avô.

PATRICIA CASTAÑO: Na viagem que fizemos para percorrer o itinerário de *Cem anos de solidão*, o biógrafo inglês Gerald Martin e eu fomos de Maicao a Barrancas, Guajira, que hoje é uma cidade importante por causa das minas de carvão de Cerrejón. Devia ter alguma coisa naquela época também, porque o coronel Márquez deixou Riohacha para ir a Barrancas. Acho que era uma área de colonização, como uma abertura da fronteira. E, talvez, pode ter sido uma cidade rica em bois. Então fomos lá à procura da história da família, a chegada do coronel Márquez a Barrancas. E Doña Tranquilina não vai imediatamente. Isto é, ele vai primeiro. Então, quando Doña Tranquilina chega e eles se mudam para a casa, ele já teve uma série de amantes (parece que ele era terrível). E uma dessas amantes parece ser a mãe de Medardo, que era uma dama de vida fácil.

Entrevistamos muitas pessoas que eram parentes ou conheciam os acontecimentos. Em outras palavras, essa história e a relação dela com a cidade são bem vívidas. Eis algo bastante interessante. Conhecemos um velho, um senhor muito, muito velho, que diz ter testemunhado a morte de Medardo. Diz ele que era bem novo, um menino de 7 ou 8 anos, e naquele momento estava entregando alguma coisa. Chegou à esquina quando o coronel Márquez disparou seu revólver e matou Medardo. Mas a coisa maravilhosa sobre a tradição oral é que nessa noite estávamos em Barrancas, na rua, naqueles assentos que balançavam para a frente e para trás, e a neta de uma das senhoras, que devia ter uns 12 anos, apareceu e disse: "Meu avô me contou a história daquela morte". E então, parada no meio da rua, ela começou a contar, e você não pode imaginar como a história era deliciosa.

Não sei por que não tinha uma câmera comigo. Bem, naquela época as câmeras eram muito pesadas: "E então o coronel Márquez estava esperando por Medardo. Ele sabia disso porque era o dia da virgem padroeira da cidade...". Medardo morava em uma fazenda. "Ele vinha com comida para os animais, porque ia ficar lá por alguns dias, para as festas. O coronel lhe disse: 'Eu tenho que matar você, Medardo'." E então Medardo falou algo sobre a bala de honra, não me lembro. Mas a garota contou como se tivesse acontecido ontem. Acho que está no livro de Gerry [Gerald Martin], mas o que me impressionou foi a tradição oral. Essa garotinha. Era como se estivesse narrando Eurípides, como se tivesse decorado a história de um livro. Isso realmente me impressionou porque aquilo aconteceu em 1907, eu creio, e nesta cidade, em 1993, a história continuava viva.

EDUARDO MÁRCELES DACONTE: Apesar de Aracataca ser quente, é uma cidade nos picos da Sierra Nevada. É por isso que tem "um rio de águas diáfanas que se precipitavam por um leito de pedras polidas, brancas e enormes como ovos pré-históricos", como ele diz em *Cem anos de solidão*. Por quê? Porque é um rio que vem dos campos de gelo de Cristóbal Colón e Simón Bolívar. É o rio Frío, o rio Fundación. É quente, mas ao mesmo tempo, à noite, o tempo esfria por causa da montanha e dos rios e riachos que descem da Sierra. A vegetação é muito densa. Ou seja, é muito bonito por lá.

Há uma estação seca e uma estação chuvosa, o típico clima ao longo da costa. Então, se você for para lá na estação seca, verá que é coberta de pó. Mas tinha de ser chuvoso porque as bananas precisam de muita umidade. Quando há tempestades, são aguaceiros tremendos, como os de "Isabel viendo llover en Macondo" [Isabel vendo chover em Macondo], que são intermináveis.

Aracataca toda está no romance. Há o rio de águas cristalinas, o rio Aracataca, um rio realmente lindo. Porque é assim: tem pequenas praias. E amendoeiras. Amendoeiras ao redor da praça principal de Aracataca. Há o calor. A sesta da tarde. Há todas as pessoas que viajam por Aracataca, que é um ponto de cruzamento. É o lugar dos índios da Sierra Nevada. Muitas pessoas passando. Há o trem. E, bem, ideias. Por exemplo, durante a febre da bananeira na Colômbia, as pessoas dançavam a cúmbia queimando maços de notas como se fossem velas. Isso está no romance.

Você percebe que na narrativa de Gabo o ambiente tem uma grande influência. A superstição desempenha um papel importante. Coisas dessas cidades. Fenômenos naturais. A chuva. O calor. Eles tinham de exercer essa influência. E você sabe que os aguaceiros ali podem durar dois ou três dias, e aquela coisa — quando parece que esferas caíram do céu porque são uns aguaceiros, uns riachos — deve ter tido uma enorme influência sobre ele. Quer dizer, envolvido pelo ambiente ele começa a absorver todas essas coisas que acontecem ao seu redor, que são fenômenos naturais com uma intensidade tropical. Aracataca não tinha eletricidade até pouco tempo atrás. Tinha apenas um pequeno gerador.

Toda essa área que vai de Ciénaga a Aracataca e a Fundación, toda ela é a zona bananeira. É uma terra muito fértil porque é a aluvião da montanha que desce para esse vale, um vale amplo. Aracataca era uma cidade agrícola. Estava começando a ver os avanços das bananas. Todas as plantações de banana estavam aqui nesta região. No início os proprietários viviam lá, havia plantações.

Meu avô, Antonio Daconte, vem da Itália e é uma figura impressionante na cidade. Ele abre uma loja que se chamava Loja de Antonio Daconte. Ele não é qualquer um. Meu avô emigrou da Itália no final do século XIX e veio para Santa Marta. Ele foi um dos primeiros colonizadores de Aracataca; ele chega lá e praticamente ajuda a fundar a cidade. Quando chegou, e quando chegaram os turcos, os italianos, Aracataca era apenas uma pequena aldeia.

IMPERIA DACONTE: Três jovens irmãos chegaram: Pedro Daconte Fama, María Daconte Fama e Antonio Daconte Fama, que permaneceu em Aracataca. Pessoas jovens chegaram. As coisas correram muito bem para ele em Aracataca. Sim. Ele tinha três fazendas lá. E a maioria das casas pertencia ao meu pai. Mas depois ele viajou para a Europa, meu pai. Os demais não viajaram mais.

EDUARDO MÁRCELES DACONTE: Ele chega à cidade, e não sei bem, ou ele trouxe dinheiro com ele ou fez alguns negócios muito bons, porque quando chega monta uma loja imensa e organiza o cinema. Ele tinha uma das maiores casas no que eles chamam de As Quatro Esquinas, que é, por assim dizer, a Times Square de Aracataca. É chamada de As Quatro Esquinas. Era uma imensa casa de esquina. Ocupava um quarto de um quarteirão, eu diria, porque foi no pátio que ele montou o cinema. O cinema. No pátio da casa dele. Havia cadeiras, e ele trouxe as máquinas, e depois, de trem, enviaram-lhe filmes de Santa Marta. Ele tinha seu pessoal que trazia e levava, e havia um projecionista e tudo mais. Ele trouxe os filmes e a radiola. Todas as coisas novas que estavam aparecendo, ele as trazia para Aracataca porque viajava para Santa Marta.

IMPERIA DACONTE: Meu pai nos levava para a fazenda muito cedo para que respirássemos o ar da manhã. Havia muitas bananas-da-terra, e elas caíam, então eles as cobriam, e eu pegava um monte delas.

EDUARDO MÁRCELES DACONTE: Mais tarde, a United Fruit Company chega e adquire muitas fazendas. Apesar de todos os proprietários originais terem sido mantidos, a United Fruit é praticamente transformada em um monopólio de banana na região. São eles que compram as bananas, processam, exportam. Eles têm seus próprios navios.

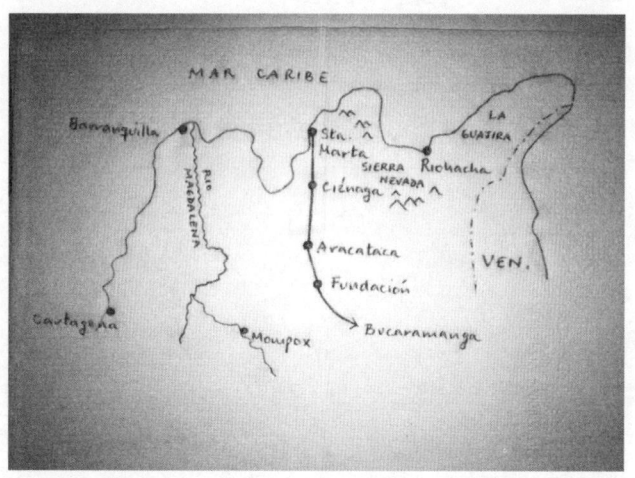

Mapa da região que era originalmente Macondo.

RAMÓN ILLÁN BACCA: Mas é claro que progredir não foi tão difícil em dado momento, pois todas as pessoas que vieram montaram uma loja e depois compraram terras. O valor da terra aumenta novamente em 1947, após a Segunda Guerra Mundial. E as pessoas se descobrem ricas. Isso é o que chamam de febre da bananeira. Minhas tias, as Irmãs Noguera de Santa Marta, já eram ricas antes.

ELIGIO GARCÍA MÁRQUEZ: Para proteger a alta gerência, a United Fruit Company havia construído seus acampamentos, distantes da cidade, no meio das plantações. O de Aracataca era uma espécie de bairro chamado El Prado, com casas de madeira e janelas de juta, para proteger os moradores dos mosquitos, e piscinas e quadras de tênis no meio de um gramado inacreditável. E assim, de um lado, separados pelos trilhos do trem, no meio do frescor das plantações, a cidadela dos gringos, o "galinheiro eletrificado", como García Márquez chama, imune ao calor, à fealdade, à pobreza e aos odores fétidos. Do outro lado, a cidade. Com casas de madeira e telhados de zinco ou simples cabanas de barro com telhados de palha. A cidade onde, atraída de certa maneira pela febre da bananeira, a família Márquez Iguarán veio morar em agosto de 1910.

19
BOOM!

Momento que o romance latino-americano explode, e algumas pessoas pensam que é por causa de Gabo, enquanto outras não concordam

RAMÓN ILLÁN BACCA: Então veio o negócio do boom, e li *Las buenas conciencias* [As boas consciências], de Carlos Fuentes. Tentei recuperar Carpentier um pouco, mas Gabito não estava nisso. A explosão aconteceu em 1967 com *Cem anos de solidão*. Estou falando de todo esse período em que você não assimilou García Márquez e a literatura mágica-fantástica. Quando se falava em mágico-fantástico, pensava-se um pouco em Carpentier, em *Écue-Yamba-Ó!*, em *O reino deste mundo*. Não se associava o termo a García Márquez. Isso veio depois. Muito depois. Para pessoas como eu, que tendiam a ler por impulso, mas de maneira constante.

WILLIAM STYRON: Foi uma contribuição *muito* importante, mas não foi a única. Acho que todos os escritores do chamado boom, incluindo Carlos [Fuentes], Vargas Llosa e um ou dois outros, contribuíram com algo. Cortázar, claro, foi muito importante. Acho que o impacto coletivo deles juntos foi o que foi porque tais escritores acrescentaram algo. Havia a força de suas obras, que levaram a literatura latino-americana para a consciência dos leitores não latino-americanos. Eu diria isso. Acho que o fato importante é que a literatura em língua espanhola era quase inexistente, como Carlos apontou em vários escritos. Não houve praticamente nada depois de *Dom Quixote*. O romance não era uma forma atraente de arte. Não estou incluindo literatura em língua espanhola na forma de drama, de García Lorca e outros. Estou falando de romance, pura e simplesmente. Ele não existia na consciência do mundo até que esse boom atraiu quase por milagre a atenção dos leitores da Europa e dos Estados Unidos.

SANTIAGO MUTIS: Sim, ele é quem quebra a barreira.

WILLIAM STYRON: Muitos viviam no exílio. Com frequência isso se devia ao fato de que os trabalhos deles eram não apenas criticados, mas atacados pelo *establishment* em cada um dos países de onde vieram. Acho que o trabalho de Gabo era proeminente, mas não creio que ele poderia ter existido sozinho. Acredito que seu trabalho precisava do trabalho dos outros que mencionei.

JOSÉ SALGAR: Eu me lembro de quando ele veio divulgar *Cem anos*. Eles vinham para divulgar uma obra e tentar fazer com que ela vendesse muito. Eram meio que relações públicas... Começa o boom!

WILLIAM STYRON: Sim, acho que esta é uma grande verdade: ele era a joia da coroa. Mas não teria existido sem os outros.

GREGORY RABASSA: Não sei se ele foi o paladino ou se as coisas já estavam mudando. Vargas Llosa veio depois, mas Julio Cortázar e Borges já estavam lá. Benito Pérez Galdós,[*] por exemplo, também estava lá, um escritor sólido, mas esquecido. *Doña Perfecta. Nazarín.* Nenhum deles era um discípulo. Estavam todos escrevendo suas próprias coisas. Ninguém escreve como Julio. Ele é o mais internacional. Paris tem muito a ver com isso. Ele escreve melhor que qualquer francês. Parodia todos os intelectuais franceses.

WILLIAM STYRON: É fato que ele era representativo dessa literatura multinacional, por assim dizer. Por isso, não acredito que seja correto afirmar que Gabo levou a literatura latino-americana para a consciência do

---

[*] Benito Pérez Galdós é uma proeminente figura do meio literário na Espanha do século XIX, perdendo apenas para Miguel de Cervantes.

mundo. Embora provavelmente a obra mais famosa do boom seja *Cem anos de solidão*.

SANTIAGO MUTIS: É uma Bíblia. Relata a vida desde o início até o fim. Uma versão dos seres humanos, contada com a verdade das pessoas que são muito colombianas, do que é vivido aqui... O que Gabo tem, e o mundo inteiro ficou grato a ele, é humanidade. É precisamente isso.

GREGORY RABASSA: Minha palavra será uma palavra que não se usa. No meu tempo, na era do *swing*, do jazz, dizíamos *I dig that shit* [gosto disso]. Os brasileiros têm a palavra "jeito". Também pode ser "duende", mas gosto do conceito de "anjo". *Cem anos* tem "duende", e "duende" leva o leitor a "anjo". Claro que acho que Gabo é cervantino. O que ele tem, exatamente? Por que a lua não sai da órbita? Ele tem *jeito* de escritor.

HÉCTOR ROJAS HERAZO: Muitas vezes me perguntaram quem participou com ele do boom, quais dos escritores e romancistas latino-americanos compartilharam com ele o boom. E respondo nenhum. Depois dele, o resto é medíocre. Ele é o verdadeiro criador ali; os demais são indivíduos, homens que tiveram boa publicidade, entre outras coisas. Porque a criação do boom é uma invenção de editores. Os editores criaram isso porque o escritor não podia fazê-lo. Então, quem merece o título de melhor? Ele é... o melhor escritor... isso é inegável.

SANTIAGO MUTIS: Mas, por exemplo, Juan Rulfo não faz parte do boom, nem José María Arguedas. Acho que porque em Arguedas e Rulfo eles viram algo muito duro. E a maior parte da mídia, compelida a demonstrar que pobreza tem a ver com salvação, que todos podemos ser ricos, que a felicidade está em certos objetivos nos quais se aposta em uma loteria. Mas Rulfo é o oposto de tudo isso. Ele é um ser preso entre seus próprios mortos. Mas isso não era tão fácil de digerir, porque Rulfo é o maior de todos. Era Rulfo, Arguedas, Guimarães, Gabo... Agora, acho que a Europa também ficou deslumbrada. Por razões muito válidas. Porque também a Espanha, que sabia contar histórias, esqueceu como fazê-lo. E todas aquelas pessoas eram mágicas em contar histórias... A Espanha estava despedaçada. E em uma história espiritual terrível. E é preciso reconhecer que às vezes a literatura muda de país, e as pessoas que estavam contando histórias e dizendo coisas estavam aqui. E isso também prevaleceu.

GREGORY RABASSA: Parecia latino-americano porque era latino-americano. Mas não parecia nenhum outro livro. Parecia original. Mais denso, ainda que também mais fácil. Estava saindo de campo, jogando fora da quadra. Melquíades! Amei o livro. Dei-o para meus amigos da Índia lerem, aquela parte em que ele diz que o sânscrito parece roupa posta para secar ao sol. Aquele momento em que ele percebe que os ciganos vêm originalmente da Índia. Não acredito que Melquíades tenha vindo da Índia, porque os ciganos não mantiveram raízes na Índia. Mas é óbvio que as raízes ciganas mais fortes estavam na Espanha. Você vê isso em García Lorca. Em Alberti também. E no grande toureiro Belmonte, no México.

ROSE STYRON: Eu tinha lido o livro três ou quatro anos antes de conhecê-lo, quando saiu em inglês. Foi publicado em espanhol no final dos anos 1960, mas não saiu em inglês até 1970. Li quando foi lançado.

GREGORY RABASSA: Eu o traduzi por acaso. Foi também por acaso que me tornei tradutor. Eu estava terminando meu doutorado na Columbia, e com alguns amigos da Columbia e outro do Brooklyn College publicamos uma revista literária chamada *Odyssey*. Eu era responsável por encontrar novas obras da Espanha e da América Latina. Em cada edição, dois países eram escolhidos: dois da Europa e dois da América Latina. Eu ia à biblioteca pública na rua 42 para, em todas as revistas, procurar por coisas que poderiam nos interessar. Escolhemos quatro ou cinco contos e depois tivemos de traduzi-los. Entre eles, lembro-me de Onetti, o uruguaio. Todos tinham nomes italianos. Onetti. Alberti. Eu os traduzi e, uma vez que traduzia todos eles, usava pseudônimos diferentes.

Sara Blackburn era editora de Julio Cortázar em Nova York. Seu marido, o poeta Paul Blackburn, era o agente dele. Julio era desconhecido aqui, embora fosse bem conhecido na Argentina. *O jogo da amarelinha* havia sido lançado com grande *éclat* [estardalhaço] no início dos anos 1960. Sara me ligou, pois conhecia a *Odyssey* e sabia que eu era tradutor. Perguntou se eu gostaria de dar uma olhada nesse romance argentino e traduzi-lo. Respondi que sim, e ela o enviou para mim. Sara me pediu que traduzisse um capítulo como amostra. Fiz o primeiro capítulo e mais um e os encaminhei. Ela gostou. E depois Julio também gostou. E disse que gostaria que eu traduzisse o livro. Eu disse a ele que o faria, embora eu nem o tivesse lido ainda. Então defendi que essa era a melhor maneira de traduzir. De passagem. Sem ter lido o romance.

MARÍA LUISA ELÍO: Daqui ele escreve aos escritores famosos da época. Um era Vargas Llosa e o outro era argentino, qual era o nome dele?... Cortázar. Escreve e envia o romance para ver o que acham dele. Estava concluído, mas ainda não havia sido publicado. E os dois responderam maravilhados, espantados, como se estivessem dizendo: "O que achamos? Nós é que temos de nos perguntar".

GREGORY RABASSA: Então Julio e Gabo se encontraram em Paris. Eles eram amigos, e Gabo precisava de um tradutor para *Cem anos*. Eles se conheceram graças à política. Eram latino-americanos exilados em Paris trabalhando por certas causas esquerdistas. E, também, um lê o trabalho do outro. Ele me queria como tradutor, mas eu estava ocupado com outra tradução. Eu disse a eles: "Deixem-me terminar com Asturias". Acho que era Asturias, embora pudesse ter sido Clarice Lispector. Eu tinha acabado de voltar do Rio, de me divorciar, de me casar novamente, e foi quando voltei que me deram a notícia de que *O jogo da amarelinha* havia ganhado o National Book Award. Naqueles tempos, eles premiavam traduções. Agora, não. E ganhei o prêmio. Mas não me lembro de terem me dado dinheiro.

Em suma, José Guillermo Castillo, um escultor venezuelano que também estava envolvido com literatura, era o conselheiro literário do que é hoje a Americas Society. Ele fez uma grande campanha com os editores aqui e obteve o dinheiro para traduzir livros latino-americanos. Foi ele quem obteve o dinheiro para o livro de Gabo com Cass Canfield Jr., que era editor e filho de Cass Canfield, um dos fundadores da Harper & Brothers, depois Harper & Row. Eles haviam contratado *Cem anos* e investido na tradução. Eles deram o dinheiro ao centro e o centro me pagou. Sem royalties. Tradutores não recebiam royalties. Isso nem sequer me ocorreu. Não tinha um agente. Suponho que eu deveria ter tido um agente, mas isso complicava tudo. Quando o livro foi lançado, foi o fim disso.

PLINIO APULEYO MENDOZA: Em março de 1968, Gabo me conta da sensação que teve ao testemunhar, quase com surpresa, o enorme sucesso de *Cem anos de solidão* na Itália.

GREGORY RABASSA: Não acho que tenha sido mais de 10 mil dólares. Claro, naquela época a quantia valia mais do que agora, mas eles certamente poderiam ter me dado mais. Mas foi feito dessa maneira. Cass me pagou royalties pela edição do Book of the Month Club [clube do livro do mês], que não existe mais, o que equivalia a pequenos pagamentos de trezentos ou quatrocentos dólares por ano, não muito. Mas então acordei. Na última tradução que fiz, consegui habilmente um autor morto: Machado de Assis. Então eu sou Machado de Assis. Todos os royalties vêm para mim.

MARGARITA DE LA VEGA: Quando cheguei aos Estados Unidos, em 1974, eu ia às livrarias para ver onde estavam os livros de García Márquez e colocá-los no lugar certo. Porque estavam sempre na letra *M*, e ninguém entendia que precisavam estar no *G*. Acho que até mesmo em uma biblioteca eu os vi no *M*. Nos Estados Unidos, acham que García é o segundo nome e que Márquez é o primeiro sobrenome dele.

GREGORY RABASSA: Acho que a tradução me tomou menos de um ano. Eu morava em Brooklyn Heights e tínhamos uma casa de praia em Hampton Bays. Ali havia uma varanda muito agradável, e era onde eu me sentava com o livro. Era a edição com os elementos roxos, brancos e vermelhos. Datilografava na minha Olympia, a qual eu ainda uso, embora me demore um pouco mais do que antes. Tinha comigo o original e um dicionário. Tirei uma cópia. Mandei as páginas finalizadas para Cass, para que ele começasse a editá-las. Não, não foi como se eu pensasse que havia escrito o livro. Mas achei que a tradução estava fluindo. Foi tudo que pensei. Depois você começa a pensar, mas enquanto traduz se concentra apenas nas palavras. Foi bem fácil. Posso ser um pouco místico agora e dizer que ele estava me dizendo o que escrever por meio da palavra que ele havia escolhido. Para a palavra que ele usara em espanhol, existia apenas um equivalente perfeito em inglês. Não que eu o esteja elogiando, não sou de elogiar. Mas ele escreveu bem. O livro saiu imediatamente, e ele ficou famoso. Muito rápido. Acho que o continente ficou satisfeito por alguém enfim ter começado a representá-lo. Ele foi o primeiro escritor a receber atenção mundial, e trouxe um grupo inteiro de pessoas com ele.

SANTIAGO MUTIS: Que idade Gabo tinha na época? Era 1967. Gabo nasceu em 1927, 1928. Ou seja, tinha 40 anos. Depois de *Cem anos*, outra pessoa começa a aparecer.

GREGORY RABASSA: Eu o conheci quando ele estava em Nova York. Seus filhos eram muito novos. O livro tinha acabado de sair, ele teve de participar de alguma reunião e conversamos um tempo no hotel. Não me lembro qual. Um desses hotéis tradicionais da cidade. Clem, minha esposa, chegou um pouco tarde porque estava lecionando naquele dia. Não tínhamos muito a dizer um ao outro. Fazia bastante calor, e os momentos de amizade iam e vinham, mas eu não o conhecia como conhecia Julio. Ele não é como Julio, uma pessoa aberta. Gabo é mais reservado. E havia outra diferença entre eles. Julio era uns bons centímetros mais alto.

SANTIAGO MUTIS: Não se pode pensar que a fama não exerce influência, mas, se você está isolado, fica sozinho com seu problema. Então acredito que Gabo se submeteu a isso. Não! Submeteu-se, não. Ele foi atingido. Isso o atacou como um animal, como um touro. E então pouco a pouco, lentamente, outro personagem começou a aparecer. Ele não está mais lá.

20
GABO É ADJETIVO, SUBSTANTIVO, VERBO

Momento que García Márquez é transformado no famoso autor de Cem anos de solidão

RAMÓN ILLÁN BACCA: Há "gabolatria" por parte de críticos, comentaristas e jornalistas, e eles criam uma presença avassaladora e definitivamente esmagadora. Sobretudo para nós, que viemos depois e estávamos tentando escrever. Todos aspiravam a escrever o outro romance que definiria uma época. Até me lembro de que no livro de Aguilera Garramuño — *Breve historia de todas las cosas* [Breve história de todas as coisas] era o título — havia uma faixa, um adesivo, que dizia: "O sucessor de *Cem anos de solidão*". Tudo era vendido assim. *Ay!* Os estragos do "garciamarquismo".

JOSÉ SALGAR: Acredito que ele influenciou tudo. Exerceu má influência na geração imediatamente após a dele. Algo semelhante ao que aconteceu com Watergate. Depois de Watergate, todos os jornalistas profissionais se sentiram obrigados a derrubar seus presidentes. Quando Gabo teve o grande sucesso com o boom literário latino-americano, todos os jornalistas acreditavam que eram obrigados a escrever melhor que ele para obter sucesso. E muitos deles pensaram que Gabo era um escritor ruim e que escreviam melhor, então começaram a imitá-lo.

RAMÓN ILLÁN BACCA: Lembro-me de Juan Gossaín, jornalista que adquiriu boa dose de prestígio escrevendo como García Márquez. Ficou muito claro que ele "garciamarquiava" o tempo todo.

QUIQUE SCOPELL: Eu me recordo de um dia na casa de Nenê Cepeda em que Gabito disse a Gossaín para parar de imitá-lo.

JOSÉ SALGAR: É um desenvolvimento normal. Eu perco o fio da meada com Gabo, e ele começa a tornar seu próprio personagem diferente, mas retorna rapidamente para a Colômbia. Ele nunca perdeu a conexão com o jornalismo, exceto por aqueles cinco anos. Até que todos nós de repente o convencemos, Guillermo Cano sobretudo, a escrever suas colunas. Ele começou com uma sobre um ministro brilhante; ele escrevia de onde quer que estivesse e mandava na hora certa, mas agora ele era um Gabo diferente.

RAMÓN ILLÁN BACCA: Então veio o estouro ao redor dele. Quando ele se torna Gabriel García Márquez. Então todo mundo tenta saber coisas sobre o sujeito, certo? Havia até os "gabólatras". A gabolatria começou, e ela ainda existe, é claro. Em toda parte. Aqui havia pessoas como Carlos Jota, que estava envolvido na gabolatria e começou a anotar fatos sobre García Márquez, a confrontar informações; se ele esteve aqui, se esteve acolá. Foi um pouco depois que chegou Jacques Gilard, o francês...

MIGUEL FALQUEZ-CERTAIN: Jacques Gilard veio para a Colômbia em 1977, talvez. Quando chegou, entrou imediatamente em contato com Álvaro Medina, uma vez que já tinha referências dele, e o ajudou a encontrar todos os materiais de pesquisa necessários para escrever sua tese de doutorado sobre García Márquez e seus amigos de La Cueva, a quem Gilard mais tarde batizaria de o Grupo de Barranquilla.

RAMÓN ILLÁN BACCA: É quando me envolvo na história complicada. Volto do interior, retorno à costa, e depois ouço coisas sobre ele, conheço Jaime García Márquez, seu irmão, sim, mas eu não era um gabólatra. Não tenho muito interesse em buscar informações.

FERNANDO RESTREPO: Quando volto à Colômbia, a figura de Gabo aparece sempre entre nós, e a primeira coisa que fazemos é produzir *O veneno da madrugada* para a televisão. E é aí que nasce o verdadeiro interesse de Gabo pela mídia visual. Começamos a conversar muito, bastante mesmo, sobre a possibilidade de seus enredos serem adaptados para a televisão. O *veneno da madrugada* foi a primeira obra de Gabo levada à televisão, à tela.

RAMÓN ILLÁN BACCA: Bem, todo grande autor realmente desperta bastante interesse, não apenas por sua obra, mas também por sua pessoa. O que não foi escrito sobre Thomas Mann? Outro dia li uma longa biografia dele.

Até mesmo por autores menores de repente um grande interesse é despertado.

Por exemplo, há um personagem que chama muito minha atenção, Somerset Maugham. Eu, por exemplo, leio quase todos os textos que encontro sobre Somerset Maugham. Se isso se faz com um autor menor, como será com os autores cuja presença é tão imponente?

NEREO LÓPEZ: Ele não foi um escritor que se fez na Colômbia. Ele morou em Paris e na Cidade do México, mas a Colômbia...

FERNANDO RESTREPO: Retorno a Bogotá em 1968, vindo da Europa. Então me deparo com a presença de Gabo em todos os lugares.

QUIQUE SCOPELL: Garanto a você que, se perguntar a um desses sujeitos da capital, eles não entendem metade do romance. E não entendem porque se trata de um romance regional sobre Barranquilla, sobre a costa. Porque a Colômbia tem três regiões: a do Paisa, a do Cachaco, ao redor da capital, e a nossa, que para eles é a região dos ignorantes. Metade dos *cachacos* não entende o livro porque não consegue imaginar que um homem faria as coisas que o romance diz. É um romance completamente regional. Nada é imaginado.

SANTIAGO MUTIS: Esse é um mundo vivido por ele, o qual não trago em mim. Sou da cidade. Tenho uma vida familiar totalmente diferente. Minha educação foi diferente.

EDUARDO MÁRCELES DACONTE: É difícil. Não só para uma pessoa de Aracataca, mas para qualquer escritor. O que Gabo marcou na literatura é um ponto muito alto, por isso muitas vezes sente-se que... Como posso dizer? Ele é uma figura que de alguma forma tem peso dentro da trajetória literária não só da costa, mas da Colômbia. Claro, do mundo também, mas vamos pelo menos deixá-lo ali. Então é um preço muito alto que nós escritores daquela região pagamos, embora, de todo modo, sejamos repletos de admiração.

SANTIAGO MUTIS: Gabo perpassou quase toda a minha vida. Os primeiros livros que li foram de Gabo, e Gabo continua sendo uma influência importante; então o relacionamento com ele tem sido real. Em qualquer pessoa da minha geração que escreve isso é algo permanente, porque desde que começou a ler até se tornar adulto, até se tornar escritor, Gabo está presente. Não se pode negar isso. Ele é uma presença tremenda. Mas reler seus livros agora também é bastante diferente, digamos, de quando o fizemos quando meninos. Quando meninos, *A revoada* ou *Ninguém escreve ao coronel* é a verdade. Que maneira intensa de abordar a vida e a literatura! A partir desse momento, você começou a trilhar seu próprio caminho. A única coisa que é uma influência é que procuramos ter a mesma intensidade com as coisas, mas agora com as próprias coisas. Essa é a lição. A intensidade dele. Quanto se pode exigir de si mesmo. Mas com coisas próprias. E cada pessoa tem as suas.

ROSE STYRON: Bill conheceu Gabo com Carlos Fuentes na Cidade do México. Em uma festa enorme, onde ambos estavam, mas eu não tive a chance de conhecê-lo e conversar com ele até 1974. Eu realmente não sabia que ele estaria lá. Eu estava no Chile na época do golpe e voltei no início de 1974. Acho que isso foi no final do ano, em 1974. Mas pode ter sido em 1975. Foi durante um dos tribunais de Bertrand Russell e uma conferência de alguns chilenos proeminentes que haviam sido presos por Pinochet e finalmente tinham sido libertados: cantores e diplomatas, todos os tipos de pessoas. O tribunal os levou ao México. Então voei para a Cidade do México para conhecer Orlando Letelier, que acabara de chegar, sem saber que Carlos e García Márquez também estariam lá. Éramos todos ativistas na época, e todos anti-Pinochet. Todos nós estivemos envolvidos no fiasco chileno no ano anterior. Foi assim que nos encontramos, e então nós três nos tornamos bons amigos, e desde então passamos bastante tempo juntos.

QUIQUE SCOPELL: Além disso, uma pessoa que teve o início dele, tão humilde... Como já disse, para mim isso não é pecado ou ofensa. Ao contrário. Ele é um sujeito tenaz. Honesto. Porque foi honesto a vida toda.

Um trabalhador. Persistente em seu trabalho. O que mais se pode exigir de um homem? Pode-se ficar furioso com ele como pessoa. Não como um homem literário, mas como pessoa. Ele merece. Aquele lugar que tem na vida, ele trabalhou para isso.

EMMANUEL CARBALLO: Há dois García Márquez: antes de *Cem anos* ele era uma pessoa totalmente comum, e depois de *Cem anos* ele passou a ser outra pessoa...

D.C. depois de *cien años de soledad*

Tudo isso foi para o inferno. Uma média de três lagartos caem em mim todos os dias, vindos de toda a América Latina, e por isso após o verão nos mudamos para um apartamento secreto. Todos eles vêm me contar sobre sua conexão com a angústia do mundo e depois me deixam originais de oitocentas páginas. Se isso é glória, prefiro desfrutá-la quando eu for uma estátua.

Gabriel García Márquez em uma carta a Alfonso Fuenmayor escrita em Barcelona

Gabo e Fuenmayor em Barcelona.

21
RICO E FAMOSO

Momento que García Márquez paga suas dívidas e distribui dinheiro

MARÍA LUISA ELÍO: Eles vão para a Espanha e passam alguns anos lá. Quando ele volta e eu o vejo, não se pode sair com ele. Eu, que não tinha voltado para a Espanha, voltei para vê-los. E, sim, ele já era famoso. Na Espanha, já era uma celebridade.

CARMEN BALCELLS: A partir de 1967 ele se estabeleceu em Barcelona, e lá eu o via praticamente todos os dias e participava de suas ideias e de todos os seus projetos. Como se ele fizesse um ensaio particular, para ver como eu respondia e reagia.

GUILLERMO ANGULO: Quando está prestes a escrever *O outono do patriarca*, decide ir para um lugar onde um importante patriarca ainda governava; isto é, foi em busca de Franco. Para Barcelona. Estar no ambiente de Franco, vendo como ele era, como Franco era. Depois disso, também estudou outros ditadores. Ou seja, *O outono* é provavelmente mais centrado no venezuelano Juan Vicente Gómez. Mas ele analisou todos os ditadores da América, em particular Rafael Leónidas Trujillo, da República Dominicana. E me contou algo sobre Trujillo que nunca usou, porque, claro, ele levanta muito mais informações do que acaba usando. Eis que Trujillo um dia estava andando com seus guarda-costas e viu um homem velho, um colega de classe, embora mais velho que ele, e comentou: "Fulano ainda está vivo". Mais tarde, seus guarda-costas lhe disseram: "Não mais".

MIGUEL FALQUEZ-CERTAIN: Ele sente falta do Caribe e retorna a Barranquilla supostamente para encontrar o cheiro de goiaba podre.

JUANCHO JINETE: Quique alugou a própria casa para ele, que foi para lá com Mercedes e os filhos. Ele escrevia ali... Mas, como estou dizendo, ele estava se afastando.

QUIQUE SCOPELL: Não, não estávamos tão bravos a ponto de nunca mais nos falarmos, mas nos distanciamos pelas razões que todos se distanciam: por causa de dinheiro ou de mulheres. Esta é a única razão pela qual você se distancia de alguém, por causa de dinheiro ou de mulheres. Não há outro motivo.

JUANCHO JINETE: Ele já era García Márquez. Mas ainda não era ganhador do Nobel.

QUIQUE SCOPELL: Ele ainda não era García Márquez. Estava a meio caminho de se tornar García Márquez. Mas ainda não era. Eu estava morando na minha casa, e Álvaro me disse: "Não me venha com essa, Quique, Gabito está isolado. Saia do seu estúdio, vá para a casa da sua mãe. Ele vai pagar você. Ele vai ganhar muita grana com o livro que está publicando. Vai ganhar muita grana e vai pagar você". É por isso que deixei minha casa e a aluguei para Gabito. Então, quando cometi o erro de acusá-lo, ele ficou com raiva de mim porque eu o estava acusando. "Não me venha com essa, seu *filho da mãe*, você me deve dinheiro. Você morou na casa por dois anos e não me pagou". No final, ele me pagou. Nós dois estávamos com raiva, mas a raiva passou.

MARÍA LUISA ELÍO: Quando ficou rico, ele finalmente pagou o açougueiro por toda a carne que ele lhe vendera fiado.

CARMEN BALCELLS: A relação com o dinheiro é fundamental, não só para Gabo, mas para todo mundo. Então, quando você não tem nada, você faz de tudo para obter dinheiro. Quando tem algum, dificilmente sofre por causa de dinheiro, e, quando tem o suficiente, talvez mais do que o suficiente, pode saciar seus caprichos e não fazer nada mais apenas por dinheiro.

Na verdade, ele gostava dos melhores restaurantes e do champanhe da melhor qualidade. Tivemos muitos jantares memoráveis. Não lembro quem pagou a conta. Certamente paguei apenas por uma razão, porque Gabo não gostava de pagar as contas e me dizia: "Kame, pague a conta e acrescente ao que lhe devo".

ARMANDO ZABALETA: Li no *El Espectador* que García Márquez ganhou o prêmio Rómulo Gallegos, no valor de 100 mil bolívares, e deu o dinheiro a alguns políticos presos. Então ganhou outro prêmio no valor de 10 mil dólares, e deu o dinheiro a outro prisioneiro. E eu... eu gosto muito da cidade onde García Márquez nasceu e conheci bem a casa onde nasceu: o pátio estava cheio de ervas daninhas e arbustos. A única diferença era a frente, havia meia fachada ali. Vi a condição da casa onde nasceu — estava abandonada — e a cidade precisando de um aqueduto, de um hospital, de uma escola secundária... E ele dando o dinheiro a outros. Por causa disso escrevi uma música. Ela diz:

> *O escritor García Márquez*
> *O escritor García Márquez*
> *Temos de fazê-lo entender*
> *Que a terra onde se nasce*
> *É nosso maior querer*
> *E não fazer o que ele fez:*
> *Sua cidade abandonou*
> *E está deixando ruir*
> *A casa onde nasceu.*

JUANCHO JINETE: Ele veio para a Colômbia e disse que tinha dado o dinheiro do prêmio da Venezuela para a guerrilha, para a revolução. Quando aquela coisa com os guerrilheiros começou aqui, houve um desentendimento com um menino em Bogotá, em uma manifestação. Uma fotografia com eles incendiando a universidade deu a volta ao mundo; o rapaz correu para fora e jogaram coisas nele. E Gabo escreveu que ele estava participando da revolução. Então, Pacho Posada, que era um conservador e editor do *Diario del Caribe*, veio e descobriu isso, e escreveu um editorial que dizia que era fácil vir e fazer a revolução dessa maneira. De longe. Agora ele tinha dinheiro. Agora era famoso. Tinha um flat, *piso*, como dizem em Barcelona, e não sei mais o quê. Pacho lhe enfiou um editorial goela abaixo. Pacho disse a ele: "E por que você não vem e faz a revolução aqui? Venha, venha para cá". Ele até me disse: "Você vai para a Cidade do México com uma câmera e vai fotografar a casa que ele tem. Droga! O que é isso? Você viu?". Por fim, Alfonso Fuenmayor foi até Pacho e disse: "Não, Pacho, deixe isso para lá". Mas Pacho lhe deu uma dura: "Ele escreve para todos aqueles ditadores... Assim mesmo, delicioso... Eles o hospedam na casa do presidente".

EMMANUEL CARBALLO: Sua amizade com Fidel Castro me incomodou muito, muito mesmo.

WILLIAM STYRON: Acho que Fidel admira Gabo porque ele é um grande escritor. E isso não é um fenômeno estranho. Trata-se de atração e respeito mútuos. Não só por causa de sua grande obra literária, mas porque Gabo tem uma mente fascinante e porque Fidel compreende o respeito e a admiração que Gabo tem por seus princípios revolucionários. De certo modo, Fidel representa *O outono do patriarca*. Eles têm um relacionamento inspirado mutuamente, baseado em princípios comuns, e isso moldou um tipo de amizade que não requer explicação.

JUANCHO JINETE: Todos os tipos de gringo caíram aqui, estrangeiros também, então os levamos em um jipe e mostramos a região a eles. Alguns nos pediriam para conseguir maconha; foi na época da febre da bananeira.

EDUARDO MÁRCELES DACONTE: Aracataca mudou, é claro. García Márquez a colocou no mapa. A vida mudou lá porque os turistas começaram a visitar a cidade. Então tiveram de construir um novo hotel. Tiveram de abrir mais restaurantes. A economia da cidade melhorou. De um jeito ou de outro, as pessoas que vão até lá gastam dinheiro, almoçam, hospedam-se num hotel. Por tudo isso a casa em que nasceu se tornou um museu. Reconstruíram a parte de trás da casa. A frente é como uma daquelas casas reconstruídas, porque a original (parece que foi feita de barro) desmoronou. Então construíram uma de materiais sólidos, na frente. Nos fundos, deixaram a cozinha e muitas outras coisas do jeito que estavam quando ele nasceu. Sempre vou visitar Aracataca. Minhas tias e primos moram lá. Tenho tantos primos agora que, quando me chamam "Primo!" na rua, respondo "Primo!" ou "Prima!" sem saber quem são, porque são primos de primos. São tantos quanto os Buendía.

ARMANDO ZABALETA: Depois que compus a música, esbarrei com ele em Valledupar. Ele me cumprimentou e disse: "Gostei. Sua música é muito boa, parabéns. Fiquei bastante aborrecido por uns três meses, com a maneira como as pessoas estavam inquietas, mas depois o furor sobre o assunto começou a passar, e comecei a me acalmar. Eu queria responder à sua música com meu próprio *vallenato*, mas não encontrei um compositor na Colômbia que pudesse escrever uma música que fosse melhor. E então tudo passou". Então me parabenizou e convidou para almoçar em um dia de celebração. E ele estava muito feliz comigo, sim, estava. Cantamos na casa de Darío Pavajeau, em Valledupar. Fizeram uma festa lá por causa da nossa reunião. Ele gosta muito de música *vallenato*. Eu o conheci em Aracataca quando ele não era tão famoso como agora. E depois de *Cem anos de solidão* o vi novamente. Ele é sempre o mesmo. Um sorriso e tudo mais. Sempre me diz: "Maestro, isso é bom, isso é elegante".

Em Valledupar, ele disse: "Estou convidando você para passar um tempo comigo, para me acompanhar estes dois dias aqui em Valle". Então o acompanhei e também a um dos irmãos Zuleta, que estava conosco. Foi uma festa de dois dias. Uma grande festa. Para onde quer que o convidassem para almoçar ou jantar, ele chamava Emiliano Zuleta, o velho, e a mim. O programa era dele, e íamos junto. Eles preparavam uma refeição, uma refeição típica. Bode. Guisado. Peixe. Frango. Sempre faziam isso como se fosse uma festa, cantando com um tambor, uma *guacharaca* e um acordeão. E cantando como numa verdadeira festa de *vallenato*. *Vallenato* não é para dançar, mas para ouvir. O elegante é que eles improvisam. Quando a festa está no seu melhor, improvisa-se e ouvem-se os versos. Ninguém dança. Porque essa música, seu brilho, é para escutar, para ouvir as palavras e a quem as palavras são direcionadas. Porque a música ali é *costumbrista*.* Conta a história de um personagem do departamento de Cesar. Na região, pelo menos, a música é composta para um indivíduo.

EMMANUEL CARBALLO: O García Márquez que eu conhecia era um menino modesto e não estava interessado em fazer as pessoas falarem maravilhas sobre ele, e, quando ele publicou o romance e experimentou o incrivelmente grande sucesso de *Cem anos*, eu não voltei a encontrá-lo. Não o vejo há anos. Ele se tornou famoso e pedante, e o pedantismo e o

---

* Costumbrista refere-se à representação da vida cotidiana na arte espanhola e latino-americana.

sentimento de ser importante me incomodam muito. Eu não o procurei de novo e ele não me procurou. Certa vez, quando ele veio do exterior, quando já era muito chique, veio me ver no meu escritório, numa editora que eu tinha, e ele não era mais o mesmo. Nós nos conhecemos em determinado momento da vida e fomos muito bons amigos. Depois, não. Ele estava atrás de outras coisas, e eu também. Fama, reconhecimento, entrar num lugar e as pessoas dizerem: "Lá vem García Márquez". Mas o que estou dizendo é bonito porque, sem ter mais uma amizade, continuo tendo boas lembranças daquele momento da vida.

ALBINA DU BOISROUVRAY: Conheci Gabo García Márquez quando fundamos a revista *Libre* em Paris, em 1971. Eu conhecia Juan Goytisolo, o escritor espanhol que era bem vanguardista, e naquele ano ele veio a mim porque tinha a intenção de reunir todos os escritores do boom latino-americano, fossem esquerdistas ou direitistas, numa revista literária. Muitos deles viviam em Paris, outros, não, mas visitavam a cidade com frequência, porque Paris era o centro intelectual e literário da época. Goytisolo queria que seu propósito não fosse uma política nacional tão diferente, mas que acabasse com o imperialismo norte-americano na América Latina em todos os níveis: econômico, intelectual, cultural. Ele veio até mim porque eu já estava envolvida em diversos movimentos que eram muito 1968 e dei a eles algum dinheiro, e ele me pediu para financiar a revista, que não custava muito. Eu achava a ideia fantástica, não apenas para promover a cultura e a literatura latino-americanas, mas para juntar escritores famosos — como Gabo — àqueles que não eram conhecidos, como um paraguaio cujo nome não consigo lembrar. Juan escolheu Plinio Mendoza, a quem eu não conhecia, como editor. Plinio trabalhava na embaixada colombiana em Paris, ou seja, ele já estava lá, e, além disso, Plinio é uma pessoa muito meticulosa, muito precisa em tudo, daquele jeito colombiano, bogotano; àquela maneira de dândi inglês. Juan o considerou a pessoa perfeita. A ideia era lançar quatro edições naquele ano. Plinio fez uma lista de escritores, e a comissão decidiria se os incluiria na edição. Eu estava no comitê. Lembro que tinha um que não foi aprovado porque estava na extrema direita. Se bem me lembro, foi Guillermo Cabrera Infante. Sim, Cabrera Infante. Mas havia dois que Plinio disse que precisávamos incluir. Gabo e Octavio Paz. Se tivéssemos esses dois, fabuloso, conseguiríamos os demais. E esses eram eles dois. E era verdade. Depois deles vieram Vargas Llosa e Cortázar, que moravam em Paris. Não havia muitas mulheres. Eu me lembro de Claribel Alegría.

Tudo começou de maneira perfeita. Plinio pediu informalmente aos escritores que escrevessem ensaios, e foi nessa época que conheci Gabo. Para mim, Gabo era o grande autor de *Cem anos de solidão* que a [editora] Seuil havia publicado, creio que foi Severo Sarduy quem o levou à editora para que eles traduzissem *Cem anos*, ou seja, eu queria muito conhecê-lo.

Plinio trouxe os escritores para que eu me encontrasse com eles. Além disso, no início, os escritórios da revista ficavam na sala do meu apartamento na *rue* du Bac. Depois nos mudamos para a *rue* du Bièvre. Como naqueles dias não tínhamos muito acesso a imagens de pessoas, eu não fazia ideia de como era García Márquez, e lembro que quando o vi pensei que fosse uma combinação de um porco-espinho com um ursinho de pelúcia. Vargas Llosa e Cortázar sempre estavam impecáveis. Ele, não. Nada a ver com os escritores que eu conhecia, como Bill Styron. Ele era a imagem que eu tinha do que se espera de um grande escritor. Além disso, senti que era extremamente tímido. Lembro que, na primeira vez em que falei com ele, Gabo não se mostrou receptivo, mas, ao contrário, bastante cauteloso. Como se estivesse perguntando a Plinio: "Quem é essa mulher? Para onde você me trouxe?". Não sei, mas ele não era muito comunicativo. Gabo nunca foi muito extrovertido, e sempre senti que existia uma boa dose de timidez nele. Senti que ele era uma contradição, havia certa insegurança em relação ao seu lugar, e, ao mesmo tempo, ele tinha um ego enorme, conhecia muito bem a pessoa que havia se tornado como escritor. Então ele era uma grande contradição. Não era alguém com quem você pudesse se sentir totalmente confortável. Era necessário ziguezaguear ao redor das áreas sensíveis dele, era necessário ter cuidado para não ferir os sentimentos ocultos que estavam lá, mas que ele não mostrava. Ele era precisamente solidão e companhia. Uma pessoa solitária com um pressentimento de quem era, mas que ao mesmo tempo precisava dos amigos e procurava carinho e admiração.

MAURICIO MONTIEL: Quando García Márquez decidiu fundar a revista *Cambio*, na Cidade do México, em meados dos anos 1980, eu fui o editor da seção de cultura. Várias vezes fomos almoçar, e ele nunca me deixou pagar. Um dia eu lhe disse que, se não me deixasse pagar, eu não comeria mais com ele. E ele disse tudo bem. E escolheu aonde queria ir. No final da refeição, quando a conta chegou, ele a tirou da minha mão e disse: "Olha, desde que nos sentamos nesta mesa, vendi milhares de exemplares de *Cem anos de solidão*. Quantos livros você vendeu?".

JUANCHO JINETE: Lembro que me afastei de Gabito porque ele disse que Nenê e eu éramos lacaios de Santo Domingo e coisas do tipo. Mas sabe de uma coisa? Gabo é uma boa pessoa, porque minha sobrinha se encontrou com ele em um voo há não muito tempo, foi até ele e disse que ela era minha sobrinha, e Gabo a convidou para viajar na primeira classe.

22
A MORTE DOS CINCO REIS

Momento que várias teorias são discutidas sobre a relação de García Márquez com os mortos

FERNANDO RESTREPO: Havia inúmeras situações que o preocupavam muito. Muito, muito. Muito nervoso. Aquelas fobias e medos que ele demonstrava. Como não querer ficar em uma casa onde alguém morreu. Não havia a menor chance de que isso acontecesse.

GUILLERMO ANGULO: Não sei se você sabe o que significa *"pava"*. *"Pava"* é um termo complicado... Os intelectuais da Venezuela inventaram a expressão: "Isso é mesmo *pavoso*, meu amigo", quando os venezuelanos eram ricos em petróleo — naturalmente, essa riqueza dos novos-ricos significava que possuíam coisas de muito mau gosto. Os intelectuais diziam para se proteger, a fim de não ter ou fazer coisas de mau gosto.

Você sabe qual é o cúmulo de *pava*? Servir bucho em uma taça. Então *"pava"* tem duas conotações. É o que chamamos aqui de *lobo*. O *lobo* colombiano, o *lobo* bogotano é um pouco classista. Usar a palavra *"lobo"* aqui é bem-educado; muito, muito educado em suas origens, porque sempre houve uma burguesia bem-educada aqui. Vem de *"lupanar"*, os bordéis de baixa renda em Roma. *"Lobería"*, portanto, tem a ver com as garotas baratas oferecidas pela madame. Quando a classe alta fala sobre essas coisas, refere-se a elas como amantes, e não há nada de ruim nisso. Mas dizer que uma garota é uma *loba* é colocá-la para baixo, menosprezando-a. Então, obviamente, *loba* está no nível de sua educação, no nível da sua classe, e isso foi o que *lobo* se tornou. Em Cuba é *"picúo"*. No México é... como é mesmo? Eu deveria saber porque meus filhos me chamam assim. É algo que soa como se fosse indiano. *"Naco"*. Bem, como eu estava dizendo, Gabo escreveu sobre *pava*. Então a conotação venezuelana é que coisas de mau gosto trazem azar, e isso é *pava*. Alguns de seus personagens têm *pava*. Em sua vida cotidiana, ele acredita em *pava*. Ele teme a morte cada vez mais e acredita em uma série de coisas em que os outros não acreditam. Em sal e em todo tipo de presságio. Acredita em tudo isso.

FERNANDO RESTREPO: Ele se hospedou várias vezes em nossa fazenda em Zipaquirá. Nossa fazenda está acima das minas de sal em Zipaquirá. Até que é grande, mais de trezentos acres, e a casa é relativamente velha, com mais de oitenta ou noventa anos; meu sogro a construiu. Então Gabo foi para lá porque queria refazer os passos de sua estada ali na época em que era estudante.

A primeira coisa que exigiu foi que lhe contássemos toda a história do local, porque ele era extremamente supersticioso. Ele considera todas essas coisas terríveis, como ele nos disse, e era incrível quão supersticioso ele era sobre esse tipo de coisa. "Pessoas morreram na casa?", perguntou ele. Porque ele disse que, se tivesse havido mortes, ele não ficaria. Então garanti que ninguém havia morrido na casa. Eu era absolutamente virgem nesse tipo de situação. Mas ele levou a sério. Achei que fosse uma piada, mas era *muito* sério. Se eu tivesse dito a ele que alguém havia morrido lá, ele não teria ficado na casa. Isso de fato me surpreendeu, porque pensei, a princípio, que ele estava fazendo uma espécie de comentário irônico. De modo algum. Sua superstição sobre esse tipo de coisa era profunda.

MIGUEL FALQUEZ-CERTAIN: *Pava* leva a extremos patológicos. Quando Alfonso Fuenmayor estava morrendo, ele não foi vê-lo, o amigo que tirou o pão da própria boca para alimentá-lo.

QUIQUE SCOPELL: Na minha opinião, quem morre já está ferrado. Essa é uma frase de Álvaro Cepeda: "Quem morreu já se ferrou". Por que se lembrar de mais alguma coisa? Se mamãe morreu, a gente vai ao cemitério... Que flores ou que outra merda qualquer! Se ela morreu, ela morreu. O que mais se pode levar?

JUANCHO JINETE: Vamos dizer, quando Álvaro Cepeda morreu, em 1972, Julio Mario Santo Domingo não estava na Colômbia, mas ele veio imediatamente. Chegou um dia antes do funeral. Todos vieram, o presidente da República e tal. E Gabito disse que não poderia voltar porque estava na Bolívia (*estendendo o braço, tentando alcançar o garçom*): Maestro...

QUIQUE SCOPELL: Aquele que morreu vai se preocupar com flores? Ou cemitérios, ou funerais, ou o Dia dos Mortos... Você precisa dar às pessoas tudo que puder enquanto estiverem vivas, o que quiser, e não ficar chateado quando elas morrerem.

JUANCHO JINETE: Depois aconteceu com Fuenmayor, com quem Gabo conversou alguns dias antes que o outro morresse. Ele também deu uma desculpa para não ir ao funeral.

GERALD MARTIN: Bem, sobre Alfonso Fuenmayor, o que posso dizer é que Gabo não fez exceções. Você sabe o que ele diz: "Eu não enterro meus amigos". Ele tem pavor de morte e doença. Não foi a nenhum funeral. Não foi ao de sua mãe ou de seu irmão Yiyo, o escritor número dois da família. A única exceção importante, curiosamente, foi o funeral do pai. Estranho, não acha?

GUILLERMO ANGULO: Tenho uma história para você. Há uma diretora de cinema na Venezuela muito boa. O nome dela é Margot Benacerraf. Sabe quem é Margot Benacerraf? Margot Benacerraf foi uma mulher famosa. Fez apenas dois filmes. Os dois foram muito bem-sucedidos, e depois, quando alguém fala com Margot Benacerraf, ela diz: "Eu estava em Antibes com Pablo". Pablo é Pablo Picasso. "E então Henri me tirou para dançar." Henri é o Cartier-Bresson. "E Pablo pintou minha coxa."

Então ela decidiu um dia que queria fazer um filme sobre Gabo, e Gabo disse a ela: "Olha, há um parágrafo pequeno assim em *Cem anos*, que é a história de Cândida Erêndira. Pode ser feito em Guajira. É muito bonito". "Ah sim, vamos fazer!" Então ele escreveu o roteiro para ela. Então ela começou a conseguir o dinheiro. Foi para a Europa. Ela me levou para a Europa. Em determinado momento, Gabo e eu chegamos a um dos hotéis mais elegantes. O hotel onde Nixon ficava, que era o Grand Hotel em Roma. E assim a reserva para Guillermo Angulo estava certa. Para Gabriel García Márquez, que ainda não era famoso, não tão famoso (*Cem anos* tinha acabado de sair), eles não haviam feito a reserva, embora em Roma, na Itália, realmente gostem dele. Então lhe disseram: "Não, perdoe-nos, mas lhe daremos a Suíte Real. O senhor pode dormir lá hoje à noite e amanhã lhe encontraremos outro quarto". E nos levam a algo cheio de brocados. Um palácio maravilhoso, e de repente Gabo disse: "Merda, maestro, Alfonso XIII morreu aqui". "O que faremos?" "Vamos dar um passeio." Passeamos a noite toda em Roma. Vimos tudo. Eu estava morto de cansaço. "Não, olhe, vamos para a Fontana dell'Esedra." Fomos à Fontana dell'Esedra. "Vamos para a Fontana di Trevi." Fomos para a Fontana di Trevi. Droga!

No dia seguinte… Era um hotel muito elegante, onde não era preciso assinar a conta. Quando chegou a hora de pagar, já que não era preciso assinar, pediram apenas o número do quarto, e Gabo disse que havia ficado naquele onde um rei morreu. O funcionário então falou: "O senhor me desculpe, mas cinco reis morreram neste hotel!".

23
"DESCULPE, QUAL O SEU NOME?"

Momento que o matuto é transformado em um símbolo sexual citadino

FERNANDO RESTREPO: Gabo comprou um apartamento perto do Boulevard Montparnasse e nos convida para ir lá porque quer discutir a possibilidade de montarmos uma companhia para fazer filmes com um amigo dele, um produtor francês, e com um diretor de cinema de Madagascar que falava português, um homem extremamente simpático, em quem ele confiava muito. Não sei se ele já havia realizado algumas coisas, acho que não, mas ele fez algumas tentativas para produzir um filme com ele. Então decide que vai montar uma empresa com Fernando Gómez e comigo, com esse amigo, o francês... Não lembro o nome dele...

Certamente, algo muito bonito ocorreu. Pois Gabo já era Gabo, e fomos almoçar, conversar sobre negócios, falar sobre o projeto do filme, no Closerie des Lilas, no Boulevard Montparnasse, lá em cima, naquele lugar famoso por seus artistas e tudo mais. Nós quatro estávamos almoçando e uma garota muito bonita, em um canto, olhava para ele sem parar. Gabo percebeu que ela estava olhando. Em determinado momento, um funcionário do restaurante ou café se aproxima e pergunta: "É o senhor García Márquez?". "Sim, claro." "Bem, a garota que está olhando para o senhor quer saber se é, e, se for, ela quer um autógrafo seu." Então ele pega um pedaço de papel e Gabo diz: "Não. Eu não dou autógrafos em papéis em branco". Pegou uma nota de cinquenta francos, eu lembro, e disse: "Diga à garota para encontrar uma livraria perto daqui, a mais próxima que puder encontrar, e comprar um livro de García Márquez. Depois que comprar, ficarei muito feliz em autografá-lo". E continuamos a conversar. Em dez minutos, a moça saiu do restaurante, comprou um livro de Gabo e o entregou a ele. O homem o autografou. "Para... seu nome? Qual o seu nome?". Foi bem assim. Muito ousado, porque saber que em qualquer livraria perto do Boulevard Montparnasse haveria livros de Gabo era algo bonito... Bem, não sei quão certo ele estava, mas isso causou um impacto. Esse é, por exemplo, um incidente sobre uma confiança impressionante porque, *caramba*, não sei quantos autores podem dizer: "Vá a tal livraria, em Paris, e compre um dos meus livros". Isso aconteceu. Vi com meus próprios olhos quando o cara veio falar conosco. Ele autografou o livro para a menina, e ela, claro, ficou encantada.

HÉCTOR ROJAS HERAZO: Uma vez ele foi a Barranquilla e o levaram para dançar onde havia algumas garotas. E ele trocou seu nome. A coisa já tinha começado: não o Nobel, mas antes disso, quando ele estava começando a ter um nome. Então estava dançando com a moça e de repente ela diz, ao terminarem de dançar: "Ouça, me diga uma coisa. Qual o seu nome?". Gabo diz: "O.k., vou ser sincero com você. Meu nome é Gabriel García Márquez. Por quê?". E ela diz: "Ah, porque você é um ótimo dançarino!".

ROSE STYRON: Amo todas as coisas que ele diz sobre o amor, sobre estar possuído pelo amor. Perguntei-lhe sobre *Do amor e outros demônios* e ele disse que o amor *é* o demônio que nos possui, que o amor é um desastre pessoal sem o qual não podemos viver, que começa muito puramente, como tenho certeza de que ele vê o amor de seus pais ou o primeiro amor de sua vida. Mas, à medida que se fica mais velho, a sociedade meio que confunde isso, mas o amor ainda é a força motriz.

Sempre fui fascinada pelas garotas em seus livros, como Fermina, que tinha cerca de 15 anos; depois, por aquela menina que tem uns 12 anos em *Do amor e outros demônios*. E pela forma como ele se relaciona com elas e busca esse tipo de amor puro. Então, como você sabe, em *Amor nos tempos do cólera* ele está mais interessado na visão de amor de Florentino, porque ele está sempre se apaixonando, de novo, e de novo, e de novo, procurando pelo amor puro que tinha com Fermina. Estou muito curiosa para ver como ele vê o amor da mãe e do pai do ponto de vista de uma criança.

JUAN CARLOS CREMATA: Fiz uma oficina de cinema com ele em San Antonio de los Baños, a escola de cinema que ele iniciou em Cuba, e ele disse que se sente mais confortável com as mulheres que com os homens. Na oficina, ele prestou muito mais atenção às alunas.

ROSE STYRON: E, claro, ele é tão maravilhoso com as mulheres, não apenas as mulheres em seus livros, mas as mulheres em sua vida real. É um homem que ama as mulheres... É um sentimento totalmente sensual e espiritual. Não sei como ele sente isso. É apenas o modo como ele se comporta com as mulheres, como se as amasse e apreciasse, e as compreendesse. E se diverte com elas. Estar com elas é muito divertido... Estou expressando isso como mulher. Nos livros dele, você sabe, as mulheres são bastante sensuais, e muito do que ele escreve é visto através dos olhos das personagens femininas. É um homem que escreve, mas um homem que, sabemos, entende e aprecia as mulheres o suficiente para colocar-se dentro da cabeça delas. E acho que, uma vez que ele entra na cabeça de seus personagens masculinos, também faz isso com os personagens femininos. E como eu disse: ele trata ditadores da mesma maneira que trata amantes ou assassinos ou, você sabe, seja quem for... Mas o fato é que sou uma mulher e, como tal, é maravilhoso estar na companhia dele.

GUILLERMO ANGULO: La Gaba, como chamamos Mercedes, é uma mulher de inteligência e serenidade incríveis. Uma mulher e tanto. Ela é muito mais inteligente. Gabo tem mais talento, sem dúvida. Quer dizer, Gabo tem talento, mas, no que diz respeito a inteligência e força, é ela quem domina. Não que Gabo não tivesse sido escritor sem Gaba, nada disso, mas ela é um apoio muito, muito forte. Tão forte. Mais que maternal. Ela é uma fortaleza. Ela está no comando. Ela comanda. Não há dúvidas sobre isso.

MARÍA LUISA ELÍO: Os dois têm um ótimo relacionamento. Além disso, nunca a vi chateada porque não tinham dinheiro. Nunca. Nem de mau humor porque ele havia passado o dia inteiro naquela sala. Nunca. Nem uma vez. Sim, acredito que não fazemos as coisas sozinhos. Precisamos estar com alguém.

EMMANUEL CARBALLO: Uma dona de casa. Nunca falei de literatura com ela. Com Gabo, sim. Com a mulher dele, nunca. Gabo ia sozinho às reuniões que tínhamos aos sábados. Ninguém o acompanhava. Éramos apenas nós dois.

FERNANDO RESTREPO: Maravilhosa. Uma mulher encantadora, e foi ela quem de fato organizou tudo. Tenho a sensação de que ela organizou o cotidiano dele porque Gabo passava a impressão de que não era muito organizado em seus hábitos diários. Ela o coordenava e endireitava, digamos, e então eles têm um relacionamento muito bonito, muito bonito, porque imagino que não deva ser nada fácil morar dessa maneira e se misturar com todas as pessoas das quais ele era amigo. Mas ela conseguiu muito bem e era bastante querida por todos nós. Uma amizade muito bonita entre Elvira Carmen, minha esposa, e Mercedes. Ela estava sempre aqui, e, quando chegava, nos víamos, mesmo que Gabo estivesse ausente.

MARÍA LUISA ELÍO: Não posso dizer que ele seja daquelas pessoas que se entregam inteiramente a outra. Não. Ele pode até ser um pouco distante às vezes. Você fala com ele e sabe que está falando com alguém muito inteligente. E isso é agradável, conversar com alguém muito inteligente, não é? Você está falando com alguém excepcional e sabe disso. Eu sabia que ele era alguém muito distinto. A prova é que deixei todos os demais (era um grupo muito seleto) de lado e fiquei exclusivamente com ele, ouvindo-o. Acho que é por isso que ele disse: "O livro é seu", porque não havia outro motivo. Nós mal nos conhecíamos. Sempre digo a ele: "Gabo me fez, eu não existia. Vou ser uma invenção dele. Isso é o que vou ser. Vou aparecer nas enciclopédias amanhã. María Luisa Elío, uma personagem inventada por García Márquez".

GUILLERMO ANGULO: Então eu disse a ele: "Bem, você me contou como conheceu La Pupa, mas por que terminou com ela?". Porque ele a enviou para mim quase como um presente. Ele disse: "Não, algumas mulheres são estranhas". "Mas por quê?", perguntei. E ele: "Não, bem, você lhes conta coisas e elas têm o próprio modo de entendê-las". "Mas, você, o que você disse a ela?" E ele responde: "Pupa, você transa tanto, por que ainda não aprendeu?". La Pupa era famosa entre nós por proporcionar a pior trepada do mundo. Mas, não, o problema não era ele. Nós éramos os piores! Um dia ela pegou um toscano e aquele homem a fez subir pelas paredes, ela gritou também, e aquilo foi uma trepada incrível. Portanto, bom e ruim não existem. Duas pessoas que em um determinado momento se entendem. Não há nada além disso.

KAREN PONIACHIK: Esta é a carta que escrevi a Gabo:

Caro senhor García Márquez,

Sinto-me envergonhada de solicitar uma entrevista com o senhor. Receio não impressioná-lo o suficiente para que esteja disposto a me receber. Pior ainda, receio até mesmo que esteja disposto a me receber, porque eu não saberia quais perguntas lhe fazer. O senhor me intimida. A única vez que o vi, há alguns anos, quando veio a Nova York para inaugurar um ciclo de filmes latino-americanos, nem ousei cumprimentá-lo. Foi o senhor quem se aproximou de mim. Acredito que nem se lembre: eu estava vestida de verde. Foi a primeira vez que usei uma roupa dessa cor. Desde que eu era garotinha, por alguma razão que ainda não posso explicar, evitei verde. No dia anterior ao lançamento, encontrei um vestido muito bonito à venda, e, apesar de ser a cor proibida, eu o comprei. Tenho o hábito de usar a roupa nova no dia seguinte à compra, e então pus o vestido para ir ao coquetel no Consulado Mexicano. Sentia-me desconfortável ao extremo e, por essa razão, tentei desesperadamente passar despercebida. Fiquei em um canto, longe das celebridades. O senhor deve ter notado minha angústia porque se aproximou e, citando alguém que não conheço, disse algo como: "A dama deve estar muito certa de sua beleza para que o verde a favoreça". Isso foi tudo. O senhor se virou e saiu. Desde então, não evito mais o verde. Desde então, reli várias vezes *Cem anos de solidão*; devorei os seus *Doze contos peregrinos* e fiquei angustiada com a garota que só queria usar o telefone. Devo confessar que terminei com um gringo que estava namorando porque ele me disse que não havia gostado do seu livro. Não, senhor, não escrevo para solicitar uma entrevista. Além disso, nem quero entrevistá-lo. Seus livros são suficientes. E o vestido verde, claro. Eu o uso toda vez que vou fazer uma entrevista.

GUILLERMO ANGULO: O ditado é: "Quem de amarelo se veste em sua beleza confia". Há uma história que vou contar a você. É uma história que aconteceu com ele, e ele teve de doar. A quem doou? A Carlos Fuentes. Fuentes a publicou em um livro chamado *Cantar de ciegos* [Cantar de cegos], porque Gabo achou que seria logo descoberto. Ele vê uma mulher muito bonita em um coquetel e a perde de vista. Ele a vê novamente e a perde de vista novamente. De repente, percebe que a mulher estava dando bola para ele. Então — as mulheres mexicanas são fora de série; as mexicanas e as brasileiras — ela vai até ele e diz: "Gostaria de tomar um café comigo?". Ele responde que sim. Quando entram no carro dele, a mulher diz: "Vamos tomar o café antes ou depois?". Eles vão para um hotel, e, com uma tamanha falta de sorte, Gabo adormece. Quando ele acorda já é de manhã, o sol brilha através da janela. "E agora, o que eu faço?", ele se pergunta. Eles saem do hotel, ele a deixa em casa e fica pensando no que vai fazer e decide uma coisa muito importante: não se deve ir para casa tão tarde — ou, neste caso, tão cedo — sem estar cheirando a bebida. Então toma uma cerveja, ou meia cerveja, e derrama metade dela em si mesmo, de modo que o cheiro fica muito forte. Compra um chapéu de camponês, pega o carro e o dirige contra um poste. Ele arrebenta o carro. Quando chega em casa, La Gaba está esperando por ele. "Eu quase me matei... Vou lhe contar sobre isso depois". Ele vai dormir. E o ocorrido nunca voltou a ser discutido.

ODERAY GAME: Nós nos conhecemos em um festival de cinema em Cartagena. Eu estava toda de branco. Assim como ele. Ele usava relógio branco, sapatos brancos. Ele não se separou de mim durante todo o festival. Mas sempre com Mercedes. Sou uma namorada que tem a bênção de Mercedes. No meu caso, foi uma adoção. Eu me sentia como uma filha. Quando voltei a Madri, eles me ligaram e disseram: "Estamos indo à sua casa para tomar um pouco da sopa de peixe que a Juanita faz". Eles ficaram fascinados com a Juanita, minha cozinheira, que fazia maravilhas na cozinha. E foram e passaram a noite comigo. Ou eles ligavam de Paris e diziam para eu ir até lá: "Venha ver esse filme conosco". Quando tive de voltar para o Equador, para morar, ele me deu uma mão. Eu preferia ter ficado na Europa, mas era impossível. Ele ligou para perguntar como eu estava. E então Mercedes pegou o telefone: "Como vai, minha querida? Saia, não fique deprimida". Ele me deu uma mão afetuosa. Eu me lembro da primeira vez que ele ligou. Minha mãe quase desmaiou. Ela atendeu o telefone e, como a voz dela é idêntica à minha, ele começou a falar com ela, pensando que era eu, e minha mãe perguntou: "Quem está falando?". "Gabriel García Márquez." E então toda vez que o telefone tocava e era ele, ela quase morria. Ela largava o copo, a bandeja ou o que quer que tivesse na mão. "Querida, é García Márquez para você." E então fui acompanhada por ele no meu retorno. Não conheço ninguém que não seja parente, que não seja da família, que tenha sido mais generoso comigo que Gabo.

MARGARITA DE LA VEGA: Ele não se dava bem com o pai porque era um mau marido, mas o fato é que Gabo não era nenhum garoto inocente na primeira comunhão. Mercedes aguentou muita coisa no que diz respeito à fidelidade. Ou seja, ele tem a fidelidade tradicional da costa.

GUILLERMO ANGULO: Há um amigo nosso Goytisolo, um dos Goytisolo, não lembro qual deles, que tinha uma namorada em Nova York: ele escrevia para a namorada e ela respondia. Um dia, os dois decidiram se ver, algo muito romântico, em Manhattan, visitar Staten Island e voltar, tudo isso. Então ele sai de viagem e deixa todas as cartas na gaveta trancada de sua mesa. Ele diz à esposa: "Tenho uma reunião com um editor sobre a publicação de algumas coisas minhas nos Estados Unidos, vamos ver se dá certo". Então, pega o avião e sua esposa (com um alfinete, com um grampo de cabelo, qualquer mulher pode abrir todo tipo de fechadura) abre a tal gaveta e vê todas as cartas. Estavam contando essa história a Gabo e ele diz: "Que cara idiota… deixou as cartas lá". E Gaba diz: "Não, a idiota foi ela, por ter aberto a gaveta". Isso demonstra um pouco da filosofia de Gaba: não abra a gaveta.

24
PERSONA NON GRATA

Momento que García Márquez se torna inimigo dos Estados Unidos

FERNANDO RESTREPO: Ele foi muito crítico aos Estados Unidos e à crise com Cuba e tudo mais. Tomou uma posição muito radical, e por um longo tempo não lhe deram visto de entrada nos Estados Unidos. Agora acho que ele tem um, permanente e tal.

ROSE STYRON: Ele esteve nessa lista por tantos anos... Organizei o Comitê de Liberdade de Expressão do PEN, e estávamos tentando levar para os Estados Unidos, para nossa própria formação, vários escritores proeminentes que o governo americano, sobretudo o de Nixon-Kissinger, considerava esquerdistas perigosos. E García Márquez, assim como Graham Greene — e Carlos Fuentes por algum tempo —, não pôde entrar no país. Havia muitos escritores que não podiam. E então, de repente, e muito silenciosamente, eles o deixaram vir para Nova York. Ele queria ir ao Mississippi e prestar uma homenagem a Faulkner, ir à casa dele, e na primeira vez que entrou no país eles não permitiram. Teve de esperar. Todo o negócio de não deixá-lo entrar no país o irritou e divertiu ao mesmo tempo. Fuentes vinha todos os anos porque lecionava na Pensilvânia e na Brown, e passava vários meses em diversas universidades nos Estados Unidos.

Mas toda vez Fuentes precisava pedir permissão, e toda vez eles o autorizavam.

Se García Márquez fizesse o pedido, seria recusado.

JUANCHO JINETE: Tudo que fizemos aqui em Barranquilla, todas as petições que assinamos solicitando que lhe dessem esse visto... Éramos amigos daqueles gringos do consulado que andavam aqui conosco. Mais tarde soubemos que alguns deles até estavam na CIA.

WILLIAM STYRON: A lei McCarran-Walter [a Lei de Imigração e Nacionalidade, de 1952] foi um assunto delicado para Gabo por um longo tempo; um embargo terrível a intelectuais como ele. Uma ocasião em 1985 me vem à mente, eu me lembro. É um momento particularmente memorável para mim porque está ligado à depressão que sofri e sobre a qual escrevi, e lembro-me de estar voando de Nova York para Martha's Vineyard. Ele ligou e disse que estaria na casa de um amigo em comum, Tom Wicker, que na época ainda escrevia uma coluna para o *New York Times*. Ele me disse que haveria uma reunião em sua casa, e recordo que foi o começo daquela depressão colossal. Lembro-me de voar para Nova York, de ir à festa e de estar profundamente doente. Os comentários divertidíssimos de Gabo sobre como ele conseguira entrar com a lei McCarran-Walter, que ainda proibia sua entrada, mal ficaram registrados na minha memória. Lembro-me de que ele levou isso com uma mistura de raiva, bom humor e aceitação cínica.

FERNANDO RESTREPO: Em certo momento ele foi convidado a ministrar uma aula, um seminário na Universidade Columbia, e recebeu um visto especial para ir. Naquele momento, Fernando Gómez Agudelo e eu estávamos em Paris cuidando de alguns negócios de televisão. Ligamos para Gabo e decidimos: "Vamos para Nova York".

WILLIAM STYRON: Compartilhamos lembranças de seu amor por Nova York, e o que eu quero dizer é que ele veio e partiu muito rápido por causa do problema da imigração. O tempo que permitiram que ele passasse neste país foi limitado. Mas acho que uma das muitas coisas que funcionaram como catalisadores da nossa amizade, embora tivesse existido de qualquer forma mesmo sem ela, foi a guerra na Nicarágua no início dos anos 1980. A guerra era um assunto delicado, quase doloroso, para ele e para mim. Mais tarde, fui com Carlos Fuentes a Manágua, no ponto mais acalorado da guerra, porque era motivo de grande tristeza para muitas pessoas neste país, inclusive para mim. E depois houve a questão da amizade dele com Castro, que sempre foi um assunto desconfortável. Muitos intelectuais latino-americanos preocuparam-se, é claro, com a relação dele com Castro.

PLINIO APULEYO MENDOZA: Fidel é um mito recuperado dos confins da sua infância, uma nova representação de Aureliano Buendía. Se alguém está procurando uma chave para sua febre castrista, aqui está uma de dezoito quilates.

FERNANDO RESTREPO: Gómez Agudelo e eu decidimos tomar o Concorde, pois haviam iniciado recentemente os voos supersônicos do Concorde. Dissemos a Gabo que estávamos viajando no Concorde, e ele diz: "Encontro vocês no aeroporto". Quando pousamos, lá estava ele, e Gabo pergunta: "Bem, e como é o Concorde?". Fernando responde: "É um DC-3 rápido do caramba". Gabo escreveu essa descrição em uma de suas colunas.

CARMELO MARTÍNEZ: Seu pai, um conservador, e ele, um comunista. Com o dinheiro que tem, ele não pode ser comunista. Ele tem muito dinheiro.

BRAM TOWBIN: A cena é o Festival de Cinema de Cannes de 1982. Eu estava a bordo do *Sumurun*, o veleiro mais bonito do porto naquele ano, que pertencia ao meu pai. Eu estava passando minhas férias de primavera na Europa, pois estudava em Dartmouth. Estava no convés sozinho enquanto a tripulação e um bom número de convidados cosmopolitas europeus e americanos estavam embaixo. Um senhor sul-americano de quarenta e poucos anos apareceu no cais e subiu pela prancha de embarque. Ele se comportou com determinação e autoridade, mas de maneira discreta. Não achei que fosse um intruso, mas um daqueles atores desconhecidos. Quando embarcou, perguntou por uma convidada, dizendo apenas o primeiro nome dela, Albina. Eu lhe disse em inglês que ela estava ocupada, mas que logo subiria ao convés e o convidei para sentar-se à mesa, no meio do barco, que estava preparada para os convidados. Nós dois nos sentamos lá.

Em minha defesa pelo que vou relatar, devo deixar claro que, naquele momento, Gabriel García Márquez não era o nome conhecido que é hoje para a maioria das pessoas nos Estados Unidos. Nosso diálogo começa. Ele alegou não falar inglês. E eu não falo espanhol. Decidimos pelo francês, idioma que falo muito mal. Taciturno e obviamente nada impressionado com minhas qualidades como anfitrião, ele me deixou de mau humor e eu o imaginei atuando, recitando as frases usuais, mas ele era nosso convidado, e eu quis mostrar a ele a maravilhosa benevolência e as boas maneiras do universitário gringo ultraprivilegiado. Pode ser que não tenhamos o brio dos franceses ou o excesso de confiança do velho mundo dos ingleses, mas temos nossos pontos fortes:

Eu: Onde você nasceu?

Ele: Na Colômbia.

Eu: É bonita, a Colômbia?

Ele: Sim.

(*Silêncio desconfortável*)

Eu: Gostaria de beber alguma coisa?

Ele: Não.

(*Silêncio desconfortável*)

Eu: O *chef* está preparando queijos e pão. Eles são excelentes. Gostaria de queijo e pão? São deliciosos.

Ele: Não, obrigado.

(*Silêncio desconfortável*)

Eu: Você tem um filme no festival?

Ele: Não.

Eu: Ouvi dizer que *Noivo neurótico, noiva nervosa* e *E.T.* estão superbem... mas cada qual do seu jeito.

(*Silêncio desconfortável*)

Eu: O dia está bonito... um clima muito bom... um pouco quente, mas muito melhor que em Nova York. Moro em Nova York.

Ele: Sim.

Eu: Gostou de algum dos filmes exibidos este ano aqui em Cannes?

Ele: *Missing* [Desaparecido].

Eu: Ainda não vi esse.

(*Silêncio desconfortável*)

Eu: Não gostei de *Noivo neurótico, noiva nervosa*. É muito idiota. De verdade.

Naquele momento as pessoas começaram a subir. Logo percebi que ele não era um ator de segunda categoria. Para aquelas pessoas, a adulação é tão pecaminosa quanto o uso de veludo, mas ali todas elas eram razoavelmente servis e risonhas, como crianças envergonhadas. Quem diabos era aquele cara? Bem, então, nos dias que se seguiram, não fiz nada além de ouvir todos pregarem para mim acerca de *Cem anos de solidão*... E disse a mim mesmo, que diabos, outro escritor. Volto para os Estados Unidos e parece que o país todo estava lendo esse romance, e começo a perceber sua importância. Em poucos meses, ele recebeu o Nobel de Literatura. Aonde quer que eu fosse, ouvia todo mundo falando de García Márquez. E ficava em silêncio. Volto para a universidade e decido fazer um curso sobre William Faulkner. No primeiro dia de aula, o professor, muito versado na matéria, que passou anos ensinando Faulkner, começa: "Este ano o prêmio Nobel de Literatura foi concedido ao grande Gabriel García Márquez. De todos os nossos autores contemporâneos, ele é um daqueles que compartilham com William Faulkner o senso de lugar. Quero que todos vocês saibam que, neste momento, esse formidável talento não pode visitar os Estados Unidos por causa das nossas antiquadas leis de imigração. Isso é uma vergonha. O que eu não faria para passar alguns minutos com esse senhor". Eu não levantei a mão.

25
ALGO NOVO

Momento que entendemos por que ele escreve O outono do patriarca

SANTIAGO MUTIS: Surge o outro Gabo. E vêm muitos eruditos. Muitas coisas.

RAFAEL ULLOA: Eles o louvaram aos céus quando escreveu *Cem anos de solidão*... Toda a imprensa do mundo. Então o veneno do orgulho cresceu nele e o fez se envolver com *O outono do patriarca*. Ele o escreveu como se quisesse escrever algo melhor que *Cem anos de solidão*, no entanto, como o homem não estava sóbrio, mas emocionalmente nas nuvens...

MIGUEL FALQUEZ-CERTAIN: Ele disse que, depois que ficou famoso com *Cem anos de solidão*, em 1967, lutou contra esse romance e não escrevia mais nada; ele não sabia escrever mais nada. Falou sobre desmantelar seu estilo. Você pode citar isto porque lembro como se fosse ontem: "Preciso desmantelar meu estilo". Isso significa que ele teve de destruí-lo. Volte ao início e encontre um novo estilo para escrever outro romance. Não continue fazendo a mesma coisa; isso eu que estou dizendo, não ele. Como na pintura: para mim, não gosto de um pintor que repete sua pintura porque não procura alternativas, como Picasso fazia. Picasso tentou de tudo, e nem tudo que fez foi bom. Gabo queria desmantelar seu estilo e passou sete anos nesse processo. Então decide escrever esse romance que é *O outono do patriarca*. Eu de fato o admiro porque ele quis fazer algo novo. Provavelmente leu Joyce e Woolf, os grandes estilistas e modernistas do século XX, para escrever o novo romance. E o que acontece é que os críticos o destroem. Mas, na minha opinião, esse foi um dos esforços mais válidos de García Márquez.

GUILLERMO ANGULO: O livro é uma das coisas mais bonitas que existem... E há algo muito curioso: até mesmo os críticos disseram que não tem pontuação, mas que tem toda a pontuação do mundo. A única coisa que não tem é a separação de capítulos, então alguns leitores se sentem como se estivessem se afogando.

HÉCTOR ROJAS HERAZO: A questão é que *O outono do patriarca* era contra o ditador da Venezuela, Juan Vicente Gómez. O ditador Gómez. Ele falou em geral sobre o ditador. Mas, é claro, ele havia triunfado com *Cem anos* até se tornar um mito. E é por isso que tinha inimigos na Espanha. Então ele acha que tem de escrever um romance contra *Cem anos* e escreve *O outono*. Seus detratores dizem: "Vamos ler primeiro para ver o que acontece". Então, eles ficaram impressionados, porque o melhor romance de García Márquez é *O outono do patriarca*. Algo muito típico dele. Havia até pessoas que diziam: "Não é o outono do patriarca, é o outono de García Márquez".

WILLIAM STYRON: Acho que todo escritor que criou uma obra que aos olhos do mundo é a sua obra mais característica deseja que o mundo também se concentre em seus outros trabalhos. Creio que tira o foco das outras obras e não é justo para o restante do seu trabalho ter tanta atenção dispensada a um livro. Então essa é provavelmente a razão — ou uma das razões — de ele ter certas reservas em relação a *Cem anos*.

JOSÉ SALGAR: Ele tem o sexto sentido jornalístico para saber onde está o interesse do público, seu interesse literário. Sabe o que o leitor espera. É por isso que tentou escrever algo estranho, assim como James Joyce, sem pontos-finais ou coisas do tipo. E assim escreveu *O outono*.

HÉCTOR ROJAS HERAZO: Um grande romance do ponto de vista técnico. Adoro o livro. Ele maneja a narração, tem, em especial, uma grande capacidade de capturar com uma frase de abertura. Agarrar o leitor. Usei um exemplo outro dia: "O mundo estava triste desde terça-feira". Então você se interessa. O que aconteceu? É uma maneira de iniciar. Ora. Não me lembro em que romance. O grande romance para mim é *O outono*. Como romance, como técnica, porque é tratado extraordinariamente bem. Como será o manuseio técnico do romance que trata esse homem com uma ternura que faz com que, digamos, fiquemos tristes com o falecimento do governante no final? Naturalmente, todo narrador autêntico tem uma grande ternura. Basta olhar para a ternura da menina que adormece conversando com a avó. Cândida é extraordinária. O personagem que anda de bicicleta. Tudo, tudo.

RAFAEL ULLOA: Ele é uma tijolada porque é como um cavalo desgovernado, sem pontos nem vírgulas. *Papapapapapapapa*. Então você fica entediado. O fato é que a maneira de escrever isso, não sei, é como uma dor terrível, é como um... É uma forma estranha de narrar, mas, é claro, ele está contando os excessos dos ditadores. Mas de qualquer jeito não se sabe, não se viveu isso... Como lhe disse, eu li esse livro em partes, mas não... O estilo é diferente. Ele queria escrever uma obra extraordinária. Você sabe que a fama deixa as pessoas loucas.

GUILLERMO ANGULO: Em determinado momento, Gabo se jogou ao chão em desespero, em Barcelona, porque não conseguia encontrar o final para *O outono do patriarca*.

GREGORY RABASSA: Conheci um médico em Long Island que era de Barranquilla e amigo de Gabo. Eu ligava para ele de vez em quando para perguntar sobre o significado de uma palavra. Esqueci o nome dele. Era um cara legal. Traduzir *O outono do patriarca* foi mais difícil porque é mais selvagem, e há algo indomável na língua. Mas que livro divertido.

Quando a *New Yorker* ia publicar um trecho do livro, eles me disseram que não haviam mantido a palavra "merda". Eu disse a eles que, se tirassem a palavra, seria melhor não publicar nada. Porque essa palavra é toda a história. Agora, em inglês, é mais usada, mas antes nem tanto. Lembro que morei no Village e, no mundo do jazz, eles gostavam da palavra porque tinha muitas conotações. Algumas delas positivas. Você os ouvia tocar e dizer: *Man, that riff is shit* [Cara, esse riff é merda]. Essa palavra era o espírito do espírito. A palavra estava no espírito, no Village da rua 4. Eu tinha um amigo que fazia joias de prata. Nós nos sentávamos e conversávamos, e um dia um homem negro entrou pela porta e o ouvimos dizer *shiiiit*. E meu amigo Bob disse: "Lá vai o *Zeitgeist*". Enfim, a *New Yorker* mudou de ideia, e foi a primeira vez que publicou a palavra "merda".

FERNANDO RESTREPO: Quando ele escreveu *O outono do patriarca*... Como eu já disse, uma das conexões com ele era música. Ele gostava muito de música, desde *vallenatos* e *ranchera* até música clássica. E participei disso porque também sou melomaníaco. Então, sempre houve conversas sobre música. Por exemplo, ele achava que Bruckner era chato. Não escutava Bruckner porque o entediava... Então um dia nos sentamos para conversar sobre suas duas obras fundamentais, que são *Cem anos* e *O outono do patriarca*, e ele mesmo criou um exemplo muito simpático que diz: "Veja, *Cem anos de solidão* é a *Nona sinfonia* e *O outono do patriarca* é o *Quarteto nº 14*", um quarteto que todos nós amamos e que, segundo os melomaníacos, é o mais profundo que Beethoven compôs.

26
"MERDA, ELE MORREU"

Momento que Gabriel García Márquez ganha o prêmio Nobel de Literatura, em 1982

GUILLERMO ANGULO: Gabo convidou Fernando Gómez Agudelo e a mim para uma festa, e fomos de Bogotá para a Cidade do México via Nova York. Estávamos em um táxi em Nova York quando disseram que o prêmio Nobel de Literatura tinha ido para Gabriel García Márquez. Nós não ouvimos direito, né? Não acreditamos... Isso não estava sequer na escala do possível. Então mudamos a estação, e a notícia foi confirmada.

FERNANDO RESTREPO: Você conhece a história de Alejandro Obregón, quando ele foi restaurar uma pintura dele próprio na casa de Gabo, na Cidade do México? Bem, na casa de Gabo vimos o famoso retrato, que é de Blas de Lezo, o Teimoso.* A história é que um dia ele vai até a casa de

---

* Blas de Lezo, o "Cara Legal", é uma figura popular na costa caribenha. Almirante espanhol durante os dias coloniais, é conhecido por sua vitória na Batalha de Cartagena das Índias, em 1741, quando a Colômbia pertencia ao vice-rei espanhol, e por todas as partes do corpo que perdera. Chegou a Cartagena já tendo perdido o olho esquerdo, a perna esquerda e o braço direito, e ficou conhecido como Meio-Homem. Alejandro Obregón amava o heroísmo de Blas de Lezo e adorava exagerar ao relatar sua própria versão da resistência do almirante caolho ao cerco comandado pelo almirante britânico Edward Vernon. "Por causa dele", diz um ditado colombiano, "não falamos inglês." Quando Obregón pintou

Alejandro, em Cartagena, e depois de alguns copos de rum, não sei por quê, em determinado momento (ouvi isso pessoalmente de Gabo quando ele nos mostrou a pintura em sua casa, na Cidade do México), ele [Alejandro] pega a tela enrolada e lá está o retrato de Blas de Lezo, o "Cara Legal", com um buraco de bala no olho, disparada por ele próprio. E conta que fez isso porque seus filhos começaram a brigar por causa da pintura, questionando quem era o dono da tela, e, furioso, atirou no olho bom do retrato. Acredito que Alejandro tinha certa obsessão pela cegueira; acho que seu pai teve um problema de visão. Em determinado momento, diz a Gabo: "Não quero essa maldita pintura. É para você". E ele levanta a mão, assim, "Para Gabo", e a entrega para ele. Gabo sai muito feliz com sua pintura. E ele a tem por todo esse tempo. Obregón prometeu restaurá-la para ele, mas nunca o fez. E um belo dia Alejandro vai para a Cidade do México.

JUANCHO JINETE: Há uma história boa. Não sei se já a conhece. Quando Maestro Obregón estava nas filmagens de *Queimada*, em Cartagena, aquele homem que era Marlon Brando não andava por aí com qualquer um. Você sabe que esses caras são estranhos, mas ele viu Maestro Obregón em algumas cenas. Ele apareceu montado em um cavalo. Era um nobre com suas suíças. Então conheceu o maestro e eles se tornaram amigos. Depois disso, Marlon Brando passou a ir todos os dias à casa do maestro para beber rum branco. Qual era mesmo o nome daquele rum? Tres Esquinas.

As filmagens continuaram no Marrocos, e, quando ele estava voltando, Gabito lhe disse para parar na Cidade do México. Ele estava vindo por Londres, e fez todas as conexões e chegou à Cidade do México. Então o endereço que tinha da casa onde ele morava, onde moravam os ricos, os astros do cinema da Cidade do México... Bem, resumindo a história, o endereço da casa dele. Assim, o maestro tomou um táxi, chegou lá e viu o terraço da casa cheio de flores e tal. Chegou e disse: "Merda, ele morreu". As flores eram aquelas usadas para homenagens. Essa é uma história boa. E quando ele chegou aqui em Barranquilla, a primeira coisa que me disse foi: "Juancho, escute o que aconteceu comigo. Quando estava pronto para descer do táxi, vi todas aquelas flores e achei que ele tivesse morrido. 'Merda, ele morreu'". Foi no dia em que lhe deram o prêmio Nobel.

---

seu retrato, ele escreveu no canto inferior esquerdo: "Blas, o cara legal de Lezo, meio-olhar e meio-abraço, sete bolas e sete mares trazendo vitórias e gangrena. Um buraco de bala para a história e um silêncio feito de cobre para Blas de Lezo".

GUILLERMO ANGULO: Quando chegamos, bem, a festa já estava acontecendo, e nos perguntamos (Gabo sempre negou) se ele soubera antes. Sim, ele nos convidou para uma festa, mas sua insistência foi bem maior do que para uma festa qualquer. Parecia que ele já sabia.

MARÍA LUISA ELÍO: Só descobri porque uns amigos me ligaram da Espanha dizendo que tinham ouvido a notícia. Eles me ligaram da Espanha por volta das 4 horas da manhã daqui. Então coloquei uma calça e um suéter e corri para a casa dele. Quando cheguei lá, Mercedes estava com todos os telefones fora do gancho; ela foi falando: "Eis a mulher a quem *Cem anos de solidão* foi dedicado. Fale com ela". Ela segurava o telefone para que pudéssemos ouvir o que estavam dizendo. Em uma grande placa na porta de sua casa, aqui em El Pedregal, escreveram em amarelo: *Parabéns, Gabo*. Os olhos dele brilhavam.

García Márquez cumprimenta uma dançarina de cúmbia em Estocolmo.

27
"NÃO QUERO ESTAR SOZINHO EM ESTOCOLMO"

Momento que a nação toda viaja para a cerimônia do Nobel

GUILHERME ANGULO: [O então presidente] Belisario Betancur pediu a ele: "Faça uma lista dos seus onze amigos mais próximos para que eles o acompanhem na viagem à Suécia ", e ele disse: "Não, porque os que vêm do número doze em diante vão me odiar. Sendo assim, não farei isso". Então eu disse: "Sr. Presidente, cabe ao senhor escolher", e ele disse: "Não farei isso, tampouco. Cuide você do assunto". E cuidei. Escolhi aqueles que eu achava que eram os melhores amigos de Gabo, e nós os levamos por conta do governo.

GLORIA TRIANA: Fui eu quem coordenou a delegação de músicos que viajaram para a cerimônia do prêmio. A ideia veio de Gabo, embora ele dissesse que não achava que o fariam, que era apenas uma maneira de ele se expressar. "Não quero estar sozinho em Estocolmo. Gostaria de ter cúmbias e *vallenatos* comigo", foi o que ele disse. Fui imediatamente até a diretora de Cultura, hoje Ministério da Cultura, e falei para ela: "Se ele diz que quer, então vamos organizar isso". A chefe, Consuelo Araujo Noguera, escolhe os *vallenatos*, e a rejeição começa; nosso embaixador na Suécia acha a ideia terrível. Isso é fazer papel de ridículo, agir como um imbecil. Há o artigo de um repórter colombiano chamado D'Artagnan, já falecido, cujo título é "Um ato de profunda idiotice". Ele usou a gíria popular de Bogotá *"hacer el oso"*, que significa fazer algo embaraçosamente idiota. Então, essa foi a atitude das pessoas, com exceção de Daniel Samper, que defendeu a ideia.

NEREO LÓPEZ: A diretora do Colcultura, Aura Lucía Mera (a chamamos de La Mera), me diz para ir como fotógrafo da delegação. E assim fomos. E assim chegamos lá. Certamente muito tarde. Saímos da Colômbia por volta das 17 horas. Cento e cinquenta pessoas na delegação. Grupos folclóricos. La Negra Grande. Totó la Momposina. Um grupo de Barranquilla. Um grupo de Valledupar. Os convidados especiais foram por outra rota. Partimos em dezembro de 1982.

RAFAEL ULLOA: O velho Gabriel Eligio, pai de Gabito, adora conversar. Em Cartagena, ele sempre ia ao parque bater papo com as pessoas, e então elas o parabenizavam. Porém, acima de tudo, era um homem simples. Ele não é como Gabito. Gabito organizou uma festa estúpida por causa do prêmio Nobel, levando até mesmo grupos de *vallenato* com ele. Bem, eles eram extravagantes com coisas estranhas.

QUIQUE SCOPELL: Foram poucas pessoas. Eles sugeriram que eu fosse, mas eu disse: "Não senhor, não vou gastar todo esse dinheiro, o que você pensa?". Alfonso foi. Germán também.

JUANCHO JINETE: Álvaro já tinha morrido.

NEREO LÓPEZ: De todo jeito, chegamos a Estocolmo de madrugada. Estava tão frio!

QUIQUE SCOPELL: Levaram alguns *vallenatos*. Os que escreveram aquelas canções sobre borboletas amarelas, *vallenatos* embusteiros, mentiras para cantar lá.

NEREO LÓPEZ: Disseram aos *vallenatos* que as mulheres suecas eram muito livres, então os homens estavam prontos para devorar todas as suecas que encontrassem, e no terceiro dia um deles disse: "Ainda não ligaram para nós". Então naquela noite saímos. Vendo que a montanha não vinha até nós, fomos até a montanha. Para um maldito striptease! Striptease para freiras. Tudo coberto, um ou outro mamilo de fora, e só. Então os *vallenatos* disseram: "Chega disso!". Ficamos lá umas duas semanas.

Após dois ou três dias, os grupos folclóricos se rebelaram porque nos levaram para comer em um restaurante típico sueco. Ou seja, comida cheia de gordura para o frio. Bacalhau. E aquelas pessoas estavam acostumadas a comer mandioca, banana... e não gostaram. Então se rebelaram. Foi uma verdadeira rebelião. Tanto que tiveram de ceder a eles. "O que vocês querem?" [perguntaram]. E eles responderam: "Queremos o dinheiro da comida". Então lhes deram o dinheiro. E eles comeram hambúrgueres... Eu andava com eles, e estávamos hospedados em um barco. Era bem-arrumado e mais barato, porque os convidados especiais ficaram em um hotel cinco estrelas.

PLINIO APULEYO MENDOZA: Vejo o Grand Hotel, sua enorme fachada com bandeiras tremulando no alto. Vejo os corredores acarpetados de púrpura: uma suíte do tamanho de uma câmara real, suas janelas altas com vista para a noite nórdica. Vejo fatias finas de salmão defumado e discos de limão em uma bandeja, garrafas de champanhe gelando em um balde de metal e rosas lindas, grandes e frescas; rosas amarelas explodindo em todas as mesas dentro de vasos de porcelana. No meio do salão vejo Gabo e Mercedes, calmos, despreocupados, conversando, completamente alheios à cerimônia de coroação que se aproxima, como se ainda estivessem em Sucre ou Magangué, trinta anos antes, em uma tarde de sábado na casa da tia Petra ou da tia Juana.

GLORIA TRIANA: Como funcionária, eu tinha um subsídio para ficar no Grand Hotel, onde todos estavam, mas eu era responsável por 62 pessoas. Tinha de prestar atenção em todos os colombianos que haviam sido contra a viagem, mas que também foram fazer o papel de idiota.

NEREO LÓPEZ: Eles me perguntaram onde eu queria ficar, e eu estava interessado em ficar com a delegação folclórica. Meu colega de quarto era o médico. Então o médico me disse que certa noite uma garota de Barranquilla foi até ele e disse: "Ouça, doutor, quando chegarmos a Barranquilla, você me dará um laxante para que eu possa me livrar de todo o lixo que comi aqui". E um homem das planícies chega até mim e diz:
"Don Nereo, você que está aí em cima... Não sei... Eu quero voltar."
"Voltar? Você sabe onde está?"
"Não, eu vou voltar, não importa o que aconteça."
"O avião levou 24 horas para chegar aqui. Veja. Lembre-se de que o avião partiu de Bogotá às 17 horas e chegamos aqui às 2 da manhã. Veja

até onde viajamos. E chegamos aqui às 2 da manhã. Isso significa 8 da manhã na Colômbia. Por que você quer voltar?"

"Não... é que eu tenho um problema. E quero que você resolva isso para mim e fale com Doña Aura Lucía."

"E qual é o problema?"

"Não... é um problema de homem. Bem, eu saio para urinar e não encontro meu pau."

"Bem, e aonde você vai para urinar?"

"Não... é que vou para o telhado."

Claro, o telhado com um ou dois centímetros de neve.

"Vá ao banheiro, é por isso que ele está se escondendo de você", digo a ele. "E qual é o problema? Isso acontece no frio."

"Não... é que... Como vou voltar para o meu país se tenho... três esposas lá. O que vou dizer a elas?"

"Não, cara, pelo amor de Deus, de onde você tirou essa ideia? Não. Veja, tem um banheiro aqui embaixo."

"Não... é que tirei todas aquelas camadas de roupa e não sei onde estão."

Então eu tive de levá-lo ao banheiro. Ele queria voltar! Outro caso de que me lembro foi naquele restaurante. Imaginem, inverno, comida pesada. De repente a mulher no balcão grita. Um grito. Ninguém entendeu. A única coisa que entendemos foi o grito. Bem, Rafael Escalona ia pegar um copo com o que aparentemente era suco, mas era o que se colocava na salada. O molho. Em um copo. Escalona pensou que fosse suco. Primeiro, o dano que poderia ter causado a ele e depois... eles jogaram fora a salada que todos íamos comer! Então Escalona perguntou: "O que aconteceu?". Alguém respondeu a ele: "Você não viu que está bebendo o molho da salada?". Aracataca veio ao mundo! Eles estavam esperando o vencedor do Nobel, não um show. A nação inteira veio. E não sabiam onde encaixar o show.

GUILLERMO ANGULO: Um dos dois discursos do Nobel não foi escrito por ele, mas por Álvaro Mutis. Ele escreveu o discurso oficial, mas o outro, que talvez seja sobre poesia — não consigo me lembrar —, foi escrito por Mutis, porque o momento chegou e não havia tempo. Gabo disse a ele: "Escreva você". O homem sentou-se e escreveu. Depois ele contou a história. Eu sabia disso como um segredo e não contei a ninguém até que um dia vi Gabo contar.

PLINIO APULEYO MENDOZA: Na suíte 208 do Grand Hotel há uma atmosfera de grandes preparativos... São 15 horas, mas a noite fria do inverno sueco, salpicada das luzes da cidade, escurece as janelas... Um fotógrafo veio exclusivamente para tirar a foto de Gabo com seus amigos. E é nesse momento que Mercedes se lembra das flores amarelas. Quando ela começa a colocá-las em nossas lapelas. "Vamos ver, *compadre*."

Sei a razão secreta desse ritual. Gabo e Mercedes acreditam, assim como eu, naquilo que é chamado de *pava*, algo que já expliquei... Existem adornos, comportamentos, indivíduos, artigos de vestuário que não são usados por esse motivo, por razões supersticiosas. Fraques, por exemplo. É por isso que Gabo decidiu usar um *liquiliqui* na cerimônia, um terno tradicional na Venezuela, e, em outro momento, em todo o Caribe...

E agora os amigos de Gabo, que vieram a Estocolmo para tirar uma fotografia com ele minutos antes de receber o prêmio, posicionam-se de costas para as altas janelas. Mercedes também oficializa esse rito. "Alfonso e Germán ao lado de Gabo", disse ela, referindo-se a Alfonso Fuenmayor e Germán Vargas, os amigos mais antigos do marido.

GLORIA TRIANA: Ele estava usando *liquiliqui*, e não fraque. Foi aquele que fez o discurso mais poético e belo dos prêmios Nobel: "A solidão da América Latina". Foi aquele que teve um banquete no Palácio Real acompanhado de todos os músicos.

NEREO LÓPEZ: Foi no banquete que houve a apresentação. O bom da dança durante o banquete é que, com tantas pessoas, o chefe do protocolo estava preocupado. Naturalmente as permissões eram necessárias, mas o sujeito que organizou tudo se dedicou a se divertir. Ele pegou um marinheiro em algum lugar. Gostava de seu marinheiro e esqueceu o restante do mundo. Não conferiu as minhas credenciais. Então tive de me disfarçar de dançarino para subir no palco. E os capangas viram. Que tipo de dançarino é esse que anda por aí com uma câmera pendurada no pescoço? O dia do banquete. A apresentação do prêmio foi pela manhã, e o banquete à noite. O espetáculo devia durar duas horas. Então o sujeito disse: "Venha cá, isso não está no programa. Você não pode fazer isso". Um deles disse: "Você não pode colocar esse cabo. Porque o rei (eles são como deuses), o rei não pode ver o cabo". O rei não pode ver... E assim por diante: o rei e a rainha isso, o rei e a rainha aquilo, como deuses. E o espetáculo não pode durar mais que quinze minutos.

Quando eles descem os degraus tocando os tambores... Que coisa emocionante! Muito emocionante! O espetáculo, que era para durar quinze minutos, durou 45. Porque aqueles caras aplaudiram como loucos, como loucos. Muito emocionante. Muito emocionante. Tanto que o cara que nos havia pressionado disse: "Isso também não está programado, mas o rei ordenou que os convidássemos para almoçar e mandasse o cozinheiro do palácio preparar um almoço para 150 pessoas. Então, por favor, desculpe-nos". Os caras nos servem uma refeição e imploram para que os desculpemos. Servem um almoço muito melhor que qualquer coisa com a qual podemos sonhar, é claro, mas para eles, não, estão se desculpando por sua simplicidade. Mas o rei, o rei, fez com que eles nos atendessem. Isso foi muito emocionante. Muito emocionante.

MARÍA LUISA ELÍO: Quando lhe entregam o Nobel, estou na minha casa. Meu filho Diego está com Rodrigo, filho de Gabo e Mercedes, na casa deles. Estão vendo televisão, vendo o Nobel. Estou na minha casa conversando com eles ao telefone, meu filho Diego e seu filho Rodrigo e eu estamos vendo a cerimônia de casa, na Cidade do México. Eu chorava como uma histérica.

GLORIA TRIANA: No dia seguinte, o jornal mais importante da Suécia tinha uma manchete de quatro colunas: *Os amigos de García Márquez nos mostram como celebrar um Nobel.*

NEREO LÓPEZ: Rafa [Escalona] estava conosco. Gabito não conseguiu sair da comemoração. Era um prisioneiro do momento. Foi a todas as apresentações de dança da delegação, mas elas faziam parte da agenda dele. Quando estávamos em uma festinha, ele se juntava a nós por um tempo. Não podíamos realmente festejar com ele. Eu o encontrei, por exemplo, na cúmbia. "O que aconteceu? O que está havendo?", e ele me pegou pelo queixo. "Esse cavanhaque? Há quanto tempo você tem cavanhaque?" Não o vi desde então.

GLORIA TRIANA: No dia seguinte, toda a imprensa internacional foi até o barco, com exceção da colombiana. D'Artagnan, que fora tão crítico, fez algo nobre. Escreveu um editorial dizendo que era um sucesso, que era preciso reconhecer que havia sido um sucesso e que tínhamos comovido os frios habitantes da Suécia.

RAFAEL ULLOA: Eles estavam muito orgulhosos. Diga o que quiser, mas, mesmo que Gabito não seja parte de sua família, ele tem raízes na sua família, todo mundo sabe que Gabito é um cara legal. Essa imaginação dele... não é qualquer um que tem. De repente, acredito no que o velho ali diz: que ele tem dois cérebros... Então, quando lhe deram o prêmio Nobel, escrevi um artigo com a informação que eu tinha. Enviei-o para *El Espectador*. Eles publicaram em 10 de outubro de 1982, e no dia seguinte o *El Heraldo* publicou. Eles o enviaram por fax para Gabito. E ele me disse: "Envie-me outra coisa". Gosto de contar histórias sobre cidades. Há uma senhora que era secretária onde trabalho. Ela sabe que sou parente de García Márquez e me disse: "Você herdou essa coisa do Gabito porque essas histórias são do Gabito".

GLORIA TRIANA: Naquele ano o Nobel tinha 31 anos, e nunca havia acontecido uma cerimônia como a nossa, e continuo acompanhando. Houve escritores africanos, escritores do Caribe, um escritor chinês, e nada parecido voltou a ocorrer.

HÉCTOR ROJAS HERAZO: Quando ele ganhou o Nobel, estávamos na Espanha. O embaixador, que também era romancista, nos convidou. O embaixador colombiano nos convidou para cumprimentá-lo. Gabo, bastante sorridente, riu de tudo. Então chego, muito feliz, e damos um grande abraço.

Carlos Fuentes, William Styron e García Márquez.

28
EX CATHEDRA

Momento que García Márquez confronta a fama

MARÍA LUISA ELÍO: Não sei como é na Colômbia, mas aqui no México é incrível. As mulheres, na rua, se atiram nele para beijá-lo. Como se ele fosse o Robert Redford.

QUIQUE SCOPELL: Como se chama aquilo quando o papa não comete um erro? Extrema unção. Como? *Ex cathedra*. Quando o papa fala *ex cathedra*. Ele pode estar errado quando fala, mas não quando é *ex cathedra*. É assim que está aqui: Gabito disse, então é isso. Primeiro com aquele livro, que, se você me perguntar, é ruim, e depois com o Nobel. Devo lhe contar a verdade? Eu não entendo, porque é um romance ruim. Um romance folclórico ruim. Porque se diz, por exemplo: *Romeu e Julieta* é uma história de amor, mas *Cem anos de solidão* é... Não entendo como diabos eles podem traduzir essa coisa para o russo e dizer que borboletas amarelas se masturbam. Como se traduz isso para o russo? Agora tudo é o que Gabito diz, e pronto. Então, depois do Nobel, tudo começou a mudar. A vida é dividida em Gabo antes do Nobel e Gabo após o Nobel.

CARMEN BALCELLS: O Nobel não o mudou em nada.

WILLIAM STYRON: Eu colocaria desta maneira, uma maneira perversamente negativa. Eu diria o seguinte: a influência, a devoção e o poder extraordinários que ele desfruta graças a seu talento, isso que agrada tanto os latino-americanos é algo que não poderia existir aqui nos Estados Unidos. A admiração que existe na América Latina por um grande escritor como Gabo não tem paralelo por aqui. Porque vivemos em um país que tem pouquíssima consideração por seus escritores. A maioria dos escritores é marginalizada neste país. Até mesmo os melhores. Em certo grau, isso é inconcebível. Acho que Gabo não poderia ter existido em um mundo anglo-saxão. Nós não temos uma tradição verdadeira. Não é que os escritores não sejam respeitados de alguma forma neste país. Eles são. Mas não no nível de serem não somente respeitados, mas venerados.

EDUARDO MÁRCELES DACONTE: Agora você vai ver: conheci García Márquez em Cuba. Eu o conheci em Havana. Fui convidado pela Casa de las Américas para participar de um encontro, e Gabo foi um dos organizadores desse encontro. Pela soberania e pela política latino-americanas. Isso foi em 1981. Então, no dia seguinte à minha chegada a Havana, desço do elevador no Hotel La Habana Riviera e vejo Gabo conversando com a recepcionista. Gabo com um macacão de frentista e sandálias, o jornal debaixo do braço, conversando com a recepcionista. Eu o vejo e digo: "E aí, Gabo?". A primeira vez que o via pessoalmente, mas, assim que o vi, imagine. "Meu nome é Eduardo Márceles...", e enfatizei o Daconte. Então ele pergunta para mim: "Droga! Então, de quem você é filho?". Respondo que de Imperia. "Droga! Outro *aracataquero* aqui em Havana. Agora ferrou tudo... Alguém de Aracataca aqui em Havana. Não, não, não. Ferrou tudo. Vamos nos sentar lá, temos muito que conversar, droga!" Olha, ele começa a me contar as coisas. Uma das primeiras histórias que lembro é que ele me diz: "Imagine, *caramba*, Antonio Daconte, como me recordo bem de seu avô. Imagine: quando eu estava escrevendo *Cem anos de solidão*, o italiano que aparece lá é seu avô. O nome era Antonio Daconte, esse era o nome do italiano. Escrevi pensando em seu avô, mas, enquanto escrevia, o personagem foi ficando afeminado". Então ele diz que o personagem estava se transformando em um maricas por causa das circunstâncias do enredo, e assim por diante. E então diz: "Precisei repassar todo o manuscrito e apagar Antonio Daconte e escrever Pietro Crespi, que era um afinador de piano que minha mãe havia conhecido em Barranquilla. Ela tinha dito que havia um afinador de piano que passava por ali, e ele era um homem muito bonito, e não sei mais o quê".

Então as duas ideias ficaram com ele. De um lado, meu avô, e, de outro, o afinador de piano italiano que passara por Barranquilla. Ele diz: "Comecei a pensar e disse a mim mesmo que seu tio Galileo Daconte, ao ler o romance, teria um ataque cardíaco, sabe, porque, bem, seu tio (todos os Daconte) vendo um personagem assim, um homem afeminado…". E conversamos sobre Aracataca e não sei mais o quê, e as pessoas que ele conhecia. E conversamos como duas pessoas que estão se lembrando da mesma cidade. "Escute, e a família tal, o que aconteceu com ela? E o que aconteceu com fulano de tal, com seu tio? O que aconteceu com aquilo?" Conversamos sobre as coisas da cidade, sobre o que ele lembrava. Então digo a ele: "E então parece que você usou o nome da minha família em algumas de suas histórias". Ele diz: "Droga! Você vai me pedir milhões de dólares". E digo a ele: "Não, não, fique tranquilo…".

HÉCTOR ROJAS HERAZO: A coisa já tinha começado quando veio o negócio do Nobel. A Colômbia devora tudo. Não se pode dizer nada que não tenha a ver com Gabito. Então aqui fica tal coisa e ali fica tal coisa. Quer dizer, o país ficou distorcido. Foi o que aquele homem famoso [o poeta Porfirio Barba Jacob] de Cali disse, é "uma garagem com um arcebispo". É isso que a Colômbia é.

MARGARITA DE LA VEGA: Quando ele ganhou o Nobel, Mercedes se vingou de Cartagena. Todos queriam que Gabo os convidasse para ir à casa deles, e ela não os convidou nem foi a festas de pessoas que os haviam tratado mal anteriormente. Rejeitavam mais a Mercedes porque ela era de uma cidade mais próxima e porque mulheres são mulheres, certo? Em determinados círculos eles eram desprezados, mas em outros círculos, não. Nunca pelos homens, mas pelas mulheres. E Mercedes era bonita, mas também diferente. Havia morado no México e na Europa. Mais sofisticada em certo sentido, mas em outro sentido, não. Entende o que estou dizendo? Ela pertencia àquela categoria que não tem classe, entende, que não é marcada por sua própria classe social. Acredito que essa seja uma das vantagens que se pode ter na vida.

SANTIAGO MUTIS: Acredito que as pessoas que deixaram a Colômbia não voltam porque não conseguem. Porque há uma expectativa tão grande que é como se elas não se encaixassem. Porque não é possível. Mas acho que a nostalgia de alguém que foi isolado de sua infância, bem, é desse jeito, é como não ter acesso. Como se o povo não permitisse que ele voltasse à antiga vida. Então eles se tornaram grandes. E então não se adaptavam mais a nenhum lugar.

JOSÉ SALGAR: Com Gabo, o que acontece é que é maravilhoso se sentar e conversar com ele. Perguntar. Contar. Ele ouve. Então digo a ele: "Escute, por que você diz dessa maneira?". Em uma reunião, uma coisa curiosa aconteceu. Meu filho era pequeno e ficou animado porque Gabo estava a caminho da nossa casa. E ele disse: "Vou colocar um gravador debaixo de uma cadeira e gravar tudo que Gabo disser". Isso foi inteligente. Ele o gravou. Então, no final, eu disse a Gabo: "Serei franco com você. O diabinho registrou tudo. Vamos ver se podemos fazer algo com isso. Vamos ver se há algumas coisas que valem a pena salvar e vamos salvá-las".

HÉCTOR ROJAS HERAZO: Não o deixam viver em paz. Até precisou sair por aí com um guarda-costas. Ele temia por sua vida.

JOSÉ SALGAR: "Na verdade, temos de nos livrar de muitas coisas em castelhano", disse Gabo. "Como o quê?" "O *H*. Temos de nos livrar do *H*." Conversamos sobre isso em uma daquelas longas reuniões em minha casa. Osuna estava lá, Argos, Mercedes. Então começamos a falar sobre como o fenômeno Gabo pode até modificar a própria língua espanhola.

MARGARITA DE LA VEGA: Depois do Nobel, ele continuou morando em Cartagena, em um apartamento, por um longo tempo. Lembro-me de ter ido até lá em 1983, 1984, quando comemoraram os 450 anos de Cartagena. Ele morava lá e era muito festejado... Eu me lembro de pegar no pé dele e dizer que ele havia se transformado em um oráculo na Colômbia, que ligariam para perguntar se ia chover e quem seria a rainha da beleza. E pergunto a ele: "O que você vai fazer?". E ele responde: "Não, ainda escrevo todas as manhãs, quatro ou cinco horas, e estou escrevendo o romance sobre Cartagena", que é *Amor nos tempos do cólera*. E é muito inspirado, é claro, por Balzac, e acredito que, até certo ponto, essa é uma contribuição pessoal minha, que o amor do meu pai por Balzac desempenhou um papel importante nisso.

JOSÉ SALGAR: Parece-me que esse negócio da fama é muito estranho. Gabo adora, é claro, quando as pessoas o reconhecem e dizem isso a ele.

ROSE STYRON: Sim, ele falou comigo sobre como a fama lhe trouxe uma grande responsabilidade, e sobre como, cada vez que se senta na frente do papel e escreve, precisa ter muito cuidado porque está escrevendo para as pessoas que estão por aí. E, claro, quando ele fala a mesma coisa acontece. Porque quando estávamos em Cartagena, acho que foi no final dos anos 1990, ele era mais famoso e mais assediado do que as estrelas que estavam ali para o festival de cinema. E sempre havia repórteres agarrados a cada palavra sua… Acho que isso é um fardo terrível. Em 1974, 1975, não era assim. Quer dizer, ele sempre foi galista e é muito engraçado, mas tinha mais liberdade para falar e ser um ativista. E, você sabe, maldizer Pinochet. Ele disse que não escreveria outra palavra de ficção até que Pinochet fosse derrotado e deixasse o Chile. Ele podia fazer declarações mais selvagens naquela época do que provavelmente o fazia agora. É ainda muito político e muito eficaz e muito ativista, mas o faz de maneira mais silenciosa. Se não é mais cauteloso, é decerto mais consciente e circunspecto.

ODERAY GAME: Eu morava em Madri. Ele me ligava e dizia: "Estou indo para Madri, mas não conte a ninguém. Não quero ver ninguém". Então, depois de três dias, ele ligava e dizia: "Vamos comigo a uma livraria, preciso ser reconhecido".

RAFAEL ULLOA: Quando ele já era famoso, eu o encontrei novamente em Cartagena. Você sabe, quando ele veio, as pessoas saíram para cumprimentá-lo. Gabito a distância. Porque pessoas famosas…

JAIME GARCÍA MÁRQUEZ: Em um domingo de manhã, Gabo e eu estávamos de pijama na varanda brincando de Esquina Louca, que era o nome que demos para as longas conversas que teríamos quando nos víssemos, e de repente o presidente chega, pois queria ver Gabo.

MARGARITA DE LA VEGA: Meu pai e Gabo conversavam sobre qualquer coisa. Acho que se viam em qualquer situação social, em qualquer reunião, em um restaurante, na casa dos meus pais. Mas, por exemplo, lembro-me de tomar café da manhã em um apartamento que sua família tinha na avenida San Martín, quando ele ainda não morava em Cartagena, não havia recebido o Nobel nem nada daquilo, e fiquei fascinada porque ouvir Gabo falar era uma delícia. Sobre qualquer coisa. Sobre comida. "Por que o par de pães de milho combina tão bem com creme azedo?" E daí eles começavam a falar sobre o livro de X ou a poesia de Y. Ou: "Por que Guy de Maupassant morreu em uma instituição?". "Por que ele teve sífilis?" E meu pai lhe dava todos os detalhes a respeito do assunto, sobre o qual ele estava escrevendo: as doenças dos escritores. Meu pai publica seu primeiro livro, *Así sufrieron* [Assim eles sofreram], e de certo modo o lança internacionalmente, porque Gabo o envia para Carmen Balcells e o livro é publicado.

CARMEN BALCELLS: Toda a minha vida tentei fazer o que ele queria que eu fizesse, o que na realidade era meu trabalho e a maneira como eu passava meus dias.

FERNANDO RESTREPO: No momento em que ele se tornou um homem famoso, isso não se percebia muito, mas ele era um homem tímido e retraído. Tenho essa percepção dele. Em particular, ele era muito agradável e tinha aquele senso de humor maravilhoso.

HÉCTOR ROJAS HERAZO: Naturalmente, tudo isso o mudou. Precisou mudar. Isso é terrível. Ele tem um grande senso de humor, então ri de qualquer coisa, mas chega o momento em que tem de ser fiel ao sucesso que recai sobre ele, e depois vêm as transformações cômicas.

MARÍA LUISA ELÍO: Deve ser muito chato. As pessoas não deixam você viver. É um fenômeno que não acontece... porque saí com Octavio Paz mil vezes, não apenas uma vez, mas mil, e nunca vi as pessoas se atirando em Octavio Paz tão facilmente, beijando-o e perguntando: "Você é Octavio Paz? Assine isto para mim". Não! O fenômeno de García Márquez é muito especial. Para as pessoas, ele é completamente atraente... É como se fosse, estou lhe dizendo, o Robert Redford.

ELISEO "LICHI" ALBERTO: Gabo e eu estávamos andando pelas muralhas de Cartagena uma tarde e vimos um casal de jovens namorados. O menino vê Gabo e começa a fazer sinais para que nos aproximemos. Quando chegamos lá, ele diz a Gabo: "Gabo, por favor, diga a ela que eu a amo, porque ela não acredita em mim".

JOSÉ SALGAR: Alguém me pergunta e digo que não há diferença, porque, assim que você se encontra com Gabo, é como se o tempo não tivesse passado. Você volta para um assunto interrompido pela distância e pelo tempo, e está no mesmo momento. Na mesma energia, na mesma conexão. Não há diferença. Essa é a grande vantagem entre os amigos de Gabo, aqueles que ele chama de amigos, e não existem muitos deles, ao contrário da quantidade de pessoas que o conhecem. Ele é bem diferente com as outras pessoas. Mas não com você. Agora, ele fica bastante tempo fora do país, mas, quando volta, nada aconteceu. Para o resto do mundo, ele é um Gabo diferente. É natural.

GUILLERMO ANGULO: Quer que eu fale mal dele? Há algo que parece estar prestes a acontecer. As pessoas mudam com a fama e com o dinheiro. Além disso, essas coisas quase sempre ocorrem juntas. Quero dizer, você não pode comparar o Gabo anterior com o Gabo atual. Ele está muito mais distante agora. Ele não se entrega a você como antes.

MIGUEL FALQUEZ-CERTAIN: Na época daquela importante revista que Plinio editou com Goytisolo, *Libre*, García Márquez chega a Paris, e ele já é famoso. Plinio e Marvel organizaram uma festa privada na embaixada colombiana, que ficava ao lado da russa. Contrataram um grupo de *vallenato* e um cozinheiro para preparar arepa de ovo, sanduíche de linguiça de porco, mandioca recheada... Comida da costa, da qual ele gostava. Serviam rum branco. E ele chegou e disse: "*Ay*, não, que chatice. Eu gosto é de caviar com champanhe".

GUILLERMO ANGULO: Há um escritor, um amigo nosso, que diz que Gabo neste momento é o escritor mais conhecido do mundo. E, claro, nunca houve um colombiano na história do mundo que fosse tão conhecido quanto ele. Quer dizer, na China provavelmente nunca ouviram falar de Bolívar, mas de Gabo, sim.

29
MERCADORIA DANIFICADA

Momento que a história da Crônica de uma morte anunciada* *é discutida, e um magistrado colombiano nos dá sua versão dos fatos*

MARGARITA DE LA VEGA: É algo que ocorreu em Sucre quando o pai dele era farmacêutico. O assassinato aconteceu, e aqueles garotos, os gêmeos, estavam estudando em Cartagena, na Faculdade de Medicina.

PATRICIA CASTAÑO: Fomos a Sucre com Gerald Martin. Retomamos toda a história. Fomos ao local onde o italiano que mataram está enterrado. O da *Crônica*. Vimos a lápide, uma daquelas lápides da foto. E todo mundo conta uma versão. "Eles entraram por essa porta e saíram por esta", blá-blá-blá.

CARMELO MARTÍNEZ: Gabito não estava em Sucre quando mataram Cayetano [Gentile]. Estava estudando em Barranquilla. Seu pai e

---

* García Márquez escreveu *Crônica de uma morte anunciada* em 1981, com base em fatos ocorridos em 1951, em Sucre, na época em que seus pais moravam lá. Um noivo devolve a noiva horas após o casamento alegando que ela não era virgem. Seus irmãos saem e matam o homem que pensaram ter sido seu primeiro amante. Dizem que García Márquez esperou todo aquele tempo para escrever sobre o caso porque a mãe dele havia lhe pedido para não narrar o assunto, e ele só o fez depois que ela morreu. Sua mãe, Luisa Santiaga, faz uma participação especial na novela.

sua mãe, sim. Então contei a Gabito o que eu sabia. O que testemunhei. Ele veio aqui para minha casa e contei a ele aqui mesmo, neste terraço. Olha, isso aconteceu na segunda-feira, 21 ou 22 de fevereiro de 1951, em Sucre, uma cidadezinha à beira d'água. Cayetano e eu estivemos juntos no sábado anterior, quando aconteceu o casamento de Miguel Reyes Palencia, um *sucreño* que morava em San Marcos, e Margarita Chica. Ela é Ángela Vicario no romance. Fomos ao porto com Cayetano para assistir à partida dos recém-casados. Não esqueci que quase me tornei um criminoso porque peguei a arma do meu pai para perseguir os Chica. Os Chica se refugiaram em uma casa em frente à casa da família Palencia, passando a igreja. Quando vi Víctor, que brandia uma faca, alegando dor como motivo para ter esfaqueado Cayetano, corri para fora com uma arma na mão. Quando viu aonde eu estava indo, ele entrou e trancou a porta.

JAIME GARCÍA MÁRQUEZ: Eu tinha 10 anos quando mataram Cayetano Gentile. Quando fiquei sabendo, corri para ver, e lá na sala de estar o vi, deitado em uma cama, muito pálido, é claro, porque já havia perdido muito sangue; havia lama em sua camisa além de sangue, e, naquele momento, o médico retirava o estetoscópio e o declarava morto. Algum tempo depois, quando Gabito estava trabalhando em sua *Crônica de uma morte anunciada*, ele enfrentou uma dúvida: se havia ou não chovido em janeiro, quando mataram Cayetano. Ele sempre teve a ideia de que eventos trágicos têm a ver com o clima. Alguém disse que em Sucre nunca chove em janeiro. Então eu disse a ele: "Bem, choveu, porque me lembro da camisa de Cayetano salpicada de lama". As dúvidas permaneceram. Depois que o romance saiu, falando sobre isso com minha irmã Margot, ela se lembrou de outro fato interessante: pouco antes da morte de Gentile, meu irmão Luis Enrique e ela estavam falando com ele no porto, e chovia, e um garoto tropeçou e caiu na frente deles, e Cayetano o pegou, e a camisa dele estava coberta de lama. Em outras palavras, definitivamente chovia naquele dia, e é por isso que me lembrei da camisa suja de lama.

CARMELO MARTÍNEZ: Quando Miguel Reyes devolveu Margarita, causou um escândalo no bairro mais abaixo. Todos sabiam o que havia acontecido. Mas onde morávamos, perto da praça, não.

Ela se casa no sábado à noite, e matam Cayetano na segunda-feira. Às 8 horas da manhã. Oito. Oito e meia. Domingo à noite ele dormiu em sua casa e saiu para resolver um assunto. Ele nunca soube que estavam procurando por ele. E eu estava com ele naquela manhã. Fomos ao porto. Ele estava apaixonado por uma garota cujo sobrenome era Nasser. O pai dela era do Egito, e a família da mãe, italiana. O nome dela era Nidia. Nidia Nasser. Eles tinham marcado de se encontrar no porto, e, como os namorados estavam conversando, o que eu ia fazer lá? Então os deixei sozinhos. O plano era nos encontrarmos no porto e levarmos nossa canoa para a fazenda.

Estávamos do lado de fora esperando que Cayetano voltasse. Ele teve de ir procurar uma empregada que precisava levar de volta para a fazenda. Ele vinha nos encontrar em nossa canoa quando os Chica chegaram e atacaram Cayetano. Então, a primeira coisa que fiz foi correr para o segundo andar da minha casa, para pegar uma arma, um .38, por sinal, a estrela branca do meu pai, e sair correndo dali. Como um louco. Não sei por quê, mas saí segurando o revólver. Eu não sabia ainda o que tinha acontecido. Então, quando cheguei à casa de Cayetano, descobri que os Chica o haviam esfaqueado, que já estavam na casa do outro lado da rua, onde Víctor Palencia morava. Então saí para ir até lá. Quando saí, eles barraram a porta. Eles se renderam. Os outros entraram e os entregaram à polícia.

RAFAEL ULLOA: A mãe de Gabito não queria que ele contasse essa história. Ela sentia pena da mãe de Cayetano. Ele escreveu depois que ela morreu.

CARMELO MARTÍNEZ: O casamento foi no sábado, a suposta lua de mel naquela noite, e na segunda-feira os namorados iriam para San Marcos. Mas não aconteceu assim, porque naquela noite, após o incidente que os impediu de consumar o casamento, Miguel Reyes devolveu Margarita à mãe, como se ela fosse uma mercadoria danificada. Bem, ele percebeu que ela não era virgem. Então a devolveu cerimoniosamente à sua mãe, porque ele era de origem santanderina. Então o problema começou, porque a família de Margarita a colocou no confessionário, para que ela dissesse quem havia sido o homem que... Bem, quem havia sido o escolhido? Bem, quem era o marido? Então ela disse que fora Cayetano. Cayetano Gentile esteve comprometido com ela. Mas Cayetano rompeu o noivado porque, enquanto ele estudava na Universidade Javeriana, ela arranjou um namorado de Guaranda. Outra cidade. Possivelmente por esse motivo, Cayetano não se casou com ela. Quando cheguei à porta, ele já estava segurando as entranhas, para que não saíssem. Eles o haviam esfaqueado. Víctor Chica, especialmente. Víctor é o assassino. Ele foi o assassino. Não Joaquín. Joaquín foi ajudar o irmão. Ele não participou do assassinato. Ele interveio, acalmando o irmão. Víctor era um açougueiro, abatedor de gado. É ele quem os levava ao mercado, e tinha uma faca. Uma faca para matar bois foi usada para matar Cayetano.

MARGARITA DE LA VEGA: Quando Gabo lançou o livro, os gêmeos quiseram processá-lo.

CARMELO MARTÍNEZ: Então, o que acho que aconteceu? Margarita o denuncia, vingando-se, porque a posição social e econômica de Cayetano na cidade era mais alta que a dela. Então, quando Cayetano a abandonou, o que ela fez foi um ato típico de vingança, de uma mulher que havia sido ferida. O que eu acho é que ela se vingou de Cayetano porque Cayetano não se casou com ela. Agora, é muito possível, creio que é quase cem por cento verdade, que ela foi mulher de Cayetano. Que teve relações sexuais com ele. Cayetano a abandonou, e ela o apontou como aquele que tirara sua virgindade, foi essa sua vingança contra Cayetano.

MARGARITA DE LA VEGA: Uma das coisas que Gabo queria era informação sobre o julgamento. O julgamento pelo assassinato ocorreu em Cartagena, e outro dos meus tios, cujo nome é Antonio de la Vega, foi o juiz. Ele tinha acesso aos papéis, e meu tio foi buscá-los. Estavam no porão do Palácio da Justiça, em Cartagena, e cobertos de umidade, como na cena do filme; não sei se viu o filme, é muito ruim. Evoca o lugar, mas os atores estão péssimos, ainda que sejam ótimos atores. Rupert Everett deveria ser enforcado. O mesmo aconteceu com *Amor nos tempos do cólera*. Nunca achei que diria que *Crônica* era melhor que qualquer outra coisa. Então meu tio é o juiz. Você se lembra de que eles vão procurar os papéis e está tudo inundado? Gabo tira isso da realidade e usa no romance.

CARMELO MARTÍNEZ: Naquela época havia uma ideia no código penal, que era a defesa da honra. Lá não há defesa da honra. Como sempre vivemos de maneira atualizada, isso se deve ao código penal italiano de Benito Mussolini, do qual o colombiano foi copiado. Copiado. Copiado. Então é isso. Sob o código penal de 1936, alguém poderia reivindicar a defesa da honra, mas um assassinato ocorreu porque houve vigilância. Vigilância é quando se passa a observar a vítima para descobrir seus movimentos, o que faz e o que não faz, para facilitar o ataque.

Miguel Reyes Palencia era de uma família conservadora do lado materno e liberal do lado paterno. Mas um homem refinado. Um homem correto. Miguel Reyes mora em Barranquilla agora. Margarita, em Sincelejo. Ela não era tão bonita quanto a garota do filme.

MARIELA DE MARTÍNEZ: É costureira.

CARMELO MARTÍNEZ: Há uma fofoca. Estou contando para você como fofoca. Miguel Reyes voltou depois para Margarita, e eles tiveram alguma coisa. Eles eram marido e mulher outra vez. Mas só esporadicamente. É como viver por um tempo nas cinzas de um homem morto, porque aqueles dois o mataram. Aqueles dois são os autores intelectuais da morte de Cayetano. Por quê? Por uma das duas razões: ou ela teve experiência sexual anterior, o que é mais provável, com alguns homens de Guaranda, namorados que teve em Guaranda, e foi por isso que Cayetano terminou com ela; ou, então, Cayetano realmente foi seu primeiro marido.

MARGARITA DE LA VEGA: Ele está muito interessado no tema da honra. E o tema da honra depositada na mulher, porque faz isso em suas primeiras histórias e fez isso em outros roteiros que escreveu. Faz parte do filme *Tiempo de morir* [Tempo de morrer].

CARMELO MARTÍNEZ: Nas aldeias, todo mundo tem sua própria versão. A história é a morte de um homem esfaqueado por outros homens por motivos de honra. Na minha opinião, o que acontece é que essa garota já era uma mulher mais velha. Se fosse menor de idade, uma criança, uma menina com menos de 15 ou 12 anos, poderia haver uma acusação de corrupção de menores ou violência carnal. Mas, se ela é uma mulher de uns 20 anos, que violência carnal pode haver? Ela foi para a cama com o homem porque gostava dele. Ela estava apaixonada por Cayetano. Agora, acredito que o negócio com Miguel foi uma tábua de salvação, porque uma mulher na faixa dos 20 anos é quase uma solteirona. Porque, em uma aldeia, uma garota daquela idade já ficou para titia.

Então Cayetano morreu dizendo que era inocente. Acredito em Cayetano porque um homem que está para morrer diz a verdade. Cayetano, quando cheguei, disse: "Sou inocente, sou inocente. Morro como um homem inocente. Essas pessoas me mataram". Então saí para matar Víctor...

PATRICIA CASTAÑO: Sucre... Sucre é uma cidade incrível. Um conto que ele escreveu também vem de lá; chama-se *"Isabel viendo llover en Macondo"*. Essa história, ele deu a uma senhora chamada Tacha Quintana, que foi sua namorada em Paris. Deu a ela os direitos desse conto.

GERALD MARTIN: Como não incluí Tacha na biografia? Tacha é a mulher número dois em sua vida. Tacha é quem aparece em seus livros. Ela está no *Coronel* (eles viviam juntos em Paris, passando fome, quando o escreveu), em *Cem anos de solidão*, no conto "O rastro do teu sangue na neve".

PATRICIA CASTAÑO: No ano anterior, Tacha montou uma peça de teatro desse conto em Cartagena, pela primeira vez, e em Bogotá, por uns três dias. E é muito impressionante porque essa história é sobre uma inundação em Sucre, Sucre. E no dia em que Tacha terminou sua apresentação em Bogotá, que foi no sábado à noite, e estávamos tendo o pior inverno da Colômbia, apareceu uma superfotografia dizendo que Veneza está em Sucre. Ela mostra a inundação do dia em Sucre. Quero dizer, o que é incrível é pensar que, cinquenta anos depois da descrição de Gabo, as pessoas em Sucre, Sucre, continuam a viver o mesmo drama.

CARMELO MARTÍNEZ: O fato fundamental é verdadeiro. Depois, em cima disso, vem a magia de Gabito, o estilo de Gabito. Agora, os fatos são verdadeiros, são corretos. O que acontece é que Gabito tem uma grande imaginação e, além disso, uma ótima caneta. O trabalho é dele e a obra literária é dele, mas os fatos são exatos. Não há exagero nem invenção alguma. Aqueles eram os fatos. Agora, quando tentei bem aqui contar a Gabito, dar a ele a minha explicação, ele disse: "Se você me der sua explicação, vai arruinar a ideia que tenho. O que eu quero fazer é escrever um romance".

GREGORY RABASSA: Muitas coisas que traduzi se tornaram clichês. Agora eles chamam tudo de "Crônica de isso e aquilo anunciada".

30
SONHOS DE PODER

Momento que García Márquez janta com ditadores e presidentes

GUILLERMO ANGULO: Sabe o que aconteceu? Gabo tem uma tendência muito curiosa: ele adora o poder. Seja poder econômico, seja poder político. Sim, ele ama tudo isso. Essa foi uma mudança nele para pior. O general Omar Torrijos,* do Panamá, lhe disse: "Escute, você gosta de ditadores". Gabo estufa o peito quando lhe dizem coisas desse tipo. E pergunta a Torrijos: "Por quê?". E Torrijos responde: "É amigo de Fidel e meu". Gabo se vangloria de que há nove chefes de Estado que atendem às suas ligações e se diz amigo de Clinton.

ARISTIDES ROYO: O primeiro encontro deles, que deveria durar apenas algumas horas, tornou-se um delicioso diálogo à beira-mar em seu retiro em Farallón, e dele nasceu uma forte amizade. Era o início dos anos 1970, e o general enviou um avião para buscá-lo no aeroporto de Cartagena. O escritor estava interessado em conhecer Omar, porque

---

* O general Omar Torrijos governou o Panamá de 1968 a 1981. É mais conhecido por negociar os Tratados Torrijos-Carter, de 1977, que acabaram com o controle dos Estados Unidos sobre o Canal do Panamá em 1999. García Márquez, ativista da soberania latino-americana, demonstrou interesse em conhecer o general, que também tinha Graham Greene como amigo.

tanto Fidel quanto López Michelsen haviam lhe contado sobre as lutas que o líder panamenho estava encabeçando pela recuperação do canal e da completa soberania do nosso território. Eles deveriam conversar por algumas horas, mas a primeira conversa durou dias e se transformou em uma amizade para toda a vida.

Em 5 de setembro de 1977, Gabriel García Márquez estava a bordo do avião da Air Panama como membro da delegação panamenha que assistiria à assinatura dos Tratados Torrijos-Carter. Ele e Graham Greene estavam viajando sem visto para entrar nos Estados Unidos, mas nenhum deles enfrentou dificuldade alguma porque, tendo em vista que a viagem era presidida por Omar Torrijos, o chefe de Estado, as autoridades dos Estados Unidos abandonaram o processo habitual de imigração.

No dia seguinte, em uma reunião com Jimmy Carter, um dia antes das eleições e depois que toda a agenda da missão oficial havia sido cumprida, Torrijos pediu ao presidente dos Estados Unidos para explicar as razões pelas quais dois escritores importantes, um britânico, Graham Greene, e um colombiano, Gabriel García Márquez, tinham sido impedidos de entrar no país. Carter passou a pergunta a seu conselheiro de segurança nacional, o professor Zbigniew Brzezinski, que deixou a sala por cerca de quinze minutos, enquanto os dois chefes de Estado continuaram conversando.

Ele retornou à reunião dizendo que Gabriel García Márquez visitava Cuba com frequência e passava muitas horas com Fidel analisando questões políticas no hemisfério americano. Mais tarde, quando perceberam que o autor colombiano não era espião nem conspirador, deram-lhe um visto que ele usou quando recebeu o prêmio PEN. Com relação a Greene, explicaram que lhe foi negado o visto porque ele viajava anualmente a Moscou e ficava com seu amigo Kim Philby, um espião britânico a serviço da União Soviética. Logo depois, Greene também conseguiu um visto. Deve ter sido esclarecido que Greene e Philby passavam o tempo juntos sob o comunismo simplesmente bebendo muita vodca boa.

WILLIAM STYRON: Nossa conexão com presidentes, a de Gabo e a minha, estendeu-se muito singularmente a François Mitterrand, de quem nós dois nos tornamos amigos, uma vez que Mitterrand tinha um enorme amor pela literatura em geral. Nós nos tornamos amigos dele e, de fato, estávamos presentes, ele e eu, na posse de Mitterrand. Na verdade, ele e eu compartilhamos o primeiro almoço servido no Palais de l'Élysée sob a administração de Mitterrand, no dia da posse. Mitterrand nos convidou separadamente, mas juntos, no final, porque leu nosso trabalho. E esse é outro presidente que fascinou Gabo e sobre o qual escreveu. Nós dois recebemos a Légion d'Honneur. Não estávamos na mesma cerimônia, mas ele a concedeu a nós dois mais ou menos na mesma época, em meados dos anos 1980.

HÉCTOR ROJAS HERAZO: Então é isto que eu quero lhe dizer. Ele fugia toda vez que iam entregar um prêmio ou qualquer outra coisa a ele, dar-lhe uma medalha aqui na Colômbia. Ele corria para pegar um avião. Mas chegou um momento em que, por causa da seriedade com que o mundo encara isso tudo, ele se tornou cada vez mais transcendente e, claro, rendeu-se à glória.

WILLIAM STYRON: Tivemos uma conversa muito interessante sobre chefes de Estado. Concordamos que ambos estávamos quase fatalmente atraídos por presidentes. Admitimos um ao outro que com frequência sonhávamos com eles. Mas dissemos a nós mesmos: "E o que há de errado nisso?"... Tive uma espécie de caso de amor mental de longo prazo com presidentes. Sonhei com Truman. Sonhei com John F. Kennedy. Estou falando dos bons presidentes. Eu incluiria até mesmo Eisenhower, que na minha opinião foi um dos presidentes republicanos menos prejudiciais. Confessei, então, a minha atração fatal por líderes políticos poderosos e, como você sabe, afirmei que um dos objetos da minha atração era Bill Clinton. E dissemos um ao outro que havia quase um elemento metafísico nessa atração por homens poderosos, porque, no caso dele, esses homens, que quase sempre haviam subido impiedosamente ao poder, têm um efeito enorme na vida dos outros. Esse é um aspecto central da vida nacional. Um homem, digamos, como Castro, como tantos líderes latino-americanos, os presidentes do México, os presidentes dos países da América Central, por exemplo, eles exercem controle sobre toda a nação. É por isso que são pessoas que legitimamente fascinam escritores.

JAIME ABELLO BANFI: Em 1994, por exemplo, ele estava muito entusiasmado, pronto para retornar à Colômbia. Era o governo de César Gaviria. Ele havia concordado em fazer parte do que chamavam de *Misión de Sabios* [Missão de Sábios], um grupo de pensadores e cientistas comissionados para trabalhar em tópicos de educação, ciência e desenvolvimento. Mas também estava pensando na criação da fundação [para o jornalismo] e no encontro conosco. Estava publicando seu romance *Do amor e outros demônios*. Naquele ano, estava se reunindo com Clinton em Martha's Vineyard, ao lado de Fuentes e dos Styron. Estava pensando em construir sua casa em Cartagena, mas também decidiu comprar um apartamento em Barranquilla, para ter um espaço lá. Comprou-o em um prédio projetado por sua afilhada Katya González Ripoll. Vamos dizer que é um período em que ele está preparado para voltar; 1994 é um ano-chave.

ROSE STYRON: Ele apareceu mais de uma vez. Não lembro se foi em Nova York ou por telefone, ou simplesmente por intermédio de Carlos [Fuentes], mas conversamos durante muito tempo sobre ele vir a Vineyard, também porque Clinton vinha todo verão, você sabe. Foi um ou outro, ou talvez tenha sido Carlos que disse: "Por que você não planeja sua visita para quando Clinton estiver lá e, assim, todos nós podemos nos reunir?".

WILLIAM STYRON: É certo que, quando ele veio para o jantar em 1994, nessa data ele já podia entrar livremente no país. O ato já havia sido revogado.

ROSE STYRON: Carlos nos visita todos os anos e fica em casa conosco. Dissemos a Gabo para vir, e naquele ano — devia ser 1994 — foi a primeira vez que ele veio ficar conosco. Na realidade, ele dormia em um hotel bem perto de casa, mas passava o dia conosco.

WILLIAM STYRON: Bem, Carlos é um dos meus amigos mais antigos e próximos, e nos encontramos em Nova York em 1994, na primavera, e eu disse a ele que Clinton fizera questão de agendar uma viagem para Vineyard e tinha certeza de levá-la a cabo naquele verão. Carlos estava se irritando, como tantos outros latino-americanos e tantas outras pessoas, com o embargo a Cuba. Gabo queria conhecer Clinton e Carlos também. E não seria uma coisa interessante e proveitosa se de fato Gabo e ele pudessem conhecer Clinton e confiar nele a respeito do embargo cubano? Achavam que Clinton se encontraria com eles porque já havia dito que era um grande admirador de *Cem anos de solidão*. Na verdade, sua filha, Chelsea, tinha acabado de ler e adorado. Então eu disse a Carlos que poderíamos nos reunir naquele verão e que Clinton estaria na minha casa. E por que não convidar Gabo para a ilha? Isso aconteceu em agosto, no final de agosto de 1994, e assim o jantar foi combinado. Gabo veio. Foi um jantar pequeno em minha casa com os Clinton, Vernon Jorda e sua esposa, o ex-chanceler Sepúlveda, do México, e sua esposa, e meu amigo Bill Luers e a esposa. Bill Luers tinha sido embaixador dos Estados Unidos na Venezuela e na Tchecoslováquia. E assim foi uma pequena reunião. Ah, e eu deveria adicionar a afilhada de Gabo, Patricia Cepeda, e seu marido, John. Ela é casada com John O'Leary, que recentemente foi embaixador dos Estados Unidos no Chile. Um proeminente advogado em Portland, Maine. De todo modo, eles também estavam lá. Patricia para traduzir. Você conhece Gabo... Seu inglês é muito bom, mas acho que ele não gosta de usá-lo porque não é perfeito. Sempre que estou com ele, falamos em inglês porque não sei o suficiente de espanhol para conversar. Mas, como muitas pessoas que não têm o domínio perfeito de uma língua, ele prefere falar em sua língua materna. Mas Patricia é uma intérprete muito capaz, então se sentava à mesa com Gabo e Clinton. Eu estava do outro lado da mesa com Hillary e podia dizer, embora não estivesse ouvindo com atenção, que Gabo e Carlos o envolviam numa palestra sobre o embargo cubano. Naquela época, ambos estavam muito exaltados com o embargo. Bem, acho que essa foi uma das razões pelas quais se aproximaram dele. Mas, curiosamente — e reconstruí isso com Bill Luers, que estava sentado mais perto deles que eu —, eu poderia dizer, e Bill confirmou isso, Clinton estava resistindo àquela conversa. Suponho que tenha sido porque já tinha uma opinião formada sobre Cuba e porque não seria influenciado a mudá-la, nem mesmo por pessoas que ele admirava tanto, como Gabo. E então Bill Luers, vendo o olhar perdido de Clinton, que suponho ter indicado rejeição — e sendo ele um perfeito ex-diplomata —, falou com firmeza suficiente para mudar o assunto da conversa da política em Cuba para questões literárias, e isso foi fascinante... A guinada veio quando alguém, esqueci quem, talvez Bill Luers ou Clinton, perguntou o nome do romance favorito de cada um, e a essa altura os olhos de Clinton se iluminaram bastante, e tivemos uma espécie de jogo de salão literário ao redor da mesa. Ou seja, a política foi abandonada, e todos começaram a revelar seu romance favorito. Bem, acho que isso ocorreu porque eles não conseguiram nenhum progresso na questão de Cuba.

GUILLERMO ANGULO: Acho que no fundo as pessoas sempre querem se gabar do que não sabem. Gabo quer parecer um grande político e não sabe nada de política. Acho que Gabo fica muito incomodado quando lhe dizem que ele é um escritor muito bom, afinal, para quê? Isso é bastante claro para ele; sabe disso e não é preciso que lhe digam tal coisa.

WILLIAM STYRON: Clinton liderou a enquete, e lembro que Carlos respondeu que seu romance favorito era *Dom Quixote*. Gabo disse que, de todos os livros, escolhia *O conde de Monte Cristo*, e explicou por quê. Disse que era um romance perfeito. Que era fascinante. Que não era apenas um melodrama de época. Tinha grande profundidade e era de fato uma obra-prima universal. Respondi *As aventuras de Huckleberry Finn*, o primeiro que me veio à mente. E por fim Clinton disse *O som e a fúria*, de Faulkner, e imediatamente, para espanto de todos, começou a recitar uma longa, longa passagem do livro, palavra por palavra. E foi mesmo mágico vê-lo fazer isso, porque depois ele fez uma pequena e interessante palestra sobre o poder de Faulkner e sobre quanto Faulkner o influenciara. Lembro-me de que ele iniciou essa conversa com Gabo, e Gabo disse que, sem Faulkner, ele não teria sido capaz de escrever uma única palavra. Que Faulkner foi sua inspiração direta como escritor quando ele estava apenas começando a ler literatura universal na Colômbia. E que fizera uma peregrinação a Oxford. Lembro que ele mencionou isso a Clinton. Se ficou decepcionado porque não fez nenhum progresso com Cuba, ele o escondeu. Estava animado e até empolgado; notei quando eles começaram a conversar sobre os grandes romances. E então a noite foi basicamente um enorme sucesso. Mas foi um fracasso total no que se refere à política.

ROSE STYRON: Eu me recordo que Bill Luers sentiu que Clinton talvez já tivesse ouvido o suficiente sobre Cuba, então mudou o rumo da conversa, para que ela deixasse de ser liderada por Gabo e fosse liderada por Clinton, que queria falar sobre escrita e literatura... Carlos também participou dessa conversa sobre os escritores que Clinton havia lido. Quero dizer, eles estavam bastante interessados no conhecimento de Clinton sobre a literatura latino-americana. Ele começou a falar sobre um jovem romancista mexicano que estava lendo e que lhe parecia muito bom. E me recordo que Carlos e Gabo ficaram bastante surpresos porque ambos conheciam aquele jovem. Não me lembro do nome dele, mas eles ficaram surpresos que Clinton o tivesse lido. E, claro, Clinton também cita tudo. Eles ficaram impressionados com o conhecimento literário de Clinton. Não necessariamente dos livros de Gabo, mas de literatura em geral. E sei que Chelsea era uma grande fã de Gabo e estava lendo um de seus livros. Mais tarde, Gabo foi convidado a visitar a Casa Branca. Acho que foi naquele mesmo ano. Ou pode ter sido logo depois. Acho que pode ter sido naquele inverno que Chelsea, em particular, o quis lá.

WILLIAM STYRON: Acho que Márquez realmente queria conhecer Clinton, a quem admirava muito, e queria falar sobre as relações políticas latino-americanas, Cuba e Colômbia e México, e assim por diante, mas Clinton queria falar sobre literatura. Então foi uma noite maravilhosa, e Clinton parecia ter lido tudo, foi um encontro muito proveitoso. Depois, durante o jantar, ele recebeu o telefonema de um prefeito que negociava uma proposta de paz na Irlanda. E então falamos de Cuba, Irlanda e literatura mexicana, e foi tudo. Mas acho que isso teve repercussão, porque várias vezes depois ouvi comentários sobre o jantar quando estava na América Latina.

SANTIAGO MUTIS: Este é o grande desejo de Gabo: ajudar a América Latina. Intervir por Cuba e pelas pessoas que estudam cinema. Intervir em problemas políticos, ajudar as pessoas a passar por qualquer coisa que seja. Ele acha que, a partir daí, talvez algo possa ser resolvido.

WILLIAM STYRON: Exatamente. Mas esse é um fenômeno bastante comum na América Latina. Não é só Gabo; Carlos Fuentes também. Lembro-me de que ele e eu fomos quando Salinas era presidente do México. Gabo é esse tipo de fenômeno por excelência, entende? Escritores em geral. Octavio Paz teve esse efeito no México. Vargas Llosa quase se tornou presidente, diabos. Mas, como disse antes, e não que isso importe e coisa tal, a ideia de ter um escritor com essa profunda influência política e cultural nos Estados Unidos, da maneira como Gabo tem na América Latina, é inconcebível aqui.

JAIME ABELLO BANFI: Lembre-se de que, depois do governo de Belisario, ele ficou aqui durante todo o tempo das bombas, de 1982 a 1986. Ficou muito na Colômbia porque Belisario ligava para ele, procurava-o, trazia-o, mas algo aconteceu ali, naquele complicado governo de Belisario, com a tomada do Palácio da Justiça, Armero, o fim abrupto dos processos de paz em Tlaxcala com as Farc. Então tem início o governo de Barco. E o governo de Barco também foi complicado: a luta contra o narcotráfico, o tema da extradição, as bombas. Depois vem o governo de Gaviria. E Gaviria renova o esforço para novamente atrair Gabo. E Gaviria, de fato, pede que Gabo revise o texto final da Constituição de 1991. Gabo o corrige.

WILLIAM STYRON: Nosso jantar não recebeu uma única linha na imprensa norte-americana, mas foi notícia de primeira página em todos os grandes jornais de língua espanhola do mundo. Suponho que por todas as razões que mencionei anteriormente. Sim, e é por isso que acho que há uma enorme distinção entre escritores nos Estados Unidos e escritores na América Latina. Um escritor nos Estados Unidos pode receber, a meu ver, o respeito de um presidente excepcional como Bill Clinton, que é fascinado por escritores e leu muito, incluindo o meu próprio trabalho. Sim, é fascinante, mas a ideia de que eu poderia, de algum modo, influenciá-lo em qualquer assunto importante, isso é uma ilusão. Escritores neste país são marginais. Se fôssemos três estrelas do rock a encurralar Clinton, teríamos saído na primeira página.

ROSE STYRON: Por anos ele nos disse que precisávamos ir a Cuba: "Por favor, tentem ir quando eu estiver lá, para ficarmos todos juntos". Essa era a ladainha dele. O prazer, claro, era estar com Gabo, que é uma companhia maravilhosa e uma presença humana acolhedora e afetuosa. Você sabe, repleto de ideias grandes e aventureiras.

Queríamos ir a Cuba e mencionamos isso a Arthur Miller. Achamos que seria algo que poderíamos fazer juntos e soubemos que Gabo estaria lá. Ele passou um tempo sem ir a Cuba, pelo menos um ano e meio, porque estivera doente. E quando ouviu que estaríamos lá, disse que também ia. Não sei se foi mero acidente o fato de estarmos lá ao mesmo tempo ou se ele armou para estar lá na mesma época e nos encorajou a ir. Não sei exatamente como aconteceu. Não sei se foi fortuito ou não, mas sei que, no momento que soubemos que estávamos indo, ele também soube. E, quando o avisamos de que íamos a Cuba, ele já sabia e disse que estaria lá. E em Cuba estivemos juntos, e ele organizou as coisas enquanto estávamos lá. Estava muito interessado em nos levar à casa de Hemingway, em nos levar até lá. Queria que nos envolvêssemos com Cuba e víssemos o potencial que tinha, o que havia sido e o que poderia ser. Queria fazer tudo que pudesse para fortalecer as relações entre Cuba e os Estados Unidos, principalmente entre os escritores que ele respeita. E queria que nos divertíssemos.

SANTIAGO MUTIS: Não sei se aquela amizade com Fidel se converteu em coisas boas para muita gente. Acredito que sim. Mas agora ela integra parte do que a imprensa diz, que coisas surgiram dela. Quanta vida que não é pública acontece por lá? Ninguém sabe. Resta simplesmente ao leitor aquilo que é publicado.

ARISTIDES ROYO: Essa amizade com Fidel também permitiu a ele ajudar as pessoas detidas a serem soltas e outras a deixar Cuba.

ROSE STYRON: Ele estuda tanto os personagens reais como os fictícios muito de perto. Na primavera passada, quando estávamos todos em Cuba e na presença de Castro, dava para ver que isto o preocupava: a possibilidade de ele não estar presente quando fôssemos encontrar Castro. E ele refletia sobre nossa visita a Castro. Ele o entendia perfeitamente e de todos os ângulos. Quero dizer, ele via o bem e o mal e a razão para ambos. Pude constatar isso nas reações dele a Castro.

WILLIAM STYRON: O fato de Gabo estar lá foi claramente a nossa entrada naqueles momentos fascinantes que passamos com Castro.

ROSE STYRON: Ele queria que conhecêssemos Castro. Queria que entendêssemos Castro como ser humano. Fidel nos ofereceu um jantar no palácio presidencial. Estávamos em Havana com Arthur Miller e sua esposa e algumas outras pessoas. Os Luers e os Janklow. Éramos oito, e fomos todos convidados para o jantar. E, quando entramos, Castro veio nos receber.

E ficou claro que ele sabia tudo sobre cada um de nós, porque perguntou a todos algo um pouco pessoal, e nos deixou saber que conhecia exatamente quem éramos e o que fazíamos, coisas assim. E pude ver Gabo simplesmente parado ali sorrindo atrás dele. Mas Gabo estava tão preocupado que Castro gostasse de nós ou fosse agradável conosco quanto estava em nos fazer sentir confortáveis com ele, para que pudéssemos entender a situação. Não houve palavras em particular naquele momento, mas lembro-me de que, durante o jantar, eu estava sentada ao lado de Gabo e ele fazia pequenos rabiscos e, você sabe, me passava um bilhete de vez em quando. Foi divertido. O jantar durou algumas horas.

Em determinado momento, já era muito tarde, Castro falava do jeito dele, maravilhosamente, sobre guerras e batalhas. Havia algumas coisas políticas engraçadas acontecendo, mas ele nos oferecia um magnífico resumo das batalhas históricas que de fato ocorreram. Da Guerra do Peloponeso à Guerra do Golfo: quem eram os generais e quais haviam sido suas manobras, seus sucessos e seus erros. E então ele continuou com o que achava que tinham sido seus erros, quero dizer, como guerrilheiro, lutador e líder. Gabo se virou para mim e sussurrou: "Ah, agora ele ficou nervoso. Isso vai demorar, mas vai ser muito bom". Ele também ficou satisfeito com o que estava acontecendo e, sem ser crítico, ficou observando; ficou, acima de tudo, prestando atenção na reação de todos. Acho que gosto mesmo é de observá-lo enquanto ele observa os outros. Dá para ver o que está passando na sua cabeça e perceber sua gentileza e generosidade, mas não uma falta de discernimento. Não significa que ele esteja sentado lá aprovando ou desaprovando a política do momento.

SANTIAGO MUTIS: Mas, por exemplo, quando Gabo escreveu o livro sobre Cuba, lembro que lhe disseram para não publicá-lo, porque poderia prejudicar Cuba. Ele nunca foi lançado. Algumas partes foram publicadas aqui na revista *Alternativa*, e era um livro no qual se via como as pessoas viviam em Cuba. Gabo o escreveu porque é assim que a vida é, mas, quando estava prestes a publicá-lo, disseram: "Politicamente, ele é contrário a nós, porque se podem ver todas as dificuldades". Gabo não pensa assim, já que escreveu o livro. Mas, não sei, você poderia achar o livro maravilhoso, mas você enxerga uma realidade em que eles não foram capazes de consertar muita coisa. E isso não é vantajoso em termos políticos. Acho que talvez não sirva ao governo, mas pelo lado humano... Digamos que é isso que Gabo precisa reconciliar ou resolver interiormente. E que como leitor você deve aceitar. Porque na minha opinião não existem motivos políticos que não lhe permitam contar de novo a vida de algumas pessoas. Porque você quer entender como é de verdade, não o que o governo fabricou. É o momento em que você deve dizer que não acredita mais no que é correto politicamente.

WILLIAM STYRON: Acredito que seja uma questão muito simples. Parece complexa, mas é basicamente bem simples. Acredito que Gabo se tornou um amigo bastante próximo de Castro, e acredito que é o tipo de amizade que foi moldada nos primeiros anos da ascensão de Castro. Estou usando a palavra "ascensão" aqui como uma escalada ao poder em Cuba. Um processo que provocou uma chuva de críticas violentas na cabeça de García Márquez. Mas acho que a amizade deles é muito sólida e que Gabo está determinado a tirar o melhor proveito dela.

SANTIAGO MUTIS: De toda forma, você não pode julgar Gabo do ponto de vista moral. Você pode julgá-lo em termos políticos. Não julgar, mas mostrar discordâncias. Mas não moralmente. Então, se você passar da literatura para um comentário político, compartilhado em público, as pessoas vão lhe dar uma resposta pública. Isso vai levá-lo a ter oponentes. E haverá lutas e coisas terríveis. Sim. Cabrera Infante tem uma discussão terrível com Gabo. E todo um fluxo de escritores. Politicamente, estão lá porque ele está entrando em um território no qual se discutem essas coisas, e esse é um problema de poder. O poder está aí para ser contestado. Se você acha que um escritor deveria ou não fazê-lo, essa é outra questão.

ROSE STYRON: Por um lado, ele é um ativista, e, por outro, um romântico, além de ser um realista em ambos os sentidos. Quer dizer, ele sempre vê de verdade a injustiça do momento e a ataca, seja ela uma injustiça pessoal ou política; seja ela vinda de Pinochet, de Clinton, de Castro. Seja o que for, seja uma pessoa ou um governo que a está cometendo, ele tem um senso muito bem fundamentado do que é justo e do que não é. Além disso, é totalmente dedicado à ficção e ao ativismo. Tanto do ponto de vista de sua ficção como de seu ativismo, eu acho — e estou pensando em voz alta agora — que ele tem um senso de caráter dos indivíduos, uma percepção clara dos indivíduos, que é o que permite a ele criar a realidade de seus próprios personagens nas suas obras de ficção. Eles são inesquecíveis. Acho que ele pode ver o caráter do sujeito bom e do sujeito mau.

SANTIAGO MUTIS: Que ele foi capaz de lidar com isso... Eu não entendo. Porque acredito que haja coisas em qualquer caso que exigem tudo de você. Quer dizer, quando você é político, está preocupado com isso e com esse estilo de vida. De toda forma, Gabo é realmente um homem forte. Acredito que eles colocam um pavio nos outros e eles queimam como foguetes. Quantas pessoas não acompanham isso? Quantas pessoas? Todas... competições... Inventando-as para ganhar dinheiro. Gabo continua intocável, ainda que alguém diga: "Eu não gosto disso ou daquilo a respeito dele". E acho que o Gabo velho é muito mais interessante do que o Gabo de antes... Ele é muito mais interessante porque tem a ver com como ele se tornou quem é e como ele se mantém. Em quais valores humanos ele conserva isso? E isso você encontra no Gabo jovem. Tudo está exposto lá. A partir de então, ele começa a desenvolver isso porque Gabo se vê obrigado a contar tudo aquilo.

WILLIAM STYRON: Acho que ele admira Fidel por seu brilhantismo intelectual. E acho que Castro tem um aspecto excêntrico que o diferencia de outros ditadores. Ele tem uma mente fascinante, flexível e intrincada, e acho que isso atrai Gabo, essa parte de Castro. Lembro-me de uma história interessante que Gabo me contou. Ele disse uma vez, durante uma crise muito delicada que levou os jornalistas do mundo para Cuba, que voou para Havana. Acredito que voou para lá da Cidade do México. Havia centenas de repórteres reunidos no aeroporto. E Fidel encontrou Gabo e eles caminharam juntos até uma antessala do aeroporto, e ficaram lá por meia hora ou mais enquanto os repórteres de todas as agências do mundo se agrupavam, esperando para descobrir o que Fidel dissera a Gabo, e vice-versa. Eles finalmente saíram e os repórteres os confrontaram. A primeira pergunta foi para Gabo: "Podemos perguntar sobre o que falaram?". Gabo respondeu: "Falamos sobre a melhor maneira de preparar um *peixe huachinango*".*

Então sempre amo esse pequeno caso porque tenho certeza de que é verdade: como preparar um *peixe huachinango*.

---

* Referência ao luciano-do-golfo, peixe avermelhado encontrado no golfo do México. [N. T.]

García Márquez com o olho roxo.

31
NOCAUTE

Momento que finalmente falamos sobre como Mario Vargas Llosa deu um soco em García Márquez em 1976

RODRIGO MOYA: Eram 11 da manhã ou meio-dia e eu estava em minha casa em Colonia Nápoles, onde eu tinha um escritório, uma casa grande com um escritório editorial em uma parte, e em outra parte eu morava com minha namorada e meus dois filhos. Ouço uma batida na porta, e lá estão Gabo e Mercedes. Fiquei muito feliz e muito surpreso ao vê-lo. Gabo já era meu amigo, mas existem hierarquias em amizades. Era uma amizade de proporções reservadas. Eu era um fotógrafo de jornal e ele era o que ele é. Naquela época, eu não o chamava de Gabo. Chamá-lo de Gabito era para mim como chamar Cervantes de Miguelito. Para mim, era Gabriel García Márquez. Eles vieram para as fotografias. Ele me disse: "Quero que você tire algumas fotos do meu olho roxo". Eles vieram para minha casa porque confiam em mim.

Ele usava uma jaqueta. Não era a xadrez. Era outra. E ela estava de preto com grandes óculos de sol. E perguntei a ele: "O que aconteceu?". Ele fez uma piada, como: "Eu estava lutando boxe e perdi". Quem explicou foi Mercedes. Ela contou que Vargas Llosa havia lhe dado um soco. "E por que fez isso?" "Não sei. Fui até ele com os braços abertos para cumprimentá-lo. Não víamos um ao outro fazia algum tempo." Eu sabia que eles tinham sido bons amigos em Barcelona e tudo mais, e que os dois casais andavam juntos porque ele tinha falado sobre isso com um amigo em comum, Guillermo Angulo. Quer dizer, era algo que todos sabiam; quando descobri que havia sido Mario Vargas Llosa que o atingira, fiquei muito surpreso. Eles se sentaram na sala e começaram a conversar comigo.

GUILLERMO ANGULO: Eu sei a verdade sobre essa briga. Vou contar a você. Olha: Mario é um grande mulherengo e é um homem muito bonito. Mulheres morrem por Mario. Então Mario, em uma viagem que fez de navio de Barcelona para El Callao, conheceu uma mulher linda. Eles se apaixonaram. Abandonou a esposa e foi embora com ela. E o casamento acabou e tudo mais. A esposa dele voltou para arrumar a casa e, claro, começou a encontrar os amigos. Então eles voltaram, e a esposa disse a Vargas Llosa: "Não pense que não sou atraente. Amigos seus como Gabo estavam atrás de mim". Um dia eles se encontraram em um teatro na Cidade do México, e Gabo foi em direção a ele de braços abertos. Vargas Llosa fechou o punho e disse: "Isto é pelo que você tentou com a minha esposa", e o derrubou no chão. Então Gaba disse: "O que você está dizendo não pode ser verdade, porque meu marido gosta de mulheres, mas apenas de mulheres muito bonitas".

RODRIGO MOYA: Aconteceu dois dias antes. No dia anterior ele ficou mal. O soco ocorreu à noite. Você conhece a história, né? Foi na pré-estreia de um filme, aquele sobre os sobreviventes dos Andes. Então Gabo chegou e disse "Mario", e Mario virou e *pum!*, deu-lhe um golpe de direita e o derrubou no chão. Ele ficou sangrando quando caiu porque a lente dos seus óculos quebrou na ponte do nariz, e a contusão foi bem feia. Os primeiros socorros ajudaram a aliviar, é o que dizem, e não sei se China Mendoza ou Elena Poniatowska que foi comprar um bife para colocar no olho dele. E é tudo verdade. Treinei um pouco de boxe desde criança, e se coloca bife em olho roxo. Não sei como, mas tira o hematoma. Agora se usa arnica.

GUILLERMO ANGULO: Bem, meu segredo é este: Gabo me contou antes da briga o que havia acontecido. Quer dizer, se ele tivesse me contado depois dela, teria sido inútil. Ele disse: "Não, olha, ela está dando em cima de mim, mas gosto muito do Mario, mesmo que estejam separados…". Então imagine, eu não poderia contar aquilo a Mario, sou amigo dele também, eu destruiria o casamento. Esse era um dos truques dela para mostrar a ele: "Tenho meu público", certo? E ela sabe que ele mentiu. Além do mais, depois disso eu estava descobrindo como as coisas tinham sido entre os dois amigos. Se eles se viam, era com todos os amigos deles, estavam sempre juntos. Havia sempre dois ou três amigos com eles. Você percebe? Eles nunca estavam sozinhos quando se viam.

RODRIGO MOYA: O que lembro muito bem é que Mercedes interrompeu duas vezes e disse: "O fato é que Mario é um idiota ciumento. É um idiota ciumento".

GREGORY RABASSA: A história que ouvi é que Mario estava saindo com outra pessoa e Patricia foi até Gabo, um bom amigo, e ele disse a ela: "Deixe-o". E Mario descobriu e acertou Gabo.

RODRIGO MOYA: Todo mundo vê uma questão sexual ou erótica, e isso pode ou não ter sido verdade. Mas os três são os únicos que sabem o que aconteceu. Mais do que uma disputa política, eles viveram uma separação. Vargas Llosa já havia se movido surpreendentemente para a direita. Acho que o choque deve ter sido porque ocorreu essa separação, e com certeza também deve ter havido outras coisas que fizeram Vargas Llosa explodir. O soco foi violento. Entendo de socos. Foi um de direita. Ele estava na fileira da frente. Parece que ele chegou de lado e Vargas Llosa se levantou e bateu nele. Não sei de que ângulo, mas foi um soco forte.

PLINIO APULEYO MENDOZA: Patricia está no navio com Mario quando ele se apaixona. Quando chegam ao Chile, Patricia tem de voltar para Barcelona e arrumar a casa. Gabo e Mercedes ficaram com ela o tempo todo. Eles eram muito próximos. Sei disso porque Gabo me contou. Quando Patricia precisa voltar para Santiago, Gabo a leva até o aeroporto, mas eles estão atrasados, e Gabo diz a ela, sem pensar: "Se o avião decolar sem você, ótimo, faremos uma festa". Gabo é caribenho, e foi nesse espírito que ele disse isso, e ela entendeu mal.

RODRIGO MOYA: Mas o que me preocupava era que ele fingia estar de bom humor, mas as fotos mostram que ele estava deprimido. Usei metade de um rolo. Quando ele chegou, eu não tinha nenhum filme em casa. Eu estava fazendo um trabalho para uma revista internacional de pesca. Então corri para o escritório que tinha lá. Foi rápido. Havia um pequeno jardim. Corri até lá fora e perguntei ao técnico: "Chino, você tem filme?". E ele respondeu: "Não, não tenho, mas tem um pouco de rabo de filme na câmera". Então disse a ele: "Faça-me um rolo imediatamente".

Eu estava preocupado com sua expressão melodramática, e pensei nisso muito rapidamente. Satisfaria Vargas Llosa ver sua vítima ferida, destruída. O que eu queria era fazê-lo rir, mas ele não me daria uma maldita risada, mesmo com uma piada. Ele não estava rindo por nada, e me fiz de tonto e disse: "Escute, que belo soco ele te deu. Como se sente?". E ele respondeu, mas muito seco. Então de repente algo aconteceu, eu disse alguma coisa e ele riu, e tirei duas fotografias. Uma é a que divulgo porque, como eu realmente o amo, não queria passar essa foto adiante como algo trágico. Agora, sempre que me pedem a fotografia, mando aquela em que está rindo, de modo que a reação é: "Ele me bateu, mas não é nada. Não dou a mínima", como dizemos no México, certo?

GUILLERMO ANGULO: *Historia de un deicidio* [História de um deicídio]* não está disponível porque Mario não quer que seja reimpresso. Meu exemplar foi autografado por Mario, e, além disso, com agradecimentos, porque o ajudei na pesquisa. Então, sim, a ideia do livro é que o escritor é um deus, porque ele dá vida aos personagens, mata-os e tudo mais. Essa é a *Historia de un deicidio*. O escritor acaba matando Deus e tomando seu lugar. Essa é a história verdadeira.

GREGORY RABASSA: Tenho o livro em espanhol. Mario não permitiu que fosse traduzido. Cass Canfield já havia conversado com os dois. A Harper publicava os dois, mas ele disse não.

RODRIGO MOYA: Aquela foto não foi divulgada porque ele me disse... e tenho sido muito leal sobre isso. Ele me disse: "Envie-me um jogo e guarde os negativos". Então fiz um jogo e o enviei para ele; em poucos dias, não sei se por Angulo ou outra pessoa, ele me devolveu com algumas

---

* Quando era estudante, Mario Vargas Llosa ficou tão impressionado com *Cem anos de solidão* na época de seu lançamento que sua tese de doutorado na Universidad Complutense de Madrid foi sobre ele. A tese foi publicada pela Barral Editores na Espanha, em 1971, com o título *Historia de un deicidio*. Vargas Llosa afirma que os escritores são como Deus: um escritor pode mudar o curso da realidade. Por ter o poder absoluto de relatar as coisas, o escritor está matando Deus e assumindo seu poder. Os dois escritores foram melhores amigos até 1976. Tiveram uma briga e depois dela nunca mais se falaram. Dizem que Vargas Llosa impediu que o livro fosse reimpresso. É, na verdade, um livro muito difícil de encontrar.

anotações. Esta, não. Esta. Duas cópias desta. E então lhe enviei as fotos impressas, todas no tamanho 20 por 25. Um conjunto selecionado, quinze ou dezesseis fotos, o que quer que estivesse no rolo. Ele deve ter me mandado algum dinheiro, não me lembro. Enviei-lhe as fotografias, e o curioso é que as guardei no arquivo e ninguém as viu. Ele me disse que era para documentação, e Mercedes concordou e me disse: "Gabo tem um arquivo de tudo que acontece de importante com ele". E no fundo há um toque de vaidade ao gostar da foto. Eu tenho isso, tenho algo bastante complicado que é chamado de "egoteca".

    Sempre tive uma pequena foto daquelas pregada no meu laboratório porque ele realmente revolucionou meu conceito de literatura e da América quando *Cem anos* foi publicado, e eu o li quatro vezes. E vivi com aquela foto minúscula que eu tinha. Toda vez que eu me sentava na minha mesa para trabalhar, olhava para ela. Então um amigo meu a viu quando Gabo estava para fazer 80 anos e me disse: "Escute, eu quero aquela fotografia. Compro de você". Eu disse: "Não, não posso vender aquela foto nem nada". E contei a história de como surgiu a foto. Gabo disse para enviar-lhe um conjunto e mantê-los. Isso foi em 1976, mas, quando Gabo completou 80 anos, meu amigo, que conhecia a história, revelou sua existência a um repórter: "Ouça, Rodrigo Moya tem uma fotografia incrível de Gabo com o olho roxo". E assim as revistas quiseram falar comigo. Então pensei: eles estão publicando fotos de Gabo, que vai fazer 80 anos. Posso quebrar a promessa que na verdade não era uma promessa. Foi uma missão guardá-las. Eu as guardei e agora vou mostrá-las. Nunca havia ganhado tanto dinheiro com uma fotografia.

JAIME ABELLO BANFI: Ele sempre foi muito leal, mas, ao mesmo tempo, implacável ao romper relações com alguém. Há pessoas com quem rompeu e nunca mais falou. Obviamente, esse foi o caso de Vargas Llosa.

32
ÓLEO DE FÍGADO DE BACALHAU

Momento que todos lucram com o brilhantismo de García Márquez

ROSE STYRON: Ele é um contador de histórias maravilhoso e fala que a avó foi a grande contadora de histórias da família, e que ele aprendeu com ela. Ele morou com a avó quando menino. E disse que a mãe se tornou uma contadora de histórias conforme envelhecia, mas que antes não era. Foi por ter morado com a avó. Também diz que saber contar histórias é algo congênito e hereditário. Ou seja, é natural que muitos de nós pensem que foram nossas avós que nos contaram histórias e nos transformaram nos contadores de histórias que somos.

GUILLERMO ANGULO: Ele me perguntou um dia: "Você sabe o que significa ser um bom escritor?". Respondi que não. "Um escritor é alguém que escreve uma linha e faz o leitor querer ler o que vem em seguida." Porque Gabo, mesmo nas coisas ruins que tem, possui essa coisa de dominar a prosa para que alguém diga: "Que maravilha! Como ele disse isso?".

ELIGIO "YIYO" GARCÍA MÁRQUEZ: Minha mãe diz que Gabito ficou tão inteligente porque, quando estava grávida dele, tomou um monte de Emulsão Scott. Foi a única de suas doze gestações em que tomou óleo de fígado de bacalhau. E Gabito saiu tão inteligente por causa do óleo de fígado de bacalhau puro. Ela diz que ele nasceu cheirando a Emulsão Scott.

RAFAEL ULLOA: Eu realmente acredito no que o velho Gabriel Eligio diz. Aquele Gabo é bicéfalo. Tem dois cérebros.

ROSE STYRON: Não sei se foi assim para o resto do mundo ou não. Mas o fato é que Macondo foi tão real para mim que influenciou minha visão da América Latina. Mas, claro, eu já tinha outra experiência política na América Latina, quer dizer, eu podia ver de fora, talvez por causa da minha experiência na Argentina, no Chile ou no Uruguai. O fato de eu ter sido ativista de direitos humanos me permitiu vê-la de fora, de outra perspectiva, da mesma maneira que vi a América Central. Então, eu não diria que Macondo para mim se tornou toda a América Latina, mas certamente isso se deu para aqueles que não haviam estado na América Latina. Mas quando Bill e eu estávamos em Cartagena, durante o festival de cinema, para minha surpresa e alegria, caminhei pelas ruas e percebi que já as conhecia dos livros de Gabo... até os frascos cheios de conservas no mercado. Tudo é tão detalhado. Ele havia descrito isso como uma realidade. Era uma realidade. Não foi uma surpresa.

Sou de Baltimore. Não tão ao sul. Quer dizer, a intensidade e a leveza do sul estão lá. Posso ver que Gabo tinha lido Faulkner. É interessante, mas, para mim, a cidade de Gabo, sua cidade, é muito mais vívida que aquela que Faulkner criara.

PATRICIA CASTAÑO: Há algo muito interessante que precisa ser olhado. Você se lembra de que há um relato de Gabo quando ele escrevia no *El Espectador*? Ele conta, falando da magia que o cerca, que um dia estava com um escritor ou editor catalão que veio visitá-lo em Cartagena. Ele conta tudo que aconteceu naqueles dois dias e que o senhor lhe disse: "Não, bem, desculpe-me, mas você não tem sequer imaginação. O que se experimenta nestes países é a loucura". Então narra tudo que aconteceu com aquele homem. O mais impressionante, porém, é que eles estavam almoçando um domingo na casa da mãe dele, em Cartagena, e de repente uma senhora usando um xale *guajira* tocou a campainha. Ela entra e diz que é a prima fulana de tal e que veio para morrer. Ela sonhou que ia morrer, então veio se despedir.

ROSE STYRON: Quando você lê Gabo é como ler toda a América Latina. Ou seja, de repente você a entende toda. Ou pelo menos acha que entende.

EDMUNDO PAZ SOLDÁN: Quando se fala de García Márquez, ele é aquele que narrou o continente para nós. Essa é a América Latina. E eu não sentia que essa era a América Latina onde cresci. Meu mundo tem sido muito urbano, para melhor e para pior. Então sempre vi o mundo dos trópicos a distância. Não foi nessa América Latina que cresci.

ILAN STAVANS: Nossa geração teve de se definir em oposição a García Márquez.

ALBERTO FUGUET: Estive em oficinas literárias e todos os meus colegas, exceto eu, estavam infectados pelo vírus García Márquez. Quer dizer, não se trata apenas de admiração, eles se atêm ao conto. Então eu sinto que ler García Márquez em certa idade pode fazer mal. Em outras palavras, eu proibiria a leitura. Como latino-americano. Ela pode afetá-lo muito, e você será prejudicado para sempre.

Outro dia, em uma palestra em Lima, Ignacio Padilla escreveu um conto de García Márquez. Quero dizer, uma página. Antes de subir ao palco, ele foi até o último assento e escreveu por dez minutos, leu em voz alta, e era incrível. Foi como... O capitão, seu nome era Evaristo fulano de tal, e continuou e continuou. E você disse: "Mas... era realismo mágico". E sem sombra de dúvida era. É quase como um *software* que você instala e ele levanta voo.

ILAN STAVANS: Há uma fórmula. Mas também o pobre García Márquez. Não é culpa dele. Está preso nele. Anteriormente, Kafka e Sinclair Lewis eram realistas mágicos. Vem de Carpentier. Creio que García Márquez mudou a cultura latino-americana por completo. Mudou a maneira como a América Latina é vista no resto do mundo. Acredito que nem sempre de forma benéfica. Como o número de turistas que vão à América Latina à procura de borboletas, prostitutas. Mas não é culpa dele.

ALBERTO FUGUET: Li García Márquez anos antes de querer ser escritor. Eu o li porque — e isso sempre me incomodou um pouco — era leitura obrigatória. E me senti um pouco mais rebelde. Era o que tínhamos de ler no colégio. Era a literatura oficial, que vinha do Ministério da

Educação. Para mim, era associada ao *establishment*. Para mim, García Márquez sempre foi o *establishment*. Logo depois ele ganhou o Nobel. Era adolescente, mas era o que eu sentia.

GUILLERMO ANGULO: Há algo muito importante em Gabo, e deve ser dito porque é proveitoso para todos. Gabo tem algo que não existe na Colômbia: disciplina. Fernando Botero também tem. Rogelio Salmona também, o homem que projetou estes edifícios. E Gabo tem isso. Deve haver mais pessoas, mas conheço apenas essas três. E posso apresentar a você de forma mais explícita o que é a disciplina de Gabo, o que é incrível para um latino-americano. Antes de ele se casar, eu tive uma noite de azar. Eu estava com duas mulheres. É a pior coisa que pode acontecer com alguém. Não se pode fazer nada. Então eu disse: "Não, minha solução é o Gabo. Dois homens e duas mulheres, isso é outra coisa". Fui até Gabo: "Irmão, esta é a minha situação". Esta é uma boa história. Ele diz para mim: "Tenho de revisar o terceiro capítulo do *Veneno da madrugada*". "E você tem um contrato ou o quê?" "Dei a mim mesmo a tarefa de revisar esse terceiro capítulo hoje à noite." Não teve jeito. Não teve. Teria sido a coisa mais fácil do mundo dizer: "Farei isso amanhã. Farei isso depois". Não teve jeito.

JOSÉ SALGAR: Lembro que com *O outono do patriarca* Gabo começou a trabalhar das 5 da manhã até não muito tarde, porque sempre parava para beber com os amigos e conversar, mas os dias de trabalho eram muito intensos e produtivos.

GUILLERMO ANGULO: E ele tem a vida dividida com os amigos. Trabalha de manhã. À tarde está com os amigos. Mas pela manhã não fala com ninguém. Apenas trabalha. Isso é dele.

JUANCHO JINETE: Quando ele escreveu aquilo sobre Bolívar... Qual o título? [*O general em seu labirinto*.] Então, um dia Alfonso me diz: "Preciso fazer uma viagem a Soledad, maestro. Sei que você tem conexões naquela cidade". Então fomos até lá e ele me disse: "Preciso fazer isto, aquilo e outra coisa também. Leve-me à prefeitura, entendo que Simón Bolívar dormiu lá". Tenho privilégios de entrada na prefeitura porque ajudei quando era gerente do Banco Popular em Soledad. Dei alguns presentes para os guardas. Então me deixam entrar. Ouça esta história. Então digo a ele: "Maestro, o que você quer descobrir?". "Você verá." Finalmente chegamos à prefeitura e digo: "Este é o Maestro Fuenmayor. Olha, preciso saber qual é o quarto onde Bolívar dormiu". Então, juro, o cara diz: "Aqui falam que foi este aqui, este aqui". Fomos até lá. "Ah, e o que você quer, Alfonso?" Ele responde: "Não, só preciso ver se, quando Bolívar pendurou sua rede aqui, ele podia ver a praça, a praça que fica em frente daquela igreja lá".

Fizemos duas viagens como aquela. Por fim, perguntei a ele: "Bem, foi para isso, para isso que viemos até aqui?". "Não, *hombre*, é que Gabo está escrevendo."

Gabito contava com Alfonso, e Alfonso era o único que revisava todas aquelas coisas para ele. O que você diz é verdade: em seus romances, as coisas que aparecem não podem ser contraditas. É verdade que Álvaro foi a Soledad e olhou para fora do quarto para que Gabito pudesse dizer que Bolívar pensava sabe-se lá o quê. Ufa! Só faltou pendurarmos a rede!

JOSÉ SALGAR: Ele liga e me pergunta: "Você não lembra? Onde posso conseguir essa coisa?". Então ele envia pessoas à biblioteca, para buscar isso e ver onde está o negativo. E ele precisa disso perfeito. Coisas como as cores, a atmosfera, a música precisam ser exatas. Se ele disser: "Havia um murmúrio de Vivaldi", será de Vivaldi. Portanto, minha conclusão sempre foi — e já disse isso — que foi um privilégio humano ter embelezado com sucesso a realidade jornalística, que é tão dura, todos os dias; embelezá-la com esses recursos da literatura, da música e da poesia.

EDUARDO MÁRCELES DACONTE: Há um exemplo que ele dá que acho que é o melhor para ilustrar isso para nós. Ele diz que, quando era pequeno, a cozinheira da casa, a empregada, certa vez desapareceu. Alguém perguntou: "E o que aconteceu com fulana de tal?". "Imagine, ela estava pendurando os lençóis lá fora." Ocorreu a alguém dizer isto para enganá-lo. Você me entende? E depois... uuuhhh... ela foi embora voando. Essa imagem ficou gravada na mente dele.

RAFAEL ULLOA: Gabo tem algumas coisas maravilhosas que me deixam surpreso. Não muito tempo atrás, ele estava conversando com alguns amigos e estávamos nos lembrando daquela coisa sobre as carpideiras, as velhas que eles contratam para chorar os mortos. As choronas. E então apareceu Pachita Pérez, a campeã das choronas, e ele diz que a velha era tão boa em chorar que era capaz de sintetizar toda a história da pessoa morta em um único gemido. Brilhante! Então eu gosto dessas coisas.

EDUARDO MÁRCELES DACONTE: É verdade, definitivamente, que a memória de García Márquez é incrível. Porque vou lhe dizer uma coisa: você se lembra das histórias que lhe contaram quando tinha 8 anos? Ele trabalha nelas dentro da mente por toda a vida. E não se trata de uma questão de sair sem mais nem menos... É um processo completo.

JOSÉ SALGAR: A revista *Life*, quando ainda estava em circulação... Quando o papa João Paulo II tinha acabado de ser escolhido... Gabo estava em Cuba e lhe deram a tarefa de ir falar com o papa para que pudesse libertar alguns prisioneiros em Cuba. Então ele não conseguia marcar a audiência com o papa, e alguns truques muito estranhos foram inventados. Uma condessa polonesa em Roma apareceu, ligou para ele e disse: "Esteja pronto, a qualquer momento eu o chamarei para vir a Roma e organizarei sua audiência com o papa". Para encurtar a história, a condessa chama Gabo às 5 da manhã, quando Gabo está em Paris, e diz: "Venha imediatamente, tenho uma audiência marcada para você às 7 da manhã". E assim o homem deixou Paris em direção a Roma, e a primeira coisa que lhe ocorreu era conseguir algumas roupas decentes, um blazer. Então foi até um amigo que lhe emprestou um, mas era muito pequeno. Bem, o momento-chave enfim chegou, e ele vai lá e... Irmão, me deixe contar isso. O papa, de branco, lá em cima, e o homem não sabia o que fazer, a não ser movimentos assim com a mão direita. O papa, lá em cima, fazia gestos como este, e Gabo fez um gesto de volta. Eles fazem contato, mas o papa não conhecia todos os segredos. Ele entrou, e lá havia um chão de madeira muito brilhante, e no meio uma mesa. Os dois entraram. O papa fechou a porta, e eles ficaram sozinhos. Gabo diz que, naquele momento, pensa: "O que minha mãe diria se pudesse me ver agora?". E a história começa, e eles conversam. A verdade é que ele deu um jeito de transmitir ao papa o pedido dos homens e deixou a audiência. Naquela noite, Mercedes pergunta a ele: "Bem, como foi?". "A coisa com o papa foi perfeita. Tudo correu muito bem." "Nada de estranho aconteceu?" "Espera. Uma vez que tive de ir a outra coisa, não me lembro bem, mas espera... Claro, o botão!" "Que botão?" "Espera, porque eu estava com o blazer que comprei, e nós dois entramos, e, no momento mais importante, *bum!* O botão se soltou do blazer e foi batendo debaixo da mesa de centro. Então a única coisa que vi foi que o papa se adiantou e ajoelhou, e vi o chinelo dele. O papa se levantou, pegou o botão e me deu." E depois outros detalhes; por exemplo, que, quando terminaram, o papa não soube abrir a porta ou chamar os guardas suíços, então os dois ficaram trancados e não podiam sair. Mas naquele momento ele não conseguia se lembrar de todos os detalhes. Transformou-se em uma história muito longa porque agora ele se lembrava de tudo a respeito da condessa e tudo mais. Assim, com base em algo que se passa no momento, o homem o transforma em outro *Cem anos de solidão*.

ROSE STYRON: Seus personagens são românticos ao extremo, e, mesmo quando você acaba num fosso, em um convento ou em algo como *Notícia de um sequestro*, ainda há aquela parte puramente romântica que permanece. Em outras palavras, ele é um homem que ama as pessoas. Que ama a vida!

JOSÉ SALGAR: Acho que atualmente não há pessoas que, como ele, gastam tanto dinheiro com telefone, porque ele não se importa com a conta. Onde quer que estivesse, em todos esses momentos, ele telefonava. E ele diz isso. Quando tinha alguma coisa especial para contar, ele ligava para Guillermo Cano* ou para mim por qualquer motivo. E era sempre uma conversa longa. Ele não conta o tempo. Mas sabe um jeito de pagar pelo telefone. Ele não paga, mas Mercedes certamente deve pagar, ou então aquela velha, sua agente. Então diz: "Escute, não percebemos que conversamos por tanto tempo". Da Europa, deve ser uma fortuna. Ele percebe o passar do tempo, mas não fica satisfeito até esgotar o último detalhe sobre o tal botão.

ROSE STYRON: Lembro que ele diz que é seu trabalho ser um mago para seus leitores, mas que os magos sempre começam com a realidade e retornam à realidade. Ainda que como romancista ele possa voar entre eles e ser tão mágico, tão surreal quanto desejar, é preciso que escreva bem o suficiente e com magia suficiente para convencer o leitor.

---

* Guillermo Cano, filho de Fidel Cano Gutiérrez, fundador do *El Espectador*. Quando García Márquez começou a trabalhar lá como repórter, Cano tinha 27 anos, no máximo, e era o editor do jornal. Quando ele foi morto, em 1986, por dois assassinos ligados a cartéis de drogas em represália por denunciar os laços entre traficantes e políticos, García Márquez escreveu uma coluna sincera e hiperbólica descrevendo como o jovem Cano tinha um senso visceral do que era notícia. Ele lembra o tempo em que Cano os fez cobrir uma chuva de três horas de duração; sua insistência em que entrevistasse o marinheiro que acabou dando a García Márquez seu primeiro furo e se tornou *Notícia de um sequestro*, parte do cânone. Foi sob o comando de Cano que o jornal começou a fazer resenhas de filmes, muitas delas escritas por García Márquez, que considerava seriamente tornar-se cineasta.

SANTIAGO MUTIS: Gabo tem um histórico de conhecimento alquímico. E a alquimia é o que eles chamam de realismo mágico. Quando o menino vai para a cozinha e diz à mãe: "Essa panela vai cair". A panela está firmemente apoiada na mesa, mas escorrega e quebra ao cair. A Colômbia tem muito disso, é um país onde as pessoas acreditam nessas coisas. Quando você vai a uma festa em uma feira ou mercado em Villa de Leyva, as pessoas borrifam água-benta no ônibus para que ele não perca o controle na estrada. Era assim. Há um contexto religioso enorme. Isto é, é uma cultura religiosa... Em Gabo é cultura. Antes, era religião.

IMPERIA DACONTE: Em Aracataca, dizem que uma noite o viram dirigindo pela cidade em um carro com alguns amigos. Mas ele diz que não voltou mais para lá.

SANTIAGO MUTIS: Acho que com Gabo acontece isto: o país era de tradição oral. Quer dizer, a literatura não ocupava um lugar importante, e a tradição oral começa a recuar um pouco. As cidades passam a ter uma importância grande, as coisas passam a surgir de lugares totalmente diferentes, e Gabo, à medida que a cultura popular começa a enferrujar, a se sentir ameaçada, a deixar de ser oral, a absorve. E ela começa a se transformar em literatura.

RAMÓN ILLÁN BACCA: Com García Márquez, o mundo passou a conhecer coisas que todos já conheciam aqui. O que houve foi que elas foram internacionalizadas. Todo mundo passou a lidar com elas. A história do galo capão... ela sempre foi uma coisa nossa.

RAFAEL ULLOA: O que acho é que a grandeza dele está na imaginação. Sem essa imaginação, ele lançaria alguns tópicos no mundo que pareceriam inacreditáveis. Mas do jeito que ele diz... Como quando diz: "Um gafanhoto de metal que saltava de cidade em cidade ao longo das margens do Magdalena", para descrever aquelas bigornas. E ele as chama de gafanhotos de metal. Isto é, algo que conecta coisas técnicas e grilos. Quanto mais simples melhor.

RAMÓN ILLÁN BACCA: No conto dos alcaravões, García Márquez inclui *Terry e os piratas* e todos dizem: "Olha, isso é uma invenção de García Márquez". Não, não é. É mentira. *Terry e os piratas* era uma história em quadrinhos publicada nos jornais de domingo. Os primeiros jornais de domingo em cores foram impressos em Barranquilla, em 1929, e eram os jornais dominicais que praticamente todos compravam no sábado por cinco centavos. Lembro que eu comprava. Havia *Aninha, a pequena órfã, Winnie Winkle, Tarzan*. Ele inclui *Terry e os piratas* em um conto.

JOSÉ SALGAR: A história de Remédios, a Bela,* em *Cem anos de solidão*: uma imagem, um símbolo que ele atribuiu a uma garota comum, que deve ter sido como aconteceu com a Virgem Maria no início. Ele a tornou sublime por meio da literatura. Não é exatamente Remédios, a Bela, ascendendo aos céus, mas é uma imagem que ele criou que, no conceito dos personagens do romance, tinha esse significado. É uma maneira de embelezar a história. De contar bem a história quando os fatos são insuficientes. O mesmo ocorre em *Amor nos tempos do cólera*... Ele conhecia os personagens. É, basicamente, a história do pai e da mãe de Gabo, mas é a história que ele ouviu do avô. E ele começa a lembrar e assimilar, e então passa a reunir tudo. Coisas em que o avô não voltou a pensar, mas que ele reconstrói, como o botão do papa. Então, o verdadeiro gênio do homem está em ter uma memória prodigiosa e em confirmar os fatos com responsabilidade para que ele não se afaste muito da realidade. E também na beleza de sua linguagem. Porque o homem tem o domínio dela. Primeiro, dedicou-se aos clássicos para escrever bem. E ao realismo. E à poesia. E à música. Gabo também é fanático por música. Então, com música e poesia em sua cabeça, uma boa história lhe vem, e ele sabe como contar. E conta a história sem se afastar muito, porque também tem sua responsabilidade jornalística. Você não pode começar a criar fantasias. Tem de dizer exatamente o que há.

ROSE STYRON: É fantástico porque, tendo começado como repórter, acho que ele sempre leva isso em consideração. Ele vê o jornalismo como um gênero literário. Como ficção. A maneira como escreve, tudo parece uma notícia, até mesmo quando as pessoas saem voando.

RAMÓN ILLÁN BACCA: O realismo mágico é apenas metade do seu trabalho. Talvez os teóricos estudem excessivamente esse aspecto do

---

* Remédios, a Bela, é um dos personagens mais icônicos de *Cem anos de solidão*. A inocente garota-mulher, sem saber que é a mais bonita do mundo, deixa um rastro de homens que morrem depois de tentar seduzi-la. A história de Remédios sobre a subida ao céu enquanto estende lençóis para secar é um dos casos mais estudados do realismo mágico de García Márquez. Ele afirma que a imagem está em sua cabeça porque foi assim que as mulheres próximas lhe explicaram o desaparecimento de uma jovem que fugiu.

realismo mágico em García Márquez. A única coisa que posso dizer sobre realismo mágico é que, aqui na costa, se ouvem várias coisas que de fato são realismo mágico e que ocorrem muito por aqui. Por exemplo, vou contar a história do professor Darío Hernández, em Santa Marta. Conto isso em *Deborah Kruel* e já contei para todo mundo. O professor Darío Hernández estava em Bruxelas, como era apropriado para todas as pessoas decentes de Santa Marta. Não era muito rico, mas lá estava ele, em Bruxelas. Estudou piano. Tocou para a rainha Astrid. Regressou porque, em 1931, 1932, não sei bem quando, em que ano, houve um movimento por causa do colapso do mercado de ações em Nova York e toda aquela história. Então muitas pessoas tiveram de voltar correndo porque o transporte marítimo caiu, como todas aquelas coisas que compunham a Grande Depressão. Então Darío voltou, retornou a Santa Marta. Naturalmente, no então recém-inaugurado Clube Santa Marta, eles dizem: "Toque, Darío". Então ele toca *Sonata ao luar*, de Beethoven. "Ah, Darío, toque outra coisa." *Polonaise*, de Chopin. *Liebestraum*, de Liszt. "Escute, é isto que você foi aprender lá? Não sabe tocar a cúmbia 'Puya Puyarás', por exemplo?" Então Darío, indignado, bateu a tampa do piano e disse: "Esta cidade nunca mais me ouvirá tocar uma única nota". Darío viveu até os 90 anos. Quando isso aconteceu, ele tinha 30 anos. Então ele viveu mais sessenta anos. Foi o regente da banda municipal. Em seguida, foi diretor de Belas Artes, e pianistas como Carol Bermúdez e Andrés Lineros saíram de lá, e são pianistas muito populares. E ninguém nunca o ouviu tocar outra nota. E aqueles que passavam por sua casa, que era uma casa antiga, onde morava com duas tias mumificadas, mais velhas que ele, diziam que ele havia posto algodão entre as cordas do piano; ou seja, as pessoas não ouviam nada além de um *clap*, *clap*, *clan*, *clan* quando praticava todas as manhãs. Se essa não é uma história de realismo mágico, não sei qual é. E é sobre Darío, que víamos todos os dias.

MARGARITA DE LA VEGA: Eu tinha o costume de presentear as pessoas com edições da brochura de *Cem anos de solidão*, que tinha uma capa horrível. Mais tarde, passou a ser a do casal nu entre as flores. Também era muito exagerada. Comprei cinco ou seis exemplares, e, quando era convidada para jantar, em vez de levar uma garrafa de vinho, alguns biscoitos, qualquer coisa, eu levava um *Cem anos de solidão*. Lembro que uma senhora a quem eu tinha dado o livro me telefonou e me convidou para almoçar. Ela me presenteou com quinze folhas anotadas, tal e tal página, tal e tal linha, detalhando todas as coisas em *Cem anos de solidão* que não poderiam existir por razões científicas, como a duração das chuvas. E o primeiro Aureliano, aquele que funda Macondo com Úrsula, vive muito tempo. E, além disso, ele sobrevive amarrado a um mamoeiro no pátio. Mas eu conhecia pessoas que amarravam idiotas no pátio.

E o fato é que a palavra "maravilhoso" e a palavra "mágica" não são a mesma coisa. Carpentier fala de realismo maravilhoso com uma explicação muito clara, porque Carpentier, que é um grande escritor e faz esse tipo de coisa, também é um teórico. Ele estudou. Era etnomusicólogo. E ele, um de seus aspectos, é que o realismo maravilhoso é produzido porque na América Latina — para usar o termo que hoje é popular — o que acontece é que não apenas vários climas, várias civilizações, mas também vários períodos, ocorrem ao mesmo tempo, na mesma situação e na mesma época. Portanto, o feudalismo está bem ao lado do modernismo.

O avião está ao lado do burro. Há a motosserra e a metralhadora Uzi e também flechas. Tudo ao mesmo tempo. Então, há esse entrelaçamento em que muitas pessoas, especialmente os teóricos cubanos, têm trabalhado: aquela coisa sobre o Caribe como contraponto ao açúcar. E, assim como aquela senhora listou o que não funcionava, lembro que me sentei e disse: "Eu deveria ter dito a ela, ponto por ponto, que tudo é verdade, mas que chatice seria. A mágica é ler o livro e entrar naquele mundo, e não questionar esse ou aquele aspecto".

RAMÓN ILLÁN BACCA: Geralmente, às terças-feiras eu almoçava com Germán [Vargas] — um pouco de café, um pouco de queijo, qualquer coisa — e falávamos muito sobre literatura. Mas, sempre que Gabo vinha à Colômbia, Germán ficava nervoso no dia. Certa vez ele me disse: "Você não pode vir almoçar hoje porque hoje vou comer com Guillo Marín". Naquele dia ele estava mais nervoso do que nunca. Sua esposa, Susy, estava nervosa. Tita Cepeda chegou com seu carro grande e tocou a buzina — de maneira convencional. *Paparapapá!* Eu já sabia que Guillo Marín era Gabo e desapareci. Bem, então uns nove anos se passaram. E ele me pergunta uma vez: "Mas você não conheceu Gabriel García Márquez?". E respondo a ele: "Mas você o apresentou a todos os professores gringos que passaram por aqui e não quis apresentá-lo a mim...". Então diz: "Não, mas agora, quando formos a Cartagena, vou apresentá-lo a ele. Vocês dois vão se dar bem".

Então Germán e eu estivemos em Cartagena ao mesmo tempo, porque eu estava na estreia de *My Macondo* [Minha Macondo], um filme que alguns ingleses fizeram, e García Márquez apareceu nele. E eu também tinha uma pequena fala. E por aí vai. Então eu estava com Guillermo Henríquez, que odeia García Márquez agora, e Julio Roca. Estávamos lá quando os ingleses nos disseram: "Bem, vamos para a festa de aniversário, é uma festa de *vallenato*". Então, o dia inteiro, todos os jornais em Cartagena foram dedicados a dizer que tomara que não haja boiolas, que não aceitem boiolas, e não sei o que sobre boiolas. Então Guillermo diz: "Não, Ramón e eu não vamos. Não gostamos de festas de *vallenato* malucas". E, para não ficar para trás, eu disse: "Nós não gostamos de festas de *vallenato* malucas". E, quando volto, Germán me diz: "Seu maricas, por que não foi? Teria sido perfeito. Bem, fica pra próxima". E *pimba!* Germán morreu. Não pude conhecê-lo.

MIGUEL FALQUEZ-CERTAIN: Ele já o conhecia, mas a vez em que ele foi exposto foi quando Tita Cepeda deu uma festa em sua casa na época em que García Márquez retornou a Barranquilla. Isso foi nos anos 1980, e então ela deu uma festa com um garçom e tudo mais. E, quando Ramón chegou à porta, o porteiro o parou e disse que não poderia entrar. "Mas como assim? Eu fui convidado." "Não, senhor." Ele ficou mal naquele dia. Puxa! Quase chorou. E saiu com o rabo entre as pernas. Imagino que era muito exclusivo ter García Márquez em uma festa porque ele havia acabado de voltar à Colômbia. Era assim: apenas amigos íntimos, íntimos, íntimos, íntimos. Então, a partir daí, passou a ser uma piada: "Pobre de mim, sou a única pessoa que resta em Barranquilla que não conhece García Márquez". Qualquer tratante, todo mundo, dava uma festa e o convidava. O único que restava era ele.

GUILLERMO ANGULO: Olha, posso dizer da minha parte, e é tremendamente desanimador. Não encontrei nada inspirado em mim em todo o trabalho de Gabo, exceto por uma coisa que ele escreveu em um artigo. Acontece que eu tinha um amigo que estava construindo um tanque d'água em Aracataca. Ele me disse: "O calor era tão forte que tínhamos que trabalhar à noite e pegar as lâminas de metal com luvas, porque elas continuavam quentes demais para tocar". [Gabo] contou isso em um artigo.

EDUARDO MÁRCELES DACONTE: Uma vez houve uma conferência de escritores em Sincelejo. Estou falando de 1984, 1985, por aí. E García Márquez morava em Cartagena naquela época, e eu estava em Barranquilla e ia para Sincelejo. Quando passei por Cartagena, parei e telefonei para ele. Digo: "Gabo, estou aqui". Ele diz: "Venha para o almoço". O.k., então vou para o almoço. Naquela época, ele costumava ficar na casa da irmã, em Bocagrande, porque mal tinha se instalado. E fui almoçar com ele, e ele me perguntou: "Eduardo, quais são as novidades? O que está acontecendo em Aracataca?". Respondo: "Bem, não, nada sobre Aracataca, mas o que posso contar é que meu tio Galileo Daconte...". Meu tio Galileo Daconte tinha acabado de morrer. "*Ay*, droga!" E ele era seu melhor amigo na minha família; ele e esse meu tio eram amigos quando crianças, tinham a mesma idade. E então ele morre. Pergunto-lhe o que estava escrevendo e ele me conta um pouco do que escrevia, que era *Amor nos tempos do cólera*. Então, o que acontece? Quando estou lendo *Amor* algum tempo depois... O nome de um dos personagens é Galileo Daconte. Ele é, como se chama aquilo?, o cocheiro daquele personagem, o médico que cai e se mata. O nome do cocheiro é Galileo Daconte. Por isso, imagino que, como ele estava escrevendo aquela parte na época em que o visitei... e, como contei que ele tinha morrido, pronto! Ele o incluiu no livro. E mais ainda em "O rastro do teu sangue na neve", no qual a personagem se chama Nena Daconte, a irmã da minha mãe que sempre foi chamada de Nena, Nena Daconte.

Quando lhe dissemos: "Olha, tia, Gabo...". E ela: "Ah, sim, aquele Gabito... Veja. Aquele Gabito tem uma memória...". Não. Ela não se parece com a personagem. Ela é simplesmente o nome e a ideia do que poderia ser.

MARGARITA DE LA VEGA: Ele escreve *Amor* entre 1982 e 1985. García Márquez apresenta-o como uma pessoa das antigas famílias de Cartagena que deixa o país para estudar e depois regressa. Gabo aproveita a experiência do meu pai, que deixou Cartagena para estudar em Paris e voltou, e como ele sobreviveu. Ele é Juvenal Urbino. Agora, a história de amor não tem nada a ver com meu pai. É a parte de ser uma pessoa de Cartagena de uma família tradicional, na medida em que as famílias de Cartagena eram tradicionais, porque, quando eu olhava para as famílias dos meus amigos e dos demais, havia sempre um pouco de tudo. Quando o vi, eu disse: "Não, mas aquele personagem de *Amor nos tempos do cólera* não é o meu pai". Então ele me disse: "Não, Florentino é o meu pai. Não vamos tirar isso dele". Então me disse: "Eu estava interessado em transformar de alguma forma a história de amor do meu pai e da minha mãe". E acho que foi quando o pai dele ficou doente. Florentino Ariza é seu pai, e a senhora que ele põe como esposa do médico, Fermina Daza, é sua mãe. Juvenal, meu pai, casa-se com Fermina, sua mãe. Minha mãe não sai para o passeio da tarde. Ele transformou tudo com a história de amor, e isso vem das histórias do século XIX. É por esse motivo que digo que vejo a influência de meu pai no estilo do romance, que é um romance do século XIX com vários personagens, escrito ao estilo de Balzac. Tem um número grande de personagens. É o retrato de uma era. A história de amor é importante, mas não é fundamental. Essa foi sua fonte de inspiração. Ele sempre quis escrever algo novo e diferente.

Meu pai não morreu como o doutor Urbino, por causa de um papagaio, mas ele definitivamente teria arriscado a vida por um animal, porque as pessoas lhe deram papagaios e periquitos e outras aves. Tínhamos uma arara que passeava pela casa e se chamava Gonzalo; dançava e tudo mais.

GUILLERMO ANGULO: Em algum lugar, sua agente literária me conta que o fotógrafo em *Cândida Erêndira* sou eu, mas não... Quero dizer, a única coisa é que eu sou fotógrafo e ele era fotógrafo, mas não há nada do que eu disse ou do que contei a ele, não. Portanto, a elaboração tem que existir, mas é tão complexa que, como eu disse, não se pode acompanhá-la.

CARMELO MARTÍNEZ: Eu apareço como Cristo, um amigo de Cayetano, mas Gabito não o descreve no romance, deixa algumas dúvidas. Pode ser eu ou um primo de Cayetano que morreu de câncer no cérebro.

GUILLERMO ANGULO: É preciso ter muito cuidado ao pensar: "Eu inspirei o trabalho". Deve-se descontar tudo isso, porque acho que a grande inspiração dele foi a avó e a mãe e a família. Lembro-me das coisas que ele me contava, que eram ditas na família, que são escritas por Gabo. Claro, Gabo as está contando. Sobre como uma parente dele penteava o cabelo quando a avó lhe disse: "Não penteie o cabelo à noite porque os navios se perdem quando você o faz". O coronel está na família dele. É uma riqueza familiar inteira que ele acumula e vai usando por toda a vida.

Não encontrei nada diretamente relacionado aos amigos dele, e acho que os conheço muito bem, todos muito bem. Ele roubou ideias deles, mas abertamente. Quero dizer, Mutis começou a escrever *O general em seu labirinto*. Ele pegou uma coisa e então disse: "Não, você não vai fazer nada com isso. Vou roubá-lo de você". Mas isso é tudo. Quer dizer, é algo circunstancial, porque o outro homem também fala de Bolívar quando vai morrer, está indo em direção à morte, mas você pode ler as duas coisas, as duas coisas coexistem, e você não pode dizer: "Olha, Gabo, você copiou isso". A elaboração é tão complexa que deixa de ser uma elaboração.

RAFAEL ULLOA: Aquele cara que ele apresenta, o cigano que chega e muda, aquele cara se parece com o pai dele, que fez todas aquelas coisas. Ou aquele outro louco que ele põe na história de Blacamán. Estou dizendo a você que era Jorgito, lá de Sincé, que fazia uma cobra mordê-lo. E há um em "Blacamán, o bom vendedor de milagres", que tem algo de Jorgito. Porque Jorgito, como eu digo, se besuntava de pomada... "E agora vocês verão que uma *fer-de-lance*..." Claro, as presas da cobra haviam sido removidas.

JOSÉ SALGAR: *Cem anos* não é um relato jornalístico, mas tem um fundo jornalístico, que é a tragédia de Guajira, que é a vida das pessoas da costa, que é a imaginação do povo, porque todos os personagens são reais. Porque o cigano vendia coisas ali. Úrsula. Todos os personagens têm um fundo real que os torna personagens jornalísticos. E termina com a tragédia das plantações de banana, e, basicamente, muitos dos personagens de *Cem anos* devem ter morrido nas plantações de banana. Então ele também inclui muitas pessoas de La Cueva e usa seus nomes reais. Ele as reúne. É uma espécie de compilação das mais belas lembranças de sua juventude.

EMMANUEL CARBALLO: Pensei que fosse uma coisa... Eu sabia que era como eles falavam em Barranquilla, mas ele tinha inventado uma maneira de reunir palavras e criar um estilo diferente dos diferentes estilos daquela época. E trouxe uma nova moda com essa linguagem. E não apenas essa linguagem: essa capacidade de imaginar! Um poder de criação. Para mim foi invenção. Para mim não havia palavra colombiana nem palavra mexicana; havia palavras que soavam bem e diziam coisas importantes.

ROSE STYRON: Acho que ele é um homem de enorme profundidade, que é um homem criativo. Eu o ouvi dizer que, para explicar o mistério da criação, ele faria qualquer coisa. E então se senta para conversar com um estudante de cinema ou fosse lá quem fosse. E diz que nunca se chega ao âmago do mistério da criação, mas que ele está sempre pronto para vasculhar e se aprofundar nisso.

JOSÉ SALGAR: Ele é um gravador, mas um gravador magnífico. Tudo fica registrado naquele sujeito. Um assunto surge e ele tira de letra. Ele tem certa cadência, algo muito agradável para contar histórias. Ele está ouvindo e de repente faz uma pergunta. Há sempre uma troca. Ele volta aos fatos centrais da vida da pessoa que é seu interlocutor, eu acredito. Pergunta a você: "Ah, você se lembra do Cão Sánchez?". (É um fotógrafo.) "De onde ele veio? Quem lhe deu o nome Cão? Por que Cão?" E começa a descobrir sobre a vida dele. Não sei se faz isso inconscientemente, mas está criando o romance do Cão Sánchez. Ele é uma presença tremenda.

SANTIAGO MUTIS: O Gabo de hoje é um Gabo que elabora as coisas. Ele conta sua história, que é literária. E não significa que não seja verdadeira. É literária.

GUILLERMO ANGULO: Ele é um personagem em busca de um autor. E ele o encontrou.

GERALD MARTIN: A primeira vez que o vi foi em Havana, em 1990. Na casa dele em Havana. Senti que tinha vivido para aquele momento. Foi uma coisa de outro mundo o quão bem nos demos. Conversamos por quatro horas seguidas. Quando ele deseja ser, ele é maravilhoso. Tem uma conversa deliciosa. No final do dia, ele disse: "E a que horas estará aqui amanhã?". Imagine! Saí de lá flutuando de felicidade. No dia seguinte, voltei e encontrei uma pessoa diferente. Quando me sentei, ele disse: "Sabe de uma coisa? Não consegui dormir na noite passada, fiquei viajando pelo labirinto da literatura latino-americana". Percebi imediatamente, e fiquei muito assustado, que ele estava falando do meu livro *Journeys through the Labyrinth* [Jornadas pelo Labirinto], que havia sido publicado no ano anterior e algum amigo (em inglês, diríamos, ironicamente, um *well-wisher*) deve ter emprestado a ele; nele eu critico *O outono do patriarca*. "Eu sou o patriarca", ele disse para mim. "É o meu autorretrato. Se você não entende isso e não gosta do patriarca, como será meu biógrafo?" Gabo percebeu naquela noite que é difícil ser amigo de seu biógrafo, mas, mesmo assim, continuamos a nos dar bem, embora não fôssemos mais irmãos de alma. Nunca mais tivemos o relacionamento do primeiro encontro; mas nunca nos esquecemos dele, estava sempre ali.

SANTIAGO MUTIS: Sim, Gabo contou com pessoas realmente adoráveis. Generosas e bonitas, e é por isso que Gabo é uma pessoa repleta de gratidão. Porque ele tem pessoas a quem ser grato. E ser grato não é diferente de ser humano, mas uma torrente de humanidade. E Gabo, acredito, é humano. E seus livros são humanos.

CARMEN BALCELLS: Quando ele me trouxe uma cópia do manuscrito de *Do amor e outros demônios*, em 1994, achei um pouco difícil entender que ele havia dedicado o livro a mim. E a dedicatória dizia: "Para Carmen, banhada em lágrimas". Essa dedicatória foi a que ele escreveu em meu exemplar de *O outono do patriarca*, por causa da história da publicação daquele livro, que foi um desastre. Escreveu essa dedicatória na apresentação da primeira edição, cujo exemplar estava caindo aos pedaços. Quando vi o texto, não entendi completamente, nem com a rapidez que seria necessária, que ele dedicava o livro a mim. Para Carmen Balcells. E foi um momento tão especial que ainda hoje me lembro fisicamente dos detalhes de sua presença, do manuscrito, de tudo exatamente como aconteceu, e a verdade é que não sei se fui capaz de expressar ou de traduzir a emoção que sentia. Acho que não, que não o fiz, que não a expressei bem.

GUSTAVO GARCÍA MÁRQUEZ: Eu disse no início que Gabito e eu temos uma rivalidade sobre quem tem a memória melhor. Por exemplo, ele não se lembra de quando, em Cartagena, por volta de 1951, um representante da Editorial Losada veio à procura de escritores e perguntou a Gabito se ele tinha um romance. Então Gabito me disse: "Ouça, me ajude aqui", e tirou os originais de *A revoada* para ler. Estávamos no meio da leitura quando Gabito parou e disse: "Este livro é bom, mas vou escrever um que as pessoas lerão mais que *Dom Quixote*".

MARÍA LUISA ELÍO: Aqui nesta foto estou com Gabriel. Ele é meu filho. Na casa do Gabo. Um dia muito divertido. Ele estava escrevendo e nos fez entrar; algo bastante incomum de ele fazer. Não sei qual romance escrevia naquele momento. Ele me diz: "Escrevi o livro inteiro nesta coisa, nesta máquina". Era um computador. E diz: "Mas, em todo caso, veja". Abre uma gaveta e tinha datilografado tudo.

Álvaro Mutis e García Márquez.

33
O INÍCIO

Em que Quique e Juancho já estão bêbados, mas insistem em ter "o início" [el arranque], como chamam o último uísque em Barranquilla, que é sempre um a mais

JUANCHO JINETE: Maestro Obregón me ligou um dia e disse: "Juan, venha para cá, porque amanhã vou jantar com alguém que está aqui e quero que você venha". Então eu fui, e lá estava Gabo, com Mercedes e os dois filhos. Então não sei o que aconteceu e ele me disse: "Recebi o prêmio Nobel", bem assim. Maldição! Levantei-me e saí, e Alejandro foi comigo.

QUIQUE SCOPELL: Em Cartagena, quando Alejandro estava vivo, eu o vi. Mais tarde, quando Alejandro morreu, não mais... Os galistas de La Cueva: um é Alfonso Fuenmayor e o outro é Álvaro Cepeda. O outro é...

JUANCHO JINETE: Germán... Ele os nomeia muito. Quando ele diz que Mamãe Grande morreu, ele diz que eles foram, que os galistas de La Cueva estavam lá. Então olhe: Álvaro morreu há muito tempo. Morreu jovem. Tinha 42 anos. Alfonso Fuenmayor: de La Cueva para o céu. Alejandro, outro amigo. Gabriel García Márquez — Gabito — os transformou em personagens de *Cem anos de solidão*.

QUIQUE SCOPELL: Alfonso, para mim... Vamos definir a palavra "amigo". Um amigo é... Há pouquíssimos. Você pode ter quatro ou cinco amigos, não mais. E Alfonso era um dos poucos amigos verdadeiros que Gabito tinha. Porque Alejandro, Álvaro e Germán não eram amigos de Gabito como era Alfonso. Alfonso era amigo de Gabito. Você é amigo de uma pessoa, por quê? Porque... Quando você se apaixona, você se apaixona por uma pessoa, por quê? Porque se apaixonou. E por que se apaixonou? Você não sabe. Você se apaixonou.

JUANCHO JINETE: É o que eu estava dizendo. Ouça, Quique: ele ouviu nossas histórias e, pá, pá, pá, as escreveu. É por isso que Cepeda me dizia: "Porra, porra". Em um dos livros há um ditado que veio do meu avô: "À merda o leque que o tempo é de brisa", a respeito dos amores dos idosos. Quando o velho caminha pela cidade. "À merda o leque que o tempo é de brisa."

Antes ele vinha muito, por causa de Fuenmayor. Quando Fuenmayor morreu, não mais. Sempre que dizem algo sobre Fuenmayor, relacionam a Gabo. Ele morreu em 1994. "O amigo de Gabo morreu." Isto é do *El Tiempo*. Diz: "Fuenmayor, acompanhado de García Márquez, Álvaro Cepeda Samudio, Germán Vargas Cantillo, o pintor Alejandro Obregón e o industrial Julio Mario Santo Domingo, tinha o hábito de ir a La Cueva para conversar e saber mais sobre literatura".

QUIQUE SCOPELL: Porque naquela época Gabito estava sem dinheiro, não tinha recursos, não tinha merda nenhuma, não tinha cultura. Porque hoje ele tem muita cultura, é verdade, mas não nasceu com aquela cultura; e por algo que não é reprovável na vida. Porque ele era um homem pobre. Ele tem muito mérito por ter alcançado o topo pelos próprios méritos. Porque o homem chegou lá pelos próprios méritos. Ninguém lhe deu sequer um palito de dentes para ajudá-lo. Ele ganhou a posição por seus próprios esforços, por meio da obstinação. Porque ele é tão obstinado quanto um filho da mãe. Esse homem ganhou sua posição por meio da obstinação. Ele merece porque ganhou. Porque, quando um homem trabalha do jeito que ele trabalha, ele merece. Merece porque trabalhou por isso a vida toda. E tem...

GERALD MARTIN: Essa contenda de Quique Scopell e Juancho Jinete sobre ele roubar coisas de Álvaro [Cepeda Samudio] existe apenas porque eles eram mais próximos de Álvaro que de Gabo. Álvaro tinha uma personalidade irresistível e era um escritor muito talentoso, mas obviamente não é um escritor mais importante que García Márquez. O que ocorre é que ambos se alimentavam da mesma coisa. Gabo absorve tudo. Tudo. Tenho certeza de que ele pegou de Álvaro e de Rojas Herazo. Ele toma o que tem de ser tomado e cria o seu. Isso não se chama plágio, chama-se gênio.

QUIQUE SCOPELL: Hoje se atrevem a compará-lo a Shakespeare e a Cervantes. Com isso não se brinca! Então o que mais você quer? Não! Não! Vou tomar esta bebida e vamos embora.

EPÍLOGO
O DIA EM QUE TODOS NÓS ACORDAMOS VELHOS

GLORIA TRIANA: Quando ele fez 80 anos, estávamos almoçando na casa de Alberto Abello, o Samaritano. Ele estava em um sofá e nós, em almofadas no chão. Em todo o tempo, ele não dissera nada, e alguém mencionou que Santiago Mutis, filho de Álvaro Mutis, seu amigo de longa data, estava negociando a própria aposentadoria. Assim, uma vez que esse passou a ser o assunto, eu disse: "O fato é que, quando você parar de ver as pessoas, elas congelam no momento em que as viu pela última vez". E completei: "Santiago, tão jovem, já com uma aposentadoria". Então ele, que naqueles últimos dias não mantivera um longo diálogo, nem discutira nem nada, disse... eram como provérbios. É claro que os provérbios que disse estavam todos no seu estilo e no estilo de seus livros. Então, ao comentar isso, disse naquele seu tom, no jeito que falava: "A verdade é que não sei o que aconteceu, mas de um dia para o outro todos nós acordamos velhos".

JAIME ABELLO BANFI: Ele sempre manteve sua rotina, até o último dia. Vestia-se, sempre elegantemente, e ia até o escritório, onde sua secretária, Mónica Alonso, esperava por ele. Não sei o que fazia. Lia, suponho. Não sei o que lia. Então eles almoçavam ou, como dizem no México, comiam. Os almoços deles eram sempre deliciosos, e eram muito importantes. Primeiro um aperitivo. Mercedes, tequila. Gabo, champanhe.

À tarde cuidavam de assuntos domésticos e à noite assistiam a um filme, como qualquer casal no mundo.

GLORIA TRIANA: Em suas últimas visitas a Cartagena, ele se vestia de um branco absolutamente perfeito, e era possível sentir sua serenidade. Ele me transmitia ternura porque dizia coisas. Cumprimentava as pessoas com grande afeição, mas me pareceu que não sabia quem estava cumprimentando.

DANIEL PASTOR: No dia do octogésimo aniversário de Mercedes, ele parecia muito feliz. Usava um boné de marinheiro grego. Sou amigo de seu filho Gonzalo desde que éramos adolescentes. Não acho que Gabo tenha me reconhecido, mas pegou minha mão muito docemente, beijou-a e disse: "Que bom estar aqui com amigos de verdade".

GLORIA TRIANA: Uma tarde fui à casa deles em Cartagena e ele estava lá com Mercedes, e na frente de Mercedes ele pegou minha mão e me disse: "Você sabe que eu penso em você todos os dias?". E então respondi a ele: "Eu também, Gabo". E ele perguntou: "E por que nunca me contou?". Então eu disse a ele, já que ela estava ali: "Bem, porque achei que Mercedes não gostaria que eu lhe contasse isso". E então ele disse: "Não, não, não. Ela não fala nada". Ele era assim, primeiro com aquela afeição, mas ao mesmo tempo tão sereno quanto uma criança. Nunca o víamos amargurado ou coisa do tipo.

CARLITOS GONZÁLEZ ROMERO: Gabo está voando como uma águia. Ele é pura doçura. Com suas botas de cano baixo e suas jaquetas xadrez — ele deve ter dezenas delas —, acabei de vê-lo sentado em seu escritório na Cidade do México. Ele parece mais bonito que nunca naquela luz da tarde, em sua idade de ouro. Ele quer dançar. Ficava dizendo: "E quem vai dançar? Você parece que vai dançar. Me leve para dançar!"... Àqueles que falam que ele está perdendo a memória, quero dizer: o que vocês esperam, com o duro que ele deu para ajustar sua mente ao trabalho e ser capaz de escrever todos aqueles livros que ele nos propiciou?

RODRIGO MOYA: Eu o vi há um ano num almoço em sua casa. Ele se sentou comigo e autografou a edição especial de *Cem anos*: "Para Don Rodrigo de Don Gabo". Mas não houve mais conversa. A pessoa de quem ele gostava muito era Susana, minha esposa. Ele adorava Susana. Susana estava sentada ao lado dele, à sua direita, e houve um momento em que ele teve de se levantar, porque lhe fariam uma massagem ou algo do tipo; Susana o ajudou, e ele, como se estivesse surpreso, virou-se. Quando viu quem o havia ajudado, continuou olhando para ela, deu um grande sorriso e disse: "*Ay*, que delícia".

GLORIA TRIANA: Ofereci a Gabo sua última festa de despedida em Cartagena. Eles voltariam para a Cidade do México e haviam passado três ou quatro meses aqui, e eu disse à Mercedes que queria oferecer uma festa a eles. Fazer um almoço para ele; ela sabe que meus almoços têm música ao vivo, *porro* e *vallenato*, seus favoritos, e cúmbia. Ela disse: "Espere, porque Gonzalo e meus netos estão chegando, e quero que eles estejam lá". Eu disse aos músicos: "No momento em que ele entrar, comecem a tocar". Ele entrou dançando um *porro*. Estava absolutamente em êxtase. Essa é a última imagem que tenho dele. Foi a última vez que o vi.

CARMEN BALCELLS: Eu me lembro disso perfeitamente. A última vez que o vi em Barcelona. E na minha casa. Tenho uma lembrança que espero que fique comigo até o último dia da minha vida.

JAIME ABELLO BANFI: Cheguei à Cidade do México na segunda-feira, 15 de abril, para participar de uma conferência sobre jornalismo. Liguei para Mercedes e ela me pareceu calma. Gabo estava fraco, mas estável. Fizemos planos para eu visitá-los quando terminasse meu compromisso. Liguei novamente na quarta-feira e senti outra coisa. "Como vai tudo?", perguntei. "Mal", ela respondeu, simples assim. Em seguida me comuniquei com minha equipe em Cartagena para que todos pudessem estar preparados.

GUILLERMO ANGULO: Peguei um avião. Cheguei à casa em El Pedregal às 13h15. Gabito morreu às 12h08. Rodrigo, o mais velho dos Gabos, disse-me: "Que bom que você veio, irmão. Quanto mais de nós houver, melhor poderemos dividir os golpes".

JAIME ABELLO BANFI: A casa estava cercada de repórteres, câmeras, admiradores segurando flores amarelas, e era difícil conseguir acesso. Eu estava vindo da *calle* de Fuego em um táxi quando a polícia me parou. Mostrei a eles meu cartão. Disse que eu era o diretor da Fundação Gabriel García Márquez, e me deixaram passar. Quando por fim consegui entrar, percebi que não havia nada preparado. Tudo estava sendo resolvido muito rapidamente, mas de maneira coerente com o estilo deles. O México anunciou que lhe fariam uma homenagem civil no Palácio de Bellas Artes. Falei com seu filho Gonzalo lá pelas 17 horas na sexta-feira, e ele disse que, além da música de câmara de Bartók e outros compositores de que Gabo gostava, também queria que houvesse um grupo de *vallenato* para acompanhar as pessoas que estivessem na fila, aguardando para entrar no Bellas Artes.

GUILLERMO ANGULO: Fui o único de fora da família que viu Gabo morto. Ele parecia muito bem, muito tranquilo, e dei-lhe um beijo de despedida na bochecha. Os *vallenatos* que estiveram tocando até sua morte estavam em silêncio.

CARLITOS GONZÁLEZ ROMERO: Naquele dia, encontrei Mercedes na cozinha cercada pelos filhos, pelas noras, pelos netos e pelo Maestro Angulo. Ela estava serena e tranquila, usando blusa e sapatos com estampa de tigre, segurando um cigarro e um copo de tequila branca, recebendo telefonemas. Todas as ligações eram curtas; ela escutava, não falava muito e, no final, dizia: "Obrigada". Quando voltei no dia seguinte, ela já tinha a caixa de cinzas em seu escritório. Eu me aproximei e coloquei uma rosa amarela por cima. Mónica, sua secretária, estava lá, bem ao lado da urna, e conversamos por um bom tempo.

GUILLERMO ANGULO: Antes de sairmos, Mercedes disse a todos nós que íamos para o Bellas Artes: "Aqui ninguém chora. Aqui é todo mundo macho puro de Jalisco".

CARLITOS GONZÁLEZ ROMERO: Tenho os bolsos cheios de borboletas, algumas delas de papel, borboletas amarelas que trouxeram da Colômbia. Agora, sim, já falaram os presidentes. Vamos acabar com a seriedade. Há alguns ventiladores elétricos que as farão voar.

KATYA GONZÁLEZ RIPOLL: Olhe para fora. Elas estão voando. Vamos para lá.

Viva Gabo! Viva Gabo!

CECILIA BUSTAMANTE: Viva Gabo!

TANIA LIBERTAD: Viva Gabo!

VOZ DESCONHECIDA: Viva Gabo!

NOTAS SOBRE AS VOZES MAIS IMPORTANTES

JAIME ABELLO BANFI: Diretor e cofundador da Fundação para um Novo Jornalismo Ibero-Americano (FNPI, na sigla em espanhol), hoje Fundação Gabriel García Márquez, criada por Gabo em 1994 para contribuir com a renovação do jornalismo nos países da América Latina. Um *barranquillero* de raça pura e amante do Carnaval.

ELISEO "LICHI" ALBERTO: Filho do poeta cubano Eliseo Diego, ele também era poeta, além de roteirista e romancista. Diego sempre teve uma relação tempestuosa com o regime de Castro e exilou-se no México em 1990. Diz-se que García Márquez o ajudou a deixar Cuba e se estabelecer no México. Em 1997, publicou *Informe contra mí mismo* [Relatório contra mim mesmo], acusando o governo cubano de obrigá-lo a espionar seu pai. Recebeu o prêmio Alfaguara em 1998 por *Caracol Beach* [Praia do Caracol]. Morreu na Cidade do México em 2012, aos 60 anos.

GUILLERMO ANGULO: Fotógrafo colombiano, escritor, documentarista e orquidófilo. Um amigo próximo de García Márquez desde seus dias parisienses na pobreza. Ele o chamava de Maestro Angulo. Mora em Bogotá e cultiva orquídeas fora da cidade.

RAMÓN ILLÁN BACCA: Autor reconhecido e premiado e professor de literatura que mora em Barranquilla, ligado a famílias de Santa Marta de bom sobrenome. Embora suas tias conhecessem Luisa Santiaga, mãe de García Márquez, foi difícil para ele conhecê-lo.

CARMEN BALCELLS: A agente literária mais poderosa da língua espanhola. Representou García Márquez desde meados dos anos 1960, morreu em 2015.

CECILIA BUSTAMANTE: Poeta colombiana, amiga de García Márquez.

EMMANUEL CARBALLO: Editor e escritor mexicano com uma longa trajetória. Fazia parte do grupo de intelectuais que se uniram a Gabriel García Márquez quando ele se estabeleceu na Cidade do México, em 1963, com a esposa, Mercedes, e o filho Rodrigo. Foi o editor da Ediciones Era e fundou uma revista literária com Carlos Fuentes. Morreu em 2014.

PATRICIA CASTAÑO: Documentarista e produtora de Bogotá que foi como guia e intérprete de Gerald Martin, o biógrafo de García Márquez, até mesmo quando ele viajou para a costa do Atlântico para entrevistar os parentes maternos do escritor. Colaborou em muitos projetos para a BBC na Colômbia.

IMPERIA DACONTE: Filha de Antonio Daconte, imigrante italiano que fez uma pequena fortuna em Aracataca, onde García Márquez viveu com os avós paternos até os 8 anos. O coronel Nicolás Márquez era um bom amigo de Daconte e o visitava frequentemente com o neto. Imperia se recorda de García Márquez como "pequeno e bonito" quando eram crianças.

MARGARITA DE LA VEGA: Acadêmica, produtora cinematográfica e crítica *cartagenera* que vive nos Estados Unidos desde 1974. Filha do doutor Henrique de la Vega, especialista em doenças da cabeça e grande amigo de Garcia Márquez.

ALBINA DU BOISROUVRAY: Produtora cinematográfica francesa, ativista e neta do rei boliviano Simón Patiño. Conheceu García Márquez durante os dias dourados do boom, quando, com Juan Goytisolo, criou a *Libre*, revista que publicava escritores latino-americanos em Paris.

MARÍA LUISA ELÍO: Migrou para a Cidade do México como refugiada, filha de espanhóis republicanos. Casou-se com Jomí García Ascot, poeta e cineasta, filho de um diplomata republicano, e eles faziam parte do grupo de intelectuais, escritores e cineastas do México nos anos 1960. O filme *En el balcón vacío*, que aborda o exílio e foi dirigido por seu marido, é baseado em uma das histórias dela. *Cem anos de solidão* é dedicado a ela e a seu marido. Morreu em 2009.

MIGUEL FALQUEZ-CERTAIN: Poeta, dramaturgo, escritor e tradutor de Barranquilla, mora em Nova York desde os anos 1980.

HERIBERTO FIORILLO: Escritor, cineasta e jornalista, escreveu oito livros de ensaios e ficção, três filmes e quatro noticiários. Criador e diretor da Fundação La Cueva e do Carnaval Internacional de las Artes.

ALBERTO FUGUET: Cineasta e escritor chileno. Foi um dos líderes do movimento conhecido como McOndo, que declarava o fim do realismo mágico. Foi selecionado pela revista *Time* e pelo canal CNN como um dos cinquenta líderes latino-americanos do novo milênio.

ODERAY GAME: Cineasta e produtora equatoriana que viveu por muitos anos em Paris e Madri. Mora em Quito.

AIDA GARCÍA MÁRQUEZ: Aida é a segunda das irmãs García Márquez e a quarta em ordem de nascimento. Professora e religiosa salesiana até 1979, escreveu um livro sobre a infância das doze crianças García Márquez.

ELIGIO "YIYO" GARCÍA MÁRQUEZ: O mais novo dos onze irmãos de García Márquez e, como ele, escritor e jornalista. Entre seus livros está *Tras las claves de Melquíades* [Atrás das chaves de Melquíades], uma investigação jornalística sobre *Cem anos de solidão* publicada em 2001. Nesse mesmo ano, morreu de um tumor cerebral aos 53 anos.

GUSTAVO GARCÍA MÁRQUEZ: Diplomata colombiano e irmão de García Márquez. Morreu em março de 2014, aos 78 anos, à espera de uma pensão por invalidez que nunca chegou, um eco de *Ninguém escreve ao coronel*.

JAIME GARCÍA MÁRQUEZ: O oitavo dos doze irmãos García Márquez, um grande contador de histórias sobre a vida e a cultura do Caribe colombiano. É um dos membros originais da Fundação para um Novo Jornalismo Ibero-Americano, criada em 1994 por García Márquez.

MARGOT GARCÍA MÁRQUEZ: A mais velha das irmãs García Márquez, que, como Gabriel, pela proximidade da idade de ambos, foi criada na casa dos avós, em Aracataca. García Márquez disse que ela era a coluna vertebral da família e que o caráter de Amaranta em *Cem anos de solidão* foi inspirado nela.

KATYA GONZÁLEZ RIPOLL: Arquiteta colombiana, filha de Ricardo González Ripoll e afilhada de García Márquez.

CARLITOS GONZÁLEZ ROMERO: Um *barranquillero* multifacetado e criativo, designer de fantasias e máscaras para o Carnaval da cidade. Ele fez para Gabo e Mercedes capas com capuz quando consideraram a possibilidade de retornarem incógnitos para celebrar o Carnaval.

JUANCHO JINETE: Mais do que qualquer outra coisa, dedicou a vida a ser um grande amigo e organizador do que lhe era pedido, sobretudo pelos quatro amigos imortalizados por García Márquez como "os galistas de La Cueva" em *Os funerais da Mamãe Grande* e depois citados em *Cem anos de solidão*. Quando os intelectuais franceses e os jornalistas internacionais tentaram descobrir as origens de Macondo, Juancho foi o guia. Morreu em 2010.

TANIA LIBERTAD: Cantora peruana, amiga íntima da família García Márquez.

NEREO LÓPEZ: Ele é um dos fotógrafos mais conhecidos da Colômbia. Recebeu todos os prêmios possíveis, pois documenta a Colômbia desde o tempo da Violência. Fazia parte do grupo de La Cueva quando morava em Barranquilla como fotojornalista do *El Espectador*. Foi o fotógrafo oficial do comitê que acompanhou García Márquez a Estocolmo para receber o Nobel. Em 1997, aos 80 anos, mudou-se para Nova York para "abrir novos horizontes".

EDUARDO MÁRCELES DACONTE: Escritor e crítico de arte nascido em Aracataca, neto de Antonio Daconte, amigo italiano do avô de García

Márquez. Foi graças a seu avô, que trouxe o gramofone e os filmes para Aracataca, que García Márquez escutou música e viu seu primeiro filme quando menino.

GERALD MARTIN: Acadêmico e escritor inglês que passou dezessete anos escrevendo a biografia de García Márquez.

CARMELO MARTÍNEZ: Foi juiz na Colômbia. Natural de Sincé, onde ocorreu o evento que García Márquez recriou em *Crônica de uma morte anunciada*, conhece García Márquez desde os 13 anos, quando o escritor foi morar com os pais pela primeira vez. Martínez era o melhor amigo de Cayetano Gentile, o menino que dois irmãos assassinaram por questão de honra. Carmelo estava com ele naquele dia. García Márquez pediu-lhe para contar o que aconteceu.

PLINIO APULEYO MENDOZA: Romancista, jornalista e diplomata colombiano. Entre os muitos livros que escreveu, três são sobre o tempo que passou com García Márquez. Neles, conta quão pobre García Márquez era em Bogotá e Paris. Eram amigos íntimos e companheiros. Foi quem providenciou para que ele trabalhasse em Caracas e na *Prensa Latina*. Nesse período, ambos eram crentes fervorosos na revolução de Fidel Castro. Seus ideais políticos os separaram quando García Márquez não denunciou a prisão do poeta cubano Heberto Padilla, em 1971, que é conhecido como o "Caso Padilla". Ele é o autor, com Álvaro Vargas Llosa e Carlos Alberto Montaner, do "Manual del perfecto idiota latinoamericano" [Manual do perfeito idiota latino-americano], um ensaio que satiriza simpatizantes de grupos de esquerda na América Latina. Mora em Bogotá, onde escreve uma coluna política para o jornal *El Tiempo*.

RODRIGO MOYA: Fotógrafo colombiano residente no México e amigo próximo de García Márquez.

SANTIAGO MUTIS: Poeta colombiano, afilhado de García Márquez e filho de Álvaro Mutis, que mora em Bogotá. Professor e editor de revistas literárias na Universidad Nacional, na Colômbia. Em 1997, organizou uma exposição itinerante sobre García Márquez.

JOSÉ ANTONIO PATERNOSTRO: Economista de Barranquilla, *barranquilloso*, e pai da autora.

EDMUNDO PAZ SOLDÁN: Escritor boliviano que é um dos mais representativos da geração latino-americana dos anos 1990, conhecida como McOndo. Seu trabalho inclui ensaios, histórias e romances.

KAREN PONIACHIK: Jornalista e consultora chilena que ocupou cargos governamentais em seu país. Foi ministra de Minas e Energia durante a primeira presidência de Michelle Bachelet.

GREGORY RABASSA: Tradutor do espanhol e do português para o inglês, foi quem apresentou ao público norte-americano as obras do chamado boom latino-americano. Verteu para o inglês *Cem anos de solidão* e quatro outros livros de García Márquez. Com sua tradução de *O jogo da amarelinha*, ganhou o National Book Award. Foi Julio Cortázar quem sugeriu a García Márquez que tivesse Rabassa como seu tradutor. Entre outros autores, traduziu Jorge Amado, José Lezama Lima, Clarice Lispector e Mario Vargas Llosa. Mora em Nova York e continua traduzindo... poetas mortos, agora.

FERNANDO RESTREPO: Um pioneiro da televisão na Colômbia que, com Fernando Gómez Agudelo, coordenou as operações que levaram a televisão para todo o país. Nove anos depois, em 1963, fundaram a RTI, a primeira programadora dos canais de televisão estatais. Em 1973, transmitiram o primeiro programa de televisão em cores. É a primeira empresa a produzir suas próprias novelas e programas dramáticos, entre eles *Tiempo de morir*, em 1984, com roteiro escrito por García Márquez. Ele é o epítome do cavalheiro de Bogotá, um citadino.

HÉCTOR ROJAS HERAZO: Poeta, romancista, jornalista e pintor colombiano, foi amigo de García Márquez quando ambos trabalharam para o jornal *El Universal* de Cartagena, cidade a que García Márquez retornou depois de abandonar o estudo do direito e uma Bogotá inflamada pelo assassinato de Jorge Eliézer Gaitán, em 9 de abril de 1948. Naquela época, Rojas Herazo era repórter e colunista do jornal. Morreu em Bogotá em 2002.

ARISTIDES ROYO SÁNCHEZ: Advogado, ex-diplomata e ministro panamenho da Educação que ajudou a negociar os Tratados Torrijos-Carter, em 1977. Também atuou como presidente do Panamá de 11 de outubro de 1978 a 31 de julho de 1982, quando foi pressionado a renunciar pela ditadura militar. De 1968 a 1989, presidentes e chefes de Estado foram nomeados pelo general Omar Torrijos ou pelo general Manuel Noriega. Torrijos nomeou Royo e Noriega o depôs. Hoje atua como diretor da Academia de Letras do Panamá.

JOSÉ SALGAR: Editor, jornalista e diretor de jornais da Colômbia, era chefe da equipe editorial do *El Espectador* quando García Márquez chegou a Bogotá para trabalhar como repórter. Morreu em 2013, depois de ter se dedicado ao jornalismo por mais de 65 anos.

ENRIQUE "QUIQUE" SCOPELL: Fotógrafo colombiano e filho de imigrantes cubanos, ele era o outro *barranquillero* ainda vivo quando comecei esta série de entrevistas, em 1999. Era um dos integrantes do grupo de García Márquez quando ele foi trabalhar no *El Heraldo*, em 1951. Chamava a si mesmo de bêbado profissional. Mora em Los Angeles com a filha e não consome álcool.

ILAN STAVANS: Escritor e professor mexicano que mora nos Estados Unidos, é estudante de cultura hispânica nos Estados Unidos e de cultura judaica no mundo hispânico. Entre seus livros, há um dicionário de espanglês e um sobre os primeiros quarenta anos da vida de Gabriel García Márquez.

ROSE STYRON: Poeta e ativista de direitos humanos dos Estados Unidos, era esposa do escritor William Styron; García Márquez foi um bom amigo de ambos. Desde 1970, faz parte do conselho fundador da Anistia Internacional e de muitas outras organizações não governamentais que lutam pelos direitos humanos. Trabalhou com García Márquez em várias causas latino-americanas, como o caso de Allende no Chile e o embargo dos Estados Unidos em Cuba.

WILLIAM STYRON: Um importante autor do sul dos Estados Unidos, ele é famoso por *A escolha de Sofia*, um romance sobre a vida de uma mulher que sobreviveu a Auschwitz, e por escrever na primeira pessoa sobre o próprio alcoolismo e depressão. Por causa de sua temática sulista, em seus primeiros romances ficou conhecido como o herdeiro de William Faulkner. Vencedor do prêmio Pulitzer, entre muitos outros prêmios, tinha um círculo de amigos literários e políticos muito influentes, entre eles dois latino-americanos: Carlos Fuentes e Gabriel García Márquez. Morreu em 2006, aos 81 anos.

BRAM TOWBIN: Nascido e criado no Upper East Side, o nova-iorquino tornou-se floricultor em Vermont.

GLORIA TRIANA: Diretora da seção Festividades e Folclore do Colcultura, foi decisiva para fazer da entrega do Nobel a García Márquez uma festa.

RAFAEL ULLOA PATERNINA: Primo distante de García Márquez pelo lado paterno, é um engenheiro químico cuja vocação é escrever contos sobre a costa colombiana. Nasceu em Sincé, a cidade ribeirinha onde também nasceu o pai de García Márquez. Ele recorta e guarda tudo que a imprensa publica sobre "seu parente".

ARMANDO ZABALETA: Um dos mais respeitados compositores e cantores do *vallenato*, gênero musical muito popular na costa caribenha. Entre suas canções preferidas está "No vuelvo a Patillal" [Não volto a Patillal], escrita em homenagem a Freddy Molina, seu irmão espiritual, outro trovador como ele que morreu repentinamente. Em 1973, Zabaleta compôs uma canção de protesto contra García Márquez ao saber que o escritor havia dado o dinheiro de um prêmio a um grupo de guerrilheiros na Venezuela, e não a Aracataca.

CRÉDITOS DAS IMAGENS

Gabriel García Márquez na Cidade do México, em 1966, enquanto escreve *Cem anos de solidão*, cortesia de Guillermo Angulo (11)
Foto do casamento de Gabriel Eligio e Luisa Santiaga, cortesia do arquivo de *El Malpensante* (24)
García Márquez aos 13 anos, cortesia do arquivo de *El Malpensante* (40)
García Márquez rodeado de amigos, cortesia de Jorge Rendón (50)
Alfonso Fuenmayor, cortesia da família Fuenmayor (62)
Germán Vargas, cortesia de Viviad Saad (fotógrafa) e Susie Linares de Vargas (proprietária) (63)
Álvaro Cepeda Samudio, cortesia de Tito Cepeda (64)
Alejandro Obregón, cortesia da Fundação La Cueva (67)
Julio Mario Santo Domingo, em abril de 1978, presidiu a atualização da Cervecería Águila, em Barranquilla, cortesia do arquivo de *El Heraldo* (68)
La Cueva (A Caverna), cortesia do arquivo de *El Malpensante* (70)
García Márquez com um amigo, 1954, cortesia do arquivo de *El Malpensante* (79)
Relato de um náufrago, 1955, cortesia de *El Espectador*, arquivo da Fundación Palabrería (92)
Em Paris com a mão aberta, 1954, cortesia de Guillermo Angulo (104)
Mercedes Barcha, cortesia do arquivo da FNPI (113)

María Luisa e Jomí, cortesia de Diego García Elío (133)

Dedicatória de Gabo a Diego García Elío, cortesia de Diego García Elío (144)

Mapa da região que era originalmente Macondo, cortesia de Daniel Pastor (153)

Gabo e Fuenmayor em Barcelona, cortesia da Fundação La Cueva (172)

García Márquez cumprimenta uma dançarina de cúmbia em Estocolmo, cortesia de Nereo López (206)

Carlos Fuentes, William Styron e García Márquez, cortesia da família Styron (214)

García Márquez com o olho roxo, cortesia da Fundação Rodrigo Moya de Fotografia (241)

Álvaro Mutis e García Márquez, cortesia de Diego García Elío (266)

**Acreditamos
nos livros**

Este livro foi composto em Fairfield LT STD e
impresso pela Gráfica Santa Marta para a
Editora Planeta do Brasil em março de 2021.